Olaf Satzer

GARANTIERT SCHLAGZEUG LERNEN

Grooves, Fill-ins, Techniken

erfolgreich lernen

mit Play-alongs

für Anfänger und Wiedereinsteiger

ohne Vorkenntnisse

mit Internetunterstützung

Mehr als
700 Übungen
Play-alongs
Time Tracks
Sprechübungen
Grafische Hilfen
u.v.m.

Autor und Verlag bestätigen, dass das vorliegende Buch sorgfältig erarbeitet und einer mehr-maligen, gewissenhaften Kontrolle unterzogen worden ist.
Sollten Sie dennoch einen Fehler entdecken, würden wir uns über eine kurze Nachricht freuen.

„Jaja, das ist alles nicht so einfach!"
Anna.

Credits:
Fotos: Heiko Uehlecke
Model: Nina Jaeckisch
Weiterhin vielen Dank für ihre Unterstützung an:
Frank Jonas und das Musikhaus Steiner (Bremerhaven),
die Musikschule Beck (Bremerhaven) sowie an
Frank Alpers (Sleepy Hollow).

Mein besonderer Dank an die Musiker:
Matthias Strass – Gitarre, Komposition & Tonaufnahmen
Matze Petereit – Bass & Rap auf „The Drummer In The Band"
Carsten Heusmann – Keyboard, Komposition, Tonaufnahmen & Soundmix

© 2008 by ALFRED PUBLISHING VERLAGS GMBH
Hansestraße 99
51149 Köln

www.alfredverlag.de
www.garantiert-drums.de
www.garantiertschlagzeug.de
www.olaf-satzer.de

Printed in Germany

Covergestaltung: pw-design Petra Weißenfels, Neustadt / Wied
Fotonachweis: Heiko Uehlecke, Bremerhaven
CD-Aufnahmen: Matthias Strass / Carsten Heusmann
Soundmix: Carsten Heusmann
Bandbesetzung: Matthias Strass (g) / Carsten Heusmann (key) / Matze Petereit (b/Rapgesang) / Olaf Satzer (d
Notensatz: Olaf Satzer
Produktionsleitung: Thomas Petzold

Art.-Nr.: 20120G (Buch/2 CDs)
ISBN 10: 3-933136-38-5
ISBN 13: 978-3-933136-38-1

Vorwort

Mit „GARANTIERT SCHLAGZEUG LERNEN" lernst du in kleinen und leicht nachvollzieh-baren Schritten Schlagzeug zu spielen. Falls du dich bereits mit „KRÄSCH! BUM! BÄNG!" Band 1 und 2 beschäftigt haben solltest, hast du die Möglichkeit, mit „GARANTIERT SCHLAGZEUG LERNEN" auf dem bereits Erlernten aufzubauen und deine Fähigkeiten am Drumset zu erweitern. Aber auch ohne Vorkenntnisse findest du mit dieser Methode schnell den Einstieg ins Schlagzeugspiel. Sie ist in der Praxis erprobt und führt dich ohne lange und trockene Theorie schnell zu deinen ersten coolen **Grooves**. Schnell wirst du rich-tige **Schlagzeugsoli** beherrschen, du lernst **Rhythmen** aus verschiedenen Stilrichtungen kennen und kannst schließlich das Gelernte beim Begleiten der **Play-alongs** anwenden.

In „GARANTIERT SCHLAGZEUG LERNEN" lernst du die wichtigsten Grundlagen des Drum-mings. Dabei helfen dir die **kleinen Lernschritte** sowie **grafische Hilfestellungen** beim Notenlesen. Du erhältst Anregungen zur **Improvisation** eigener Rhythmen und bei speziellen Übungen erleichtern dir die **Sprechübungen** das Lernen komplexer Rhythmen. Außerdem dienen dir viele **Abbildungen** und **Fotos** zur Veranschaulichung.

Sechs wichtige Stilrichtungen werden in „GARANTIERT SCHLAGZEUG LERNEN" behandelt: **Rock, Hip Hop, Funk & Soul, Reggae, Blues und Jazz**. Für jede dieser Musikrichtungen lernst du passende Rhythmen kennen, sodass du deinem Ziel, möglichst bald in einer Band zu spielen, schnell näher kommst. Zusätzlich erhältst du viele nützliche Informati-onen und Tipps rund um das Schlagzeugspiel.

Auf den **beiliegenden zwei CDs** kannst du hören, wie die einzelnen Übungen und Grooves klingen sollen. Außerdem befinden sich darauf **Play-along-Tracks**, die dir die Möglichkeit geben, bereits ab der ersten Übung zur Musik zu spielen. Diese Play-alongs wurden von Profi-Musikern mit **Schlagzeug, E-Bass, E-Gitarre und Keyboard** eingespielt. Auf diese Wei-se lernst du sofort, wie es sich anfühlt, Schlagzeuger in einer richtigen Band zu sein.

Später kannst du deine Technik und Ausdauer mit Hilfe von Play-alongs aus jeder der sechs Stilrichtungen trainieren. Schließlich wirst du zu richtigen Rock- oder Hip Hop-Songs Schlagzeug spielen können. Die sogenannten **Time Tracks** zu den einzelnen Notenwerten auf der CD werden dein **Timing** entscheidend verbessern und darüber hinaus lernst du, selbstständig die Schlagzeugstimme aus Musikstücken **herauszuhören** und zu notieren.

Auf der Internetseite ***www.garantiert-drums.de*** stehen weitere Informationen und Down-loads für dich bereit. Außerdem hast du die Möglichkeit, dich mit deinen Fragen direkt an mich zu wenden.

Viel Spaß und viel Erfolg wünscht Dir

Olaf Satzer

DIE VORTEILE

RHYTHMEN SPRECHEN

STILISTIK

AUDIO CDS

PLAY-ALONGS

TIME TRACKS

WEBSITE

Die CD-/Download-Symbole

Time Tracks (*vgl. S. 15*)

TT Ganze	TT Halbe	TT Viertel	TT Achtel	TT Triolen	TT Sechzehntel	TT Shuffle

Übungen	Play-along	Download	Raushören

Inhalt

Vorwort 3
Inhalt 4
Das Drumset 6
   Kauftipps 7
   Das Zubehör 8
   Umgang und Pflege 9
   Das Stimmen des Drumsets 9
Die richtige Haltung 11
   Sitzhaltung 11
   Stickhaltung 11
   Fußhaltung 12
Die Schlagzeugnotation 13
   Takte und Zählzeiten 13
   Notenwerte und Pausenwerte 14
Tipps für sinnvolles Üben 15
Die Time Tracks 15
Notenwerte und Pausenwerte I 16
   Die Ganze Note 16
   Die Ganze Pause 16
   Die Halbe Note 16
   Die Halbe Pause 17
   Die Viertelnote 17
   Die Viertelpause 17
Grooves und Fill-Ins I 19
   Viertelgrooves und Fill-Ins 19
   Dein erster Groove 20
   Dein erster Fill-In 21
   Fill-Ins auf den Toms 22
   Der Faulenzer 23
   Dein erstes Solo - Schlagzeugsolo #1 24
Notenwerte und Pausenwerte II 25
   Die Achtelnote und die Achtelpause 25
Grooves und Fill-Ins II 27
   Achtelgrooves 27
   Fill-Ins mit Achteln auf den Toms 29
   Achtelgrooves und Fill-Ins 32
   Spielpause: Kuddelmuddel 33
   Groove-Fill Puzzle 34
   Halbtaktige Fill-Ins 35
   Schlagzeugsolo #2 36
Die Becken des Drumsets 37
   Die offene HiHat 37
   Das Ride Becken 39
   Ride Becken - Groove-Fill Puzzle 44
   Das Crash Becken 45
   Die getretene HiHat 48
   Schlagzeugsolo #3 51
Notenwerte und Pausenwerte III 53
   Die Sechzehntelnote 53
Warm-Ups / Rudiments 57
   Der Single Stroke Roll (Einzelschlagwirbel) 57

INHALT

Der Double Stroke Roll (Doppelschlagwirbel) 58
Der Paradiddle (Einzel-/Doppelschlag-Kombination) 59
Aufwärmübungen für die Füße 60
Notenwerte und Pausenwerte IV 61
Die Sechzehntelpause 61
Achtelgrooves mit Sechzehntel Fill-Ins 62
Sechzehntelnoten auf der geschlossenen HiHat 64
1. Die einhändig gespielte HiHat 64
2. Die beidhändig gespielte HiHat 65
Spielpause: Buchstabensalat 67
Groove-Fill Puzzle 2 68
Schlagzeugsolo #4 69
Dynamik 71
Der Akzent 71
Akzentverschiebung 74
Fill-Ins mit Akzenten 75
Lautstärkeunterschiede - piano, mezzoforte und forte 76
Crescendo - lauter werden 79
Decrescendo - leiser werden 80
Spezielle Sounds I 81
Der Rim Shot 81
Der Rim Click 84
Der Flam 86
Schlagzeugsolo #5 89
Notenwerte und Pausenwerte V 90
Neue Sechzehntelfiguren 90
Neue Sechzehntelgrooves 93
Spielpause: Kreuzworträtsel 101
Groove-Fill Puzzle 3 102
Weitere Rhythmusfiguren 103
Die punktierte Note 103
Schlagzeugsolo #6 106
Spezielle Sounds II 107
Ghostnotes 107
Paradiddle und Double Stroke Roll in Anwendung 109
Notenwerte und Pausenwerte VI 112
Triolen 112
Der Shuffle 113
Halftime Shuffle 116
Groove-Fill Puzzle 4 117
Schlagzeugsolo #7 118
Die Einsteigergrooves 119
Rock Grooves 120
Hip Hop Grooves 121
Funk & Soul Grooves 122
Reggae Grooves 123
Blues & Shuffle Grooves 124
Jazz Grooves 125
Der Aufbau eines Songs 126
Die Aufgabe des Drummers im Song 127
Die Play-alongs 129
Raushören einer Schlagzeugstimme 146
Die Standardrhythmen 150
Grundlagen der Notation 151

Das Drumset

Das Drumset besteht aus mehreren Einzelkomponenten. Hier siehst du, wie sie heißen und wo sie sich am Set befinden.

(1) = *Bass Drum*

(1a) = *Fußmaschine*

(2) = *Snare Drum*

(2a) = *Snare Drum Stativ*

(3) = *HiHat*

(3a) = *HiHat Becken*

(4) = *Tom 1 (hohes Tom)*

(5) = *Tom 2 (mittleres Tom)*

(6) = *Tom 3 (tiefes Tom, Standtom)*

(7) = *Tomhalterung*

(8) = *Crash Becken*

(8a) = *Galgenstativ,*

(9) = *Ride Becken,*

(9a) = *Beckenstativ*

Kauftipps

Beim Kauf deines ersten Drumsets solltest du ein paar Dinge beachten.

VERARBEITUNG

- ✔ Haben alle **Stative und Halterungen** einen stabilen und festen Stand, bzw. Halt?
- ✔ Liegen die **Felle** gleichmäßig auf den Trommeln auf?
  Wenn das aufgezogene Fell „Wellen" hat, kann das auf eine ungleichmäßige
  Verarbeitung des Kessels hindeuten.
- ✔ Sind alle **Schrauben** leicht und ohne größeren Kraftaufwand zu lösen?
- ✔ Sind die **HiHat** und die **Fußmaschine** leichtgängig? Sie sollten außerdem weder
  klappern noch quietschen, wenn du sie betätigst.
- ✔ Ist die **Lackierung** unbeschädigt? Manche Drumsets sind nicht lackiert, sondern mit
  einer farbigen Folie beklebt. Sie sollte sauber verklebt und unbeschädigt sein.

BESPIELBARKEIT

Du solltest im Fachgeschäft auf jeden Fall einmal **Probe sitzen**! Das Drumset sollte sich
deiner Körpergröße entsprechend einstellen lassen.

- ✔ Kannst du alle Trommeln und Becken gut erreichen, ohne dich dabei zu „verrenken"?
- ✔ Falls du noch etwas kleiner bist: Erreichen deine Füße die Pedale von HiHat und
  Fußmaschine? Falls nicht, gibt es auch Drumsets in kleineren Größen, bzw. spezielle
  Kinderdrumsets.

SOUND

Neben der Optik deines Drumsets muss dir natürlich auch sein **Sound** gefallen. Da die
meisten Trommeln aus Holz, also einem Naturprodukt, gefertigt sind, hat fast jedes Set
seinen eigenen Sound-Charakter. Beliebte Holzarten sind z.B. **Birke** (engl.: Birch) oder
Ahorn (engl.: Maple). Je nach verwendeter Holzart klingt das Set anders. Nimm dir Zeit, in
Ruhe auszuprobieren.

Neben den Trommelkesseln haben außerdem die **Felle** einen erheblichen Einfluss auf den
Sound deines Sets. Fabrikneue Einsteigerdrumsets sind in der Regel mit günstigen Werks-
fellen bespannt, die bereits einen recht ordentlichen Sound erzeugen. Mit etwas hoch-
wertigeren Fellen lässt sich oftmals ein wesentlich besseres Ergebnis erzielen. Lass dich
im Fachgeschäft bezüglich der Felle ausführlich beraten. Der Verkäufer wird die helfen,
die richtigen Felle für dich zu finden.

KAUFPREIS

In den letzten Jahren hat sich die Qualität von **Einsteigerdrumsets** sehr verbessert. Der
Neupreis für ein gutes Einsteigerdrumset liegt je nach Hersteller **zwischen 300 und 500
Euro**.

ACHTUNG! Bei einigen Angeboten sind in diesem Preis die Becken (Crash-, Ride- und
HiHat-Becken) nicht enthalten. Du solltest auf jeden Fall erfragen, ob die Becken im Preis
inbegriffen sind.

Das Zubehör

Neben dem Drumset benötigst du noch ein paar andere Ausrüstungsgegenstände, um deine Schlagzeugerkarriere zu starten. Dazu gehören:

- ✔ **Ein Hocker**
- ✔ **Drumsticks**
- ✔ **Ein Notenstativ**
- ✔ **Ein Metronom**

HOCKER

Der Hocker sollte unbedingt einen sicheren und stabilen Stand gewährleisten und sich deinen Anforderungen entsprechend in der Höhe einstellen lassen.

DRUMSTICKS

Die richtigen Drumsticks zu finden, ist aufgrund des riesigen Angebotes nicht einfach. Sie sollten angenehm in der Hand liegen, nicht zu leicht oder schwer, nicht zu lang oder kurz sein. Sticks werden in verschiedenen Größen angeboten, die von 7A (dünn und leicht), bis hin zu 2B (dick und schwer) reichen. Zu Beginn kannst du dir ein Paar Drumsticks der Allround-Größe 5A zulegen. Damit liegst du auf jeden Fall richtig. Später kannst du nach der Marke, bzw. Größe suchen, die dir am besten gefällt.

NOTENSTATIV

Das Notenstativ sollte vor allem sicher und fest stehen, damit es nicht bei der kleinsten Berührung ins Wanken gerät.

METRONOM

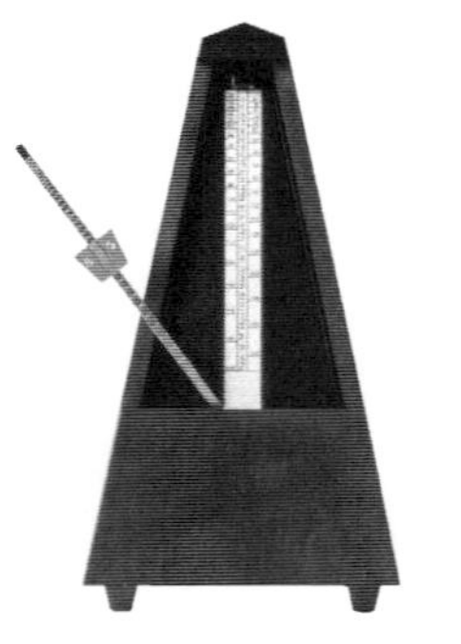

Das Metronom gibt dir die Möglichkeit zu prüfen, ob du deine Übungen gleichmäßig und rhythmisch präzise spielst. Es klickt gleich bleibend in einem frei wählbaren Tempo, das in „Schlägen pro Minute" (*engl.: Beats per Minute - bpm*) gemessen wird. Ein Metronom mit Kopfhörerausgang ist für Schlagzeuger optimal, da man es beim Spielen besser hören kann.

Umgang und Pflege

Damit du möglichst lange Freude an deinem Drumset hast, solltest du es gut behandeln und dich an ein paar Regeln halten.

- Lasse weder die Trommeln noch die Hardware oder die Becken direkt mit Wasser in Berührung kommen. Die Trommelkessel könnten sich verziehen und die Metallteile Rost ansetzen.

  KEIN WASSER

- Lagere dein Set in einem trockenen und beheizbaren Raum. Eine konstante Raumtemperatur verhindert ebenfalls, dass sich die Kessel verziehen.

  TROCKENER RAUM

- Reinige deine Becken regelmäßig mit einem handelsüblichen Beckenreiniger. Dadurch sehen sie lange wie neu aus und behalten ihren Sound. Verschmutzte Becken klingen tatsächlich nicht so schön, wie Saubere. Außerdem verhindert die regelmäßige Reinigung das Ansetzen von Rost oder Grünspan.

  BECKEN REINIGEN

- Sämtliche beweglichen Teile wie Schrauben oder Ketten (an der Fußmaschine oder HiHat) sollten gelegentlich leicht geölt werden. Verwende dazu am besten ein leichtes Kriechöl. Achtung! Nicht zu stark Ölen, damit das Öl nicht über lackierte Stellen läuft oder tropft und somit den Lack beschädigt.

  ÖLEN

- Staub und Fingerabdrücke auf der Lackierung beseitigst du am besten mit einem trockenen Tuch.

  TROCKENES TUCH

Das Stimmen des Drumsets

Ausschlaggebend für die Stimmung (das Tuning) deines Drumsets ist vor allen Dingen deine ganz persönlichen Soundvorstellung. Im Gegensatz zu anderen Instrumenten, wie z.B. dem Klavier, bei dem jeder Taste ein Ton fest zugeordnet ist, werden beim Drumset die einzelnen Trommeln nicht auf einen festgelegten Ton gestimmt. Einerseits macht dies das Stimmen des Drumsets schwieriger, da man sich nicht an Tönen orientieren kann, andererseits lässt es dir Spielraum, deine eigenen Vorstellungen umzusetzen. Es wird eine gewisse Zeit in Anspruch nehmen, bis du deine Stimmung gefunden hast. Nimm dir die Zeit, um zu experimentieren.

FREI WÄHLBARE TONHÖHE

Tipp: Von Zeit zu Zeit solltest du die Felle an deinem Drumset erneuern. Je nachdem, wie stark sie beansprucht werden, lässt die Qualität des Sounds mit der Zeit nach. Alte und abgespielte Felle lassen sich sehr schlecht stimmen. Wenn du den Sound deiner Trommeln durch das Stimmen nicht mehr kontrollieren kannst, wenn sie stark abgenutzt aussehen oder sogar Dellen haben, ist es Zeit, neue Felle aufzuziehen.

Das Trommelfell, sowohl das Schlag- als auch das Resonanzfell, wird mit dem Spannreifen und den Stimmschrauben auf den Trommelkessel aufgezogen. Die Stimmschrauben werden ihrerseits mit Hilfe eines Stimmschlüssels in die Spannböckchen hineingedreht.

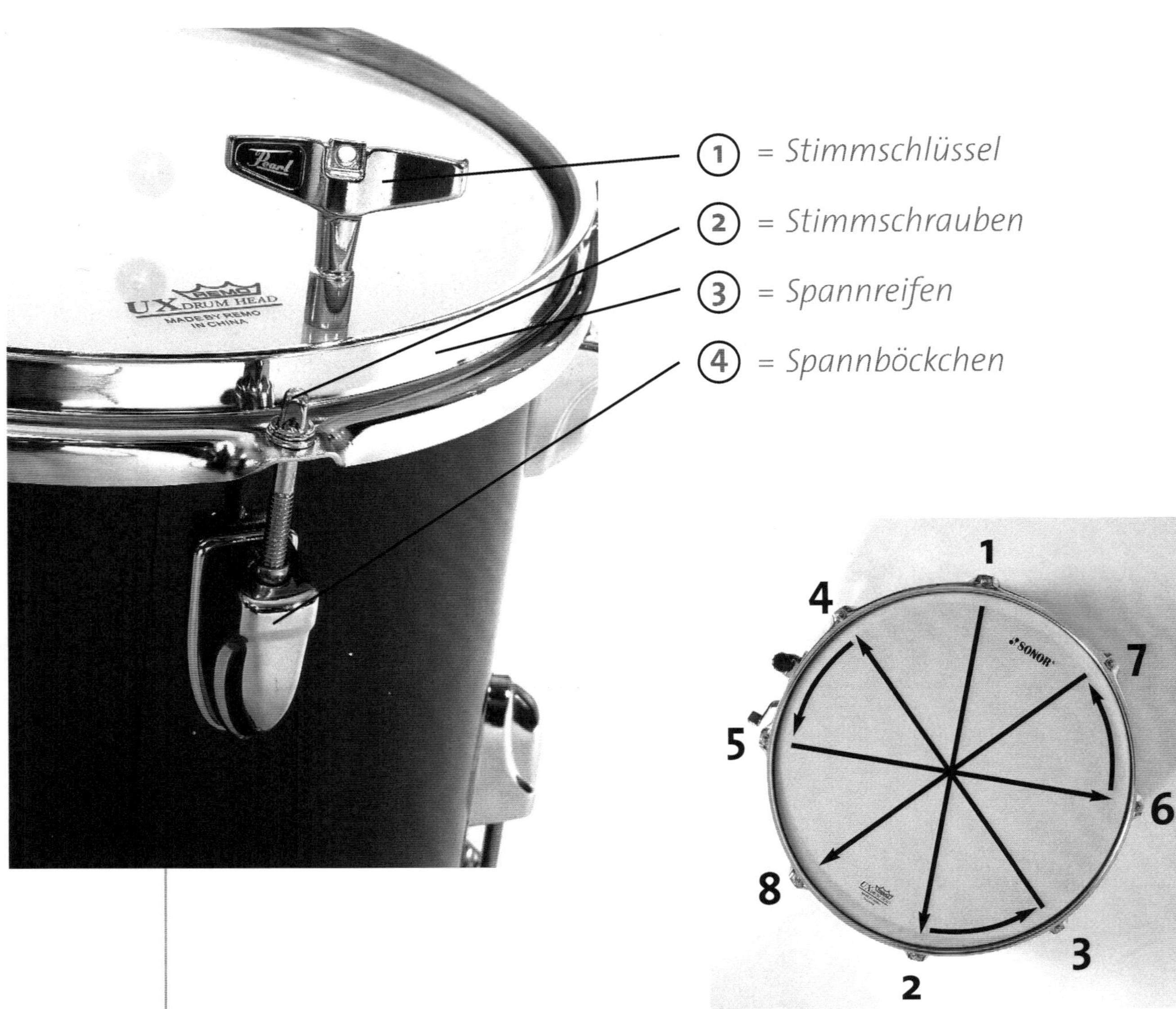

Überkreuz-Technik

ÜBERKREUZ-TECHNIK

Zunächst solltest du alle Stimmschrauben per Hand „fingerfest" anziehen. Danach fährst du mit dem Stimmschlüssel fort. Bei neuen Trommelfellen empfiehlt es sich, die Stimmschrauben nacheinander „überkreuz" anzuziehen, damit das Fell stets gleichmäßig gespannt ist und sich nicht verzieht. Am besten wählst du eine Schraube aus, mit der du beginnen möchtest und merkst sie dir.

Nun drehst du jede Schraube mit der gleichen Umdrehungszahl (z.B. zwei Umdrehungen pro Schraube) fest. Anschließend prüfst du mit dem Drumstick, ob das Trommelfell an jeder Stimmschraube die gleiche Tonhöhe hat. Dazu legst du vorsichtig eine Fingerspitze auf die Mitte des Fells (nicht drücken, nur ganz leicht auflegen!) und schlägst dann leicht in der Nähe der Stimmschrauben auf das Fell. Normalerweise werden nun noch Korrekturen der Tonhöhe notwenig sein.

Gehe von der Stimmschraube aus, an der die Tonhöhe deinen Vorstellungen am besten entspricht und drehe die anderen Schrauben dementsprechend fester (rechts herum = höhere Stimmung) oder lockerer (links herum = tiefere Stimmung).

Anschließend verfährst du mit dem Resonanzfell auf die gleiche Weise. Das Schlag- und das Resonanzfell sollten am Ende die gleiche Tonhöhe haben.

Sitzhaltung

Eine entspannte und bequeme Sitzhaltung ist beim Spielen sehr wichtig. Schließlich sollst du dich hinter deinem Drumset wohl fühlen. Eine ungünstige Sitzhaltung kann beim Trommeln nach einer Weile sehr unangenehm werden und zudem langfristig sogar zu Rückenbeschwerden führen.

Stelle also die Höhe deines Hockers so ein, dass dein Ober- und Unterschenkel beim Sitzen nahezu einen **90° Winkel** zueinander bilden. Zu hohes oder zu tiefes Sitzen belasten unnötig deine Rückenmuskulatur.

Bemühe dich außerdem um eine gerade und aufrechte Sitzhaltung, wenn du hinter deinem Drumset sitzt, aber ohne dich dabei zu verkrampfen. Versuche deine Schultern zu lockern, um Muskelverspannungen zu vermeiden.

aufrechte Haltung

Stickhaltung

1. Die moderne Stickhaltung oder „Matched Grip"

Beim Matched Grip gibt es zwei Arten der Stockhaltung.

Zum einen mit dem **nach oben gerichteten Handrücken**, zum anderen auch mit dem **zur Seite gerichteten Handrücken**.

Möglich ist durchaus auch eine **Mischung** der beiden Arten, indem man z.B. den Handrücken der Führungshand (die Hand, mit der die HiHat gespielt wird) nach oben richtet und den der anderen Hand zur Seite.

Handrücken nach oben gerichtet

Handrücken zur Seite gerichtet

2. Die traditionelle Stickhaltung oder „Traditional Grip"

Beim Traditional Grip hält man den Stock der **linken Hand** zwischen Daumen und Zeigefinger und legt ihn auf den Ringfinger. Für die **Führungshand** wird dabei häufig die moderne Stickhaltung verwendet, so dass sich ein Mix aus Traditional und Matched Grip ergibt.

linke Hand - Traditional Grip

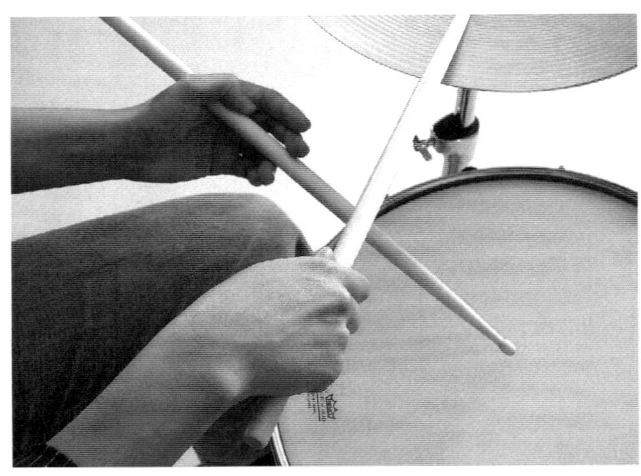

Führungshand - Matched Grip

Fußhaltung

Auch bei der Fußhaltung – sowohl für die HiHat, als auch für die Fußmaschine - gibt es zwei Grundtechniken.

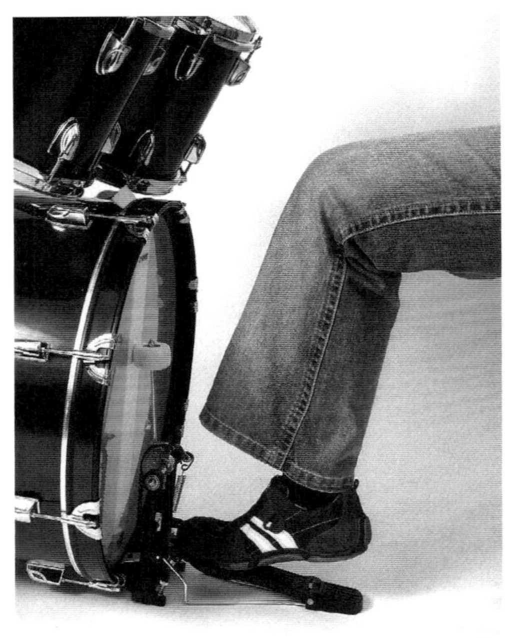

Bei der **1. Grundtechnik** hat die Ferse ständigen Kontakt zum Pedal der Fußmaschine (**Ferse unten**).

Bei der **2. Grundtechnik** wird die Ferse angehoben. Nur der Vorderfuß bleibt auf dem Pedal stehen. (**Ferse oben**).

Die Schlagzeugnotation

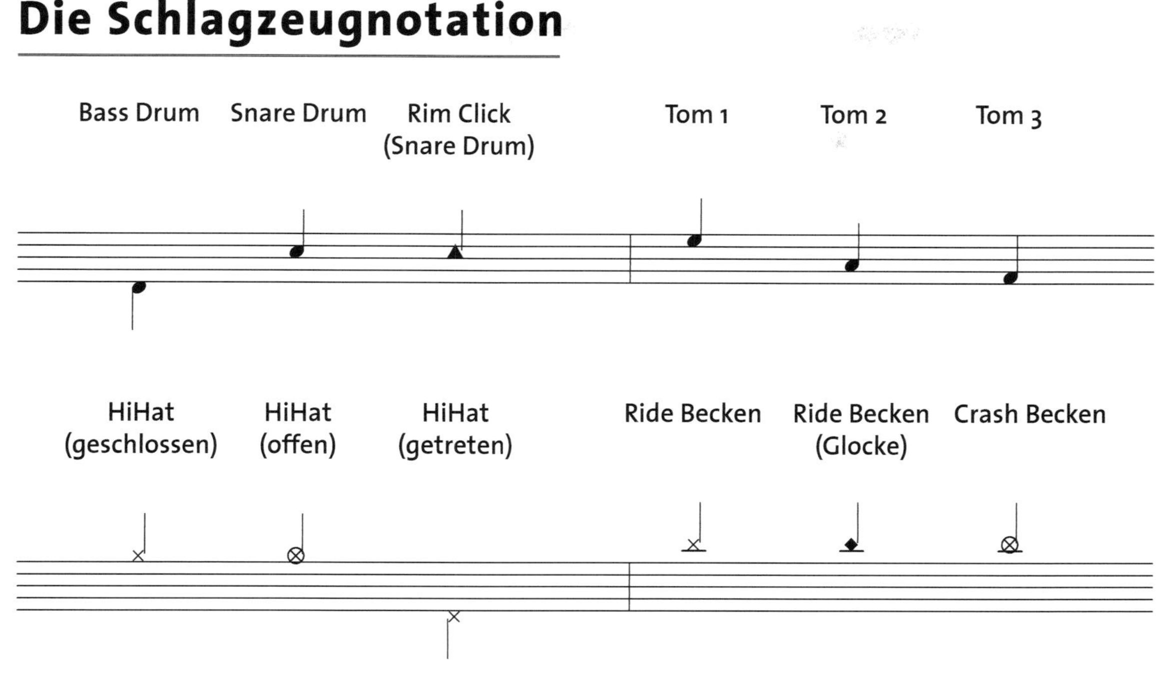

Takte und Zählzeiten

Musik wird in **Takte** unterteilt. Diese Takte wiederum unterteilt man in Zählzeiten. Das Taktmaß, das als Bruch dargestellt wird, gibt Auskunft darüber, wie man innerhalb eines Taktes zählen muss. Hier handelt es sich um einen **Viervierteltakt (4/4 Takt)**.

TAKT UND
TAKTMASS

 Die untere Zahl gibt an, welcher Notenwert gezählt wird, die obere, wie oft dieser Notenwert pro Takt gezählt wird. In diesem Fall also vier Viertelnoten.

Diese vier Viertelnoten nennt man auch den **Beat** oder den (Viertel-) **Puls** des Musikstückes.

BEAT UND PULS

Der Übersichtlichkeit wegen, werden in diesem Buch auch Notensysteme mit nur einer oder drei Notenlinien verwandt.
Einstimmige Übungen, die beispielsweise nur auf der Snare Drum gespielt werden, sind in einem Notensystem mit nur einer Notenlinie notiert.

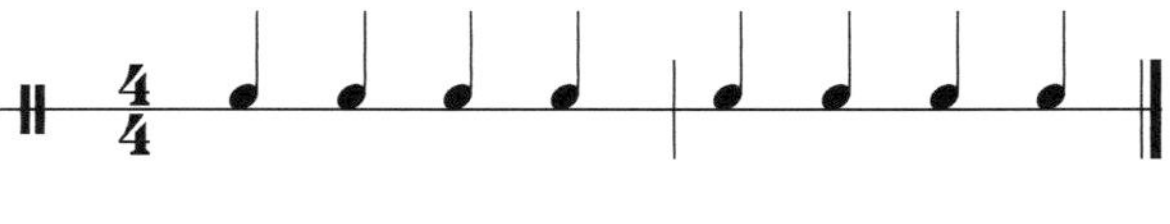

EINSTIMMIGE
ÜBUNGEN

Dreistimmige Übungen, z.B. mit Bass Drum, Snare Drum und HiHat sind in Systemen mit drei Notenlinien notiert.

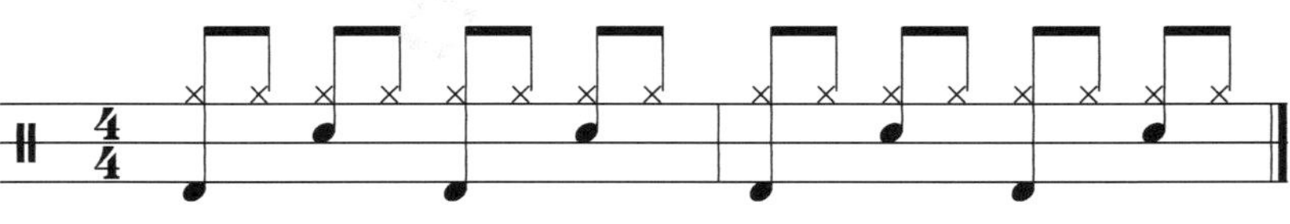

DREISTIMMIGE
ÜBUNGEN

Mehrstimmige Übungen, in denen auch die Toms gespielt werden sollen, sind hingegen in dem üblichen Notensystem aus fünf Notenlinien geschrieben.

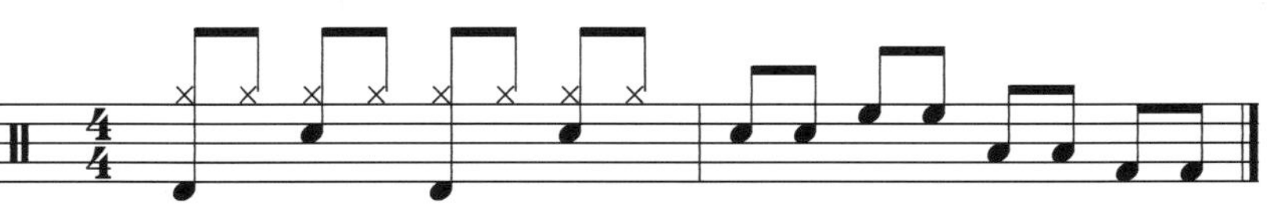

MEHRSTIMMIGE
ÜBUNGEN

Notenwerte und Pausenwerte

Folgende Notenwerte lernst du im Folgenden kennen. Zu jedem Notenwert gehört eine entsprechende Pause, die den gleichen Wert hat. Wo eine Pause steht, wird jedoch nur gezählt, nicht gespielt.

	Notenwert	Pausenwert	Anzahl Schläge
GANZE	Ganze Note	Ganze Pause	4 Viertelschläge
HALBE	Halbe Note	Halbe Pause	2 Viertelschläge
VIERTEL	Viertelnote	Viertelpause	1 Viertelschlag
ACHTEL	Achtelnote	Achtelpause	2 Noten pro Viertelschlag
	Achtelnoten werden auch mit einem Balken zu Achtelgruppen verbunden.		
SECHZEHNTEL	Sechzehntelnote	Sechzehntelpause	4 Noten pro Viertelschlag
	Sechzehntelnoten werden mit zwei Balken zu Gruppen verbunden.		
TRIOLE	Achteltriole	Achtelpause	3 Noten pro Viertelschlag

Tipps für sinnvolles Üben

Tipps:
- ✔ *Jede Übung in diesem Buch baut auf der vorherigen auf. Gehe also Seite für Seite vor und halte die Reihenfolge der Übungen ein.*
- ✔ *Besonders zu Beginn solltest du beim Spielen immer mitzählen.*
- ✔ *Beginne alle Übungen zunächst schön langsam und steigere das Tempo nach und nach.*
- ✔ *Spiele alle Übungen sowohl mit als auch ohne Metronom und in verschiedenen Tempi.*
- ✔ *Übe ständig Neues, wiederhole aber auch immer wieder ältere Übungen, um zu überprüfen, ob du sie noch einwandfrei beherrschst.*
- ✔ *Die Übungen in diesem Buch sind in der Regel mit einer Wiederholung notiert. Spiele sie aber wesentlich öfter durch. Am besten in einer „Schleife", bis zu sie sicher spielen kannst.*
- ✔ *Falls eine Übung einfach nicht klappen will, lege sie zunächst zur Seite, mache ein Pause oder spiele etwas anderes. Kehre dann zu dieser Übung zurück. Oftmals klappt es viel besser, wenn man eine Übung eine Weile ruhen lässt und sie sich „setzen" kann.*
- ✔ *Falls sich beim Spielen deine Hände oder Arme verkrampfen oder du gar Schmerzen hast, höre sofort auf und lege eine Pause ein.*
- ✔ *Falls es lauter wird, solltest du Gehörschutz verwenden. Es gibt günstigen Gehörschutz in Drogerien oder Apotheken.*
- ✔ *Von Zeit zu Zeit solltest du deine Übungssitzungen mitschneiden (Audio-Aufnahmen). Beim Spielen ist die Wahrnehmung dessen , was man spielt, anders als beim Hören. Daher bietet das Mitschneiden eine gute Kontrollmöglichkeit.*
- ✔ *Viele weitere Informationen im Internet unter **www.garantiert-drums.de**!*

SEITE FÜR SEITE

LAUT ZÄHLEN

LANGSAM ÜBEN

METRONOM

SCHLEIFE

PAUSIEREN

GEHÖRSCHUTZ

MITSCHNEIDEN

WEBSITE

Die Time Tracks 

Eine der wichtigsten Anforderungen an dich als Schlagzeuger ist ein **sicheres Timing**. Das bedeutet, dass du Übungen oder auch ganze Songs stets rhythmisch präzise, also ohne Temposchwankungen spielen können solltest, indem du das ursprüngliche Tempo vom Beginn bis zum Ende konstant durchhältst. Um das zu erreichen, solltest du alle Übungen auch immer zum „Klick" eines Metronoms oder zu den auf der CD enthaltenen **Time Tracks** spielen.

Die Time Tracks geben dir die Möglichkeit, ab der ersten Übung zur Musik zu spielen. Sie bestehen aus einem eintaktigen Vorzähler aus Viertelnoten („1, 2, 3, 4") und einem achttaktigen Playalong, in dem du zusätzlich zu dem Klick des Metronoms auch einen Bass und eine E-Gitarre hörst. Die Gitarre spielt in den Time Tracks jeweils einen Akkord, der einen ganzen Takt aushält. Der Bass jedoch spielt die Notenwerte, die du in deinen jeweiligen Übungen auch spielen sollst. Das bedeutet z.B., dass du Übungen, die aus Viertelnoten bestehen, zu einem Time Track spielen kannst, in dem der Bass ebenfalls Viertelnoten spielt. Das Gleiche gilt für Übungen mit Achtel-, bzw.- Sechzehntelnoten sowie für Triolen. Auf diese Weise kannst du deine Übungen von Beginn an wie in einer kleinen Band spielen. Dadurch lernst du von Anfang an, wie es sich anfühlt, zur Musik zu spielen. Die Time Tracks sind alle im *Tempo 60 bpm* (*beats per minute*) aufgenommen. Dieses Tempo kann nicht verändert werden. Deshalb solltest du auch immer wieder zu deinem eigenen Metronom spielen, da du dann das Tempo deiner Übungen variieren kannst. Die Nummern, unter denen du die Time Tracks auf der CD findest, stehen neben den jeweiligen Übungen in nebenstehendem Symbol:

TIMING

TIME TRACKS

Die Ganze Note

Die Ganze Note besteht aus einem runden und leeren Notenkopf. So wird gezählt:

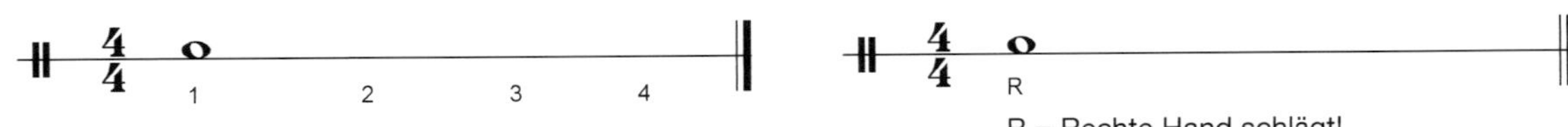

Spiele deine erste Übung zunächst nur auf der **Snare Drum**. Nimm den Stick in die rechte Hand und schlage alle vier Zählzeiten einmal an. Zähle laut und gleichmäßig mit:

1   2   3   4   1   2   3   4

Beachte die Wiederholungszeichen! Du spielst von Takt 1 bis 2 und beginnst dann wieder bei Takt 1!

CD 1 / 01   **1**

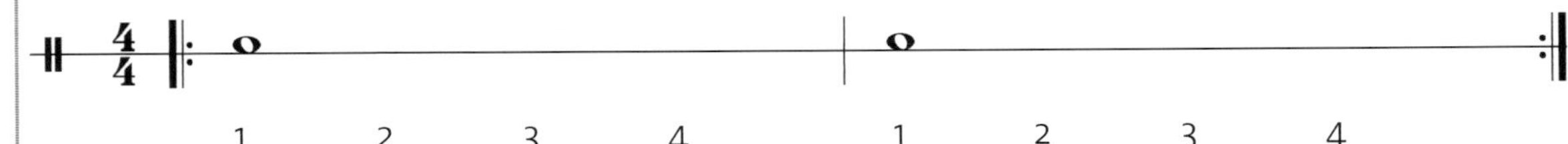

Die Ganze Pause

Bei der Ganzen Pause wird über die Dauer von vier gleich langen Schlägen pausiert. Spiele Übung 2 und 3 auf der Snare Drum, Beachte die Wiederholungszeichen.

TT Ganze
CD 1 / 02   **2**

3

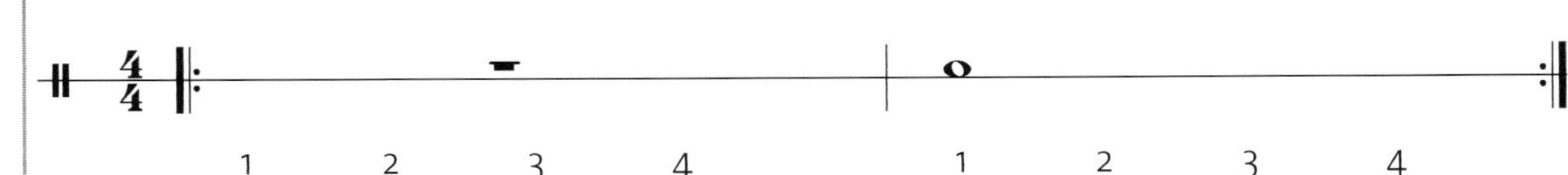

Die Halbe Note

Die Halbe Note besteht aus einem runden und leeren Notenkopf mit einem Notenhals. Sie klingt zwei Schläge lang. Du schlägst also bei jeder zweiten Zählzeit (auf 1 und 3) an.

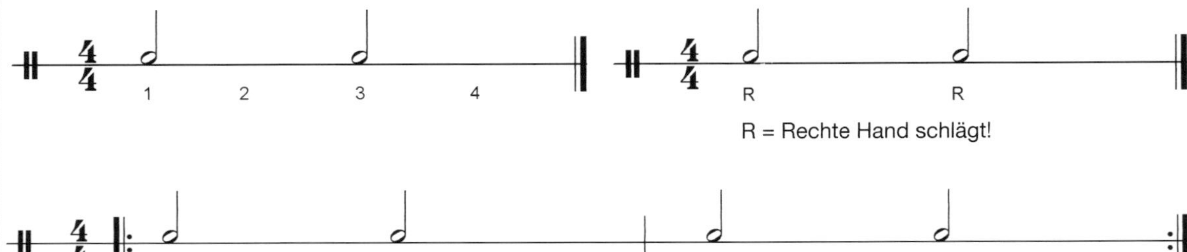

CD 1 / 03   **4**

Die Halbe Pause　—

Die Halbe Pause dauert zwei Schläge lang. Du pausierst also zwei Schläge lang.

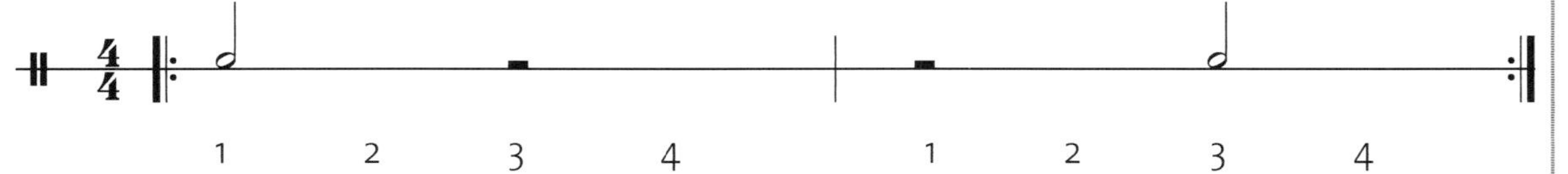

5

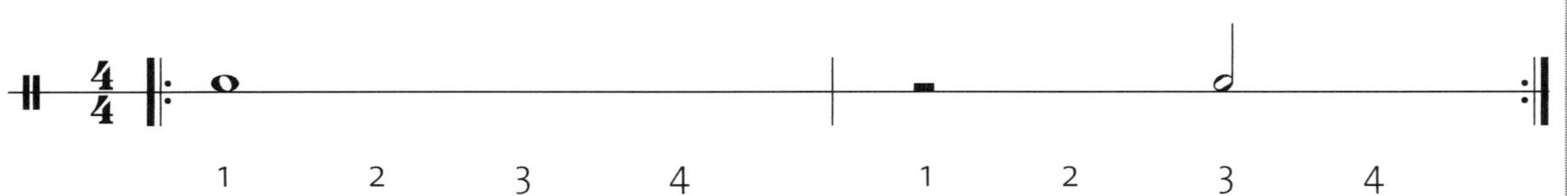

6

Die Viertelnote

Die Viertelnote besteht aus einem runden, ausgefüllten Notenkopf mit einem Notenhals.
Viertelnoten werden folgendermaßen gezählt:

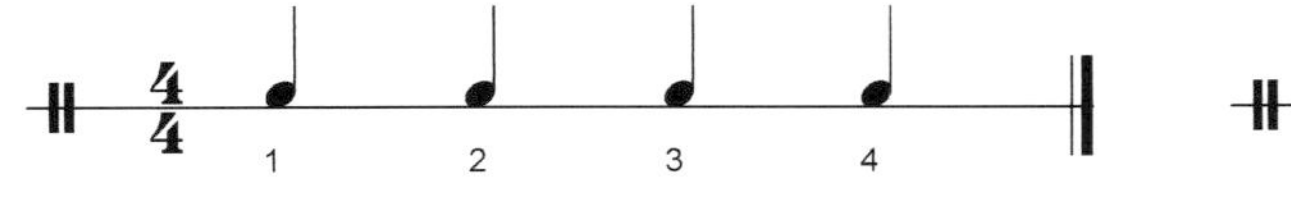
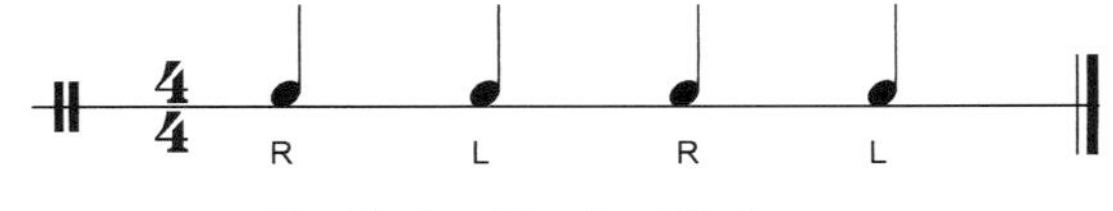

Spiele auf der Snare Drum Viertelnoten und – pausen:

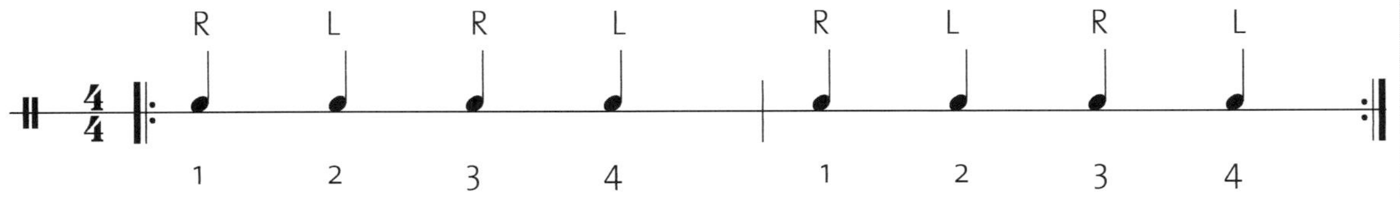

7

Die Viertelpause　⦚

Die Viertelpause dauert einen Schlag lang. Du setzt also einen Schlag lang aus.

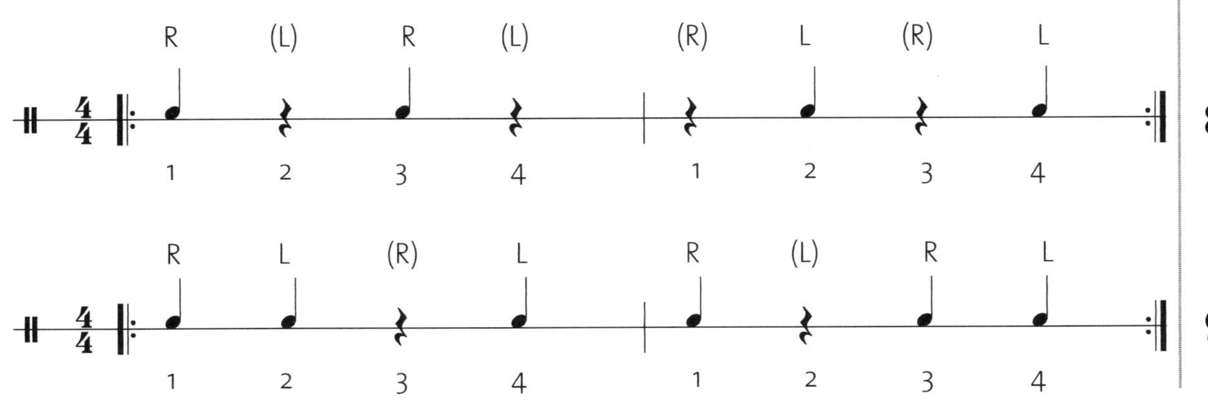

8

9

SNARE

Spiele die folgenden Viertelübungen auf der **Snare Drum** abwechselnd mit der rechten und linken Hand (R - L). Beginne rechts. In der Viertelpause setzt die jeweilige Hand aus.

SNARE & BASS DRUM

Spiele in den folgenden Übungen den sogenannten „Viertelpuls" mit dem Fußpedal auf der **Bass Drum**. Auf der **Snare Drum** spielst du zusätzlich Ganze und Halbe Noten.

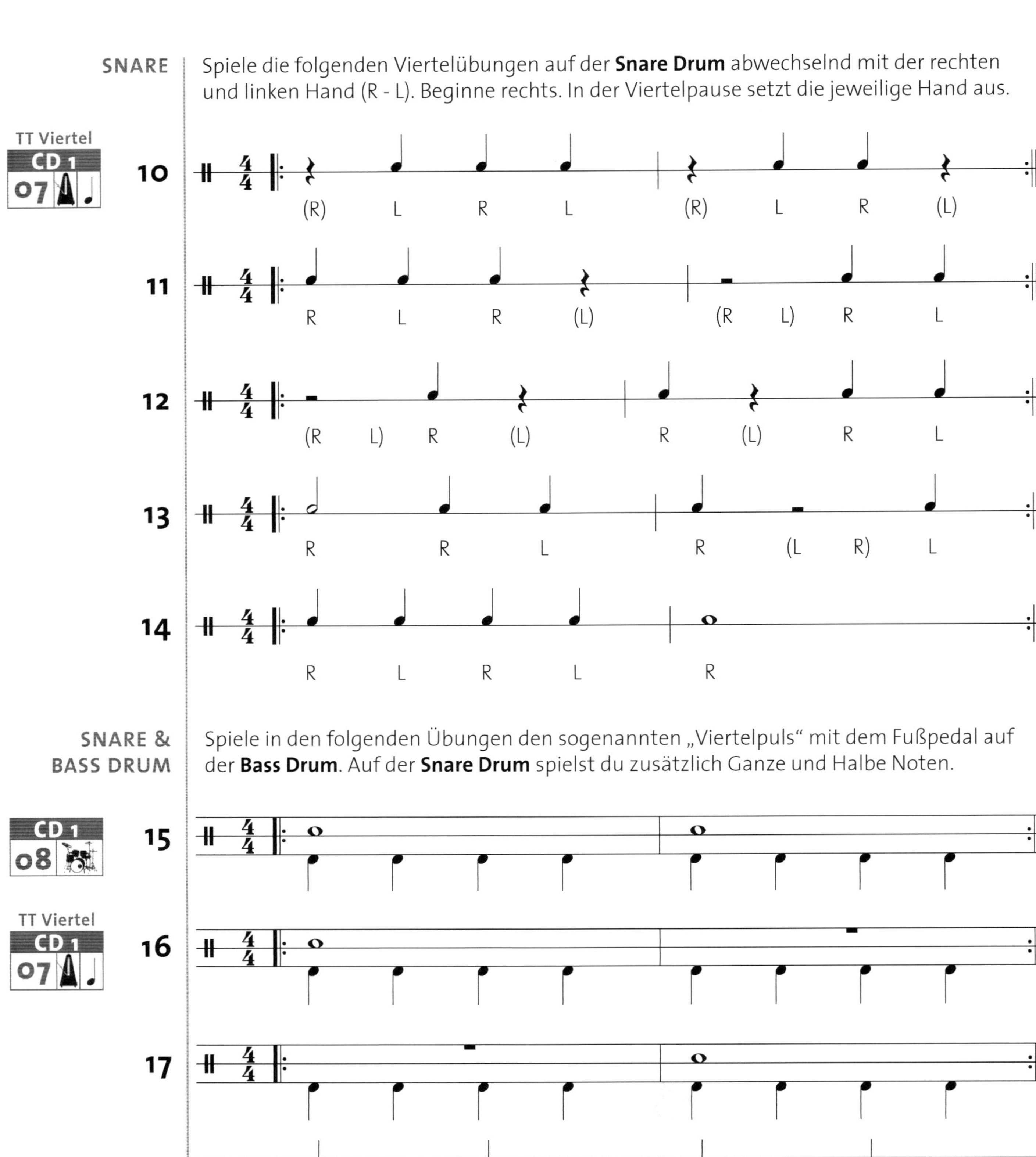

Viertelgrooves und Fill-Ins

Indem du nun die Viertelnoten auf die **HiHat**, die **Bass Drum** und die **Snare Drum** überträgst, bereitest du hier das Spiel deiner ersten richtigen Grooves vor.

Spiele zunächst Viertelnoten auf der geschlossenen HiHat. Um sie zu schließen, stellst du einfach deinen Fuß auf das HiHat-Pedal und drückst es hinunter, bis die beiden HiHat-Becken fest aneinander liegen. Dann schlägst du die HiHat mit dem Drumstick an.

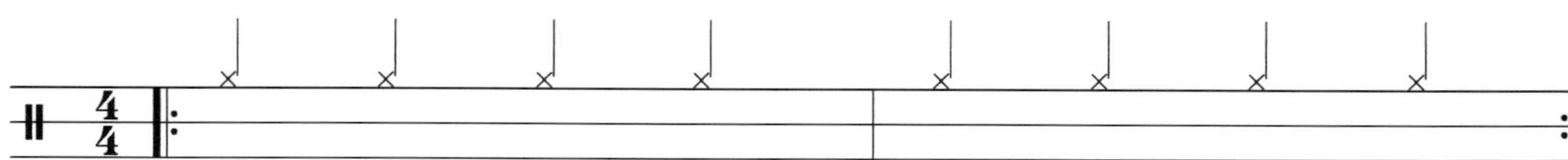

21

HiHat-Pedal

geschlossene HiHat

Zusätzlich zur HiHat spielst du nun auch die Bass Drum auf den Zählzeiten „**1**" und „**3**".

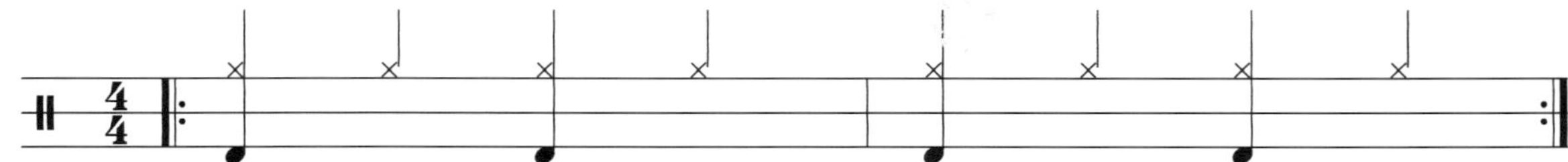

22

*Tipp: Die Schläge auf Bass Drum und HiHat auf den Zählzeiten „1" und „3" sollen **gleichzeitig** ausgeführt werden. Falls dir das zu Beginn schwer fällt, übe zunächst nur das gleichzeitige Schlagen von Bass Drum und HiHat. Du kannst dabei auch „frei" spielen, also ohne festes Tempo und ohne mitzuzählen. Wenn du dann so sicher geworden bist, dass du deine Schläge gleichzeitig ausführen kannst, gehe dazu über, die Übung 22 so zu spielen, wie hier notiert. Verfahre, wenn nötig, genauso bei den Übungen mit der Snare Drum.*

ÜBERKREUZ-HALTUNG

Nun variierst du diesen Rhythmus, indem du zusätzlich zur HiHat die Snare Drum auf den Zählzeiten „**2**" und „**4**" spielst. Deine Führungshand – bei Rechtshändern in der Regel die Rechte, bei Linkshändern die Linke – spielt dabei die HiHat, die andere Hand die Snare Drum. Dadurch ergibt sich die „**Über-Kreuz-Haltung**".

23 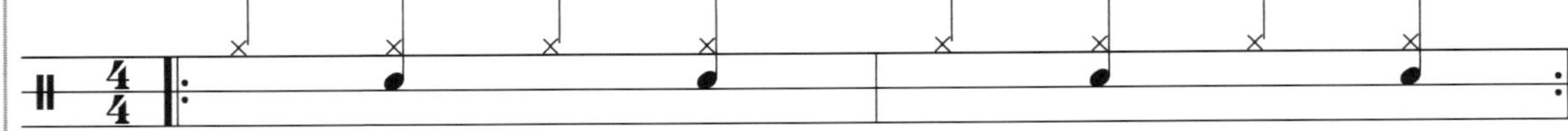

Dein erster Groove

SNARE, BASS & HIHAT

Hier ist er auch schon, dein erster Drum-Groove. Füge die Übungen 22 und 23 zusammen und spiele die **Bass Drum** jeweils auf den Zählzeiten „**1**" und „**3**" sowie die **Snare Drum** auf „**2**" und „**4**". Die **HiHat** läuft gleichmäßig auf allen Viertelzählzeiten durch.

24 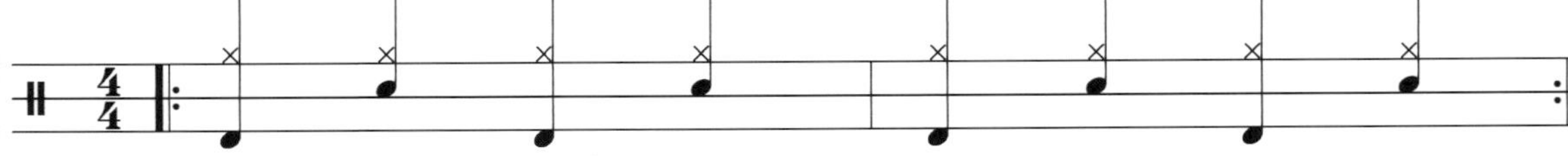

Verschiedene Variationen des ersten Drum-Grooves:

25 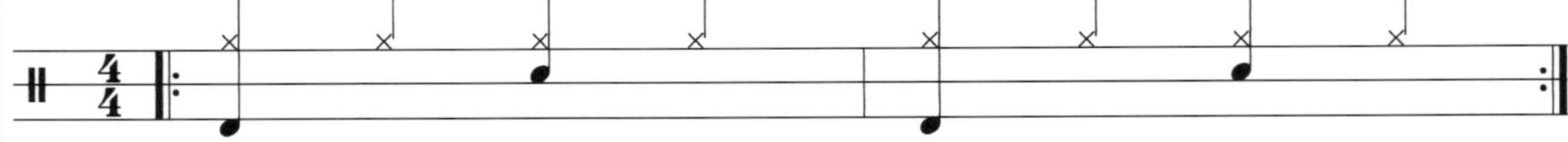

TT Viertel

26 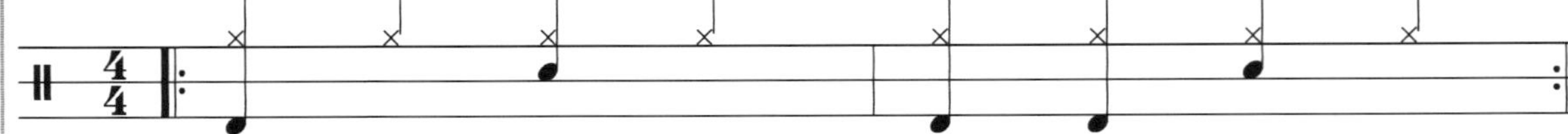

27 

28 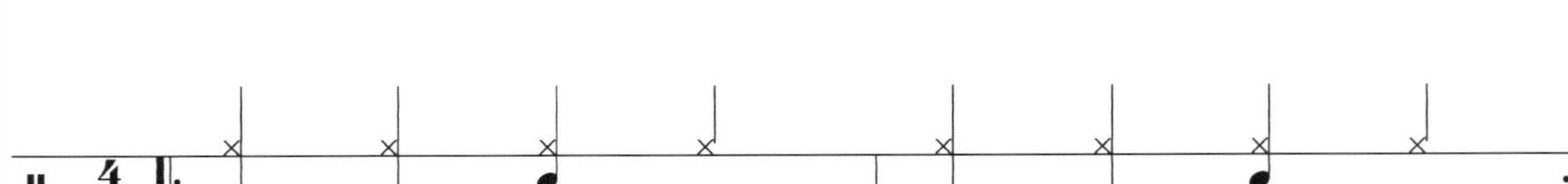

Denke dir nun selber Grooves aus. Trage in die Notensysteme Bass Drum und Snare Drum nach deinen eigenen Vorstellungen ein. Die HiHat habe ich dir schon vorgegeben. Spiele die Übungen anschließend entsprechend durch.

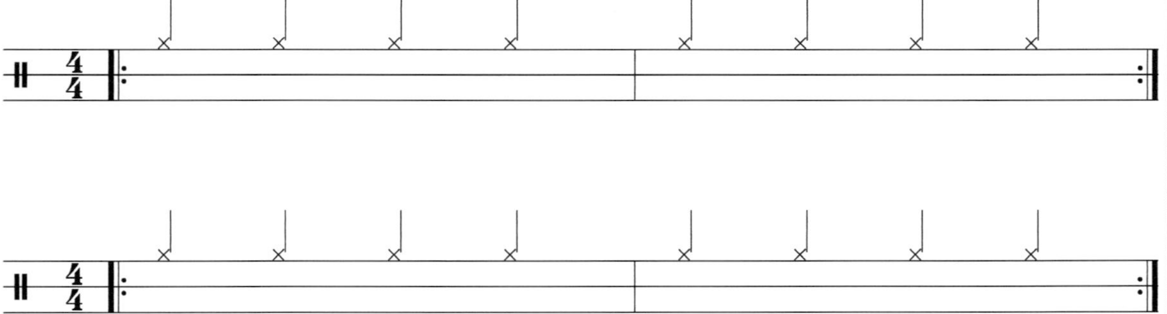

TRAGE SNARE
UND BASS DRUM
SELBST EIN

Dein erster Fill-In

Jeweils im zweiten Takt der folgenden Übungen wird der Groove nun unterbrochen und stattdessen nur die Snare Drum gespielt. Diese kurzen Einwürfe in einen Groove nennt man „Fill-in". Spiele nun deine ersten Fill-ins mit Viertelnoten auf der Snare Drum.

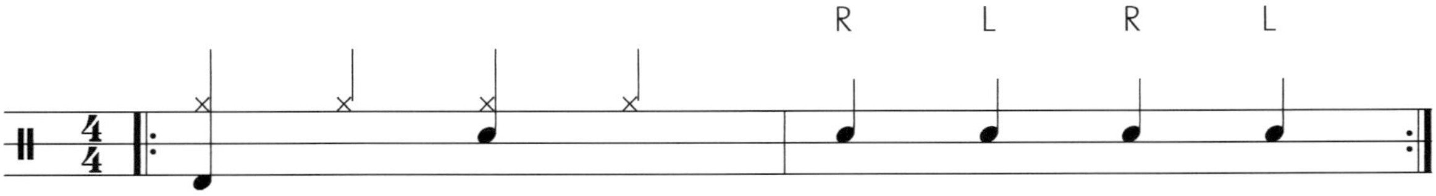

29   CD 1 11

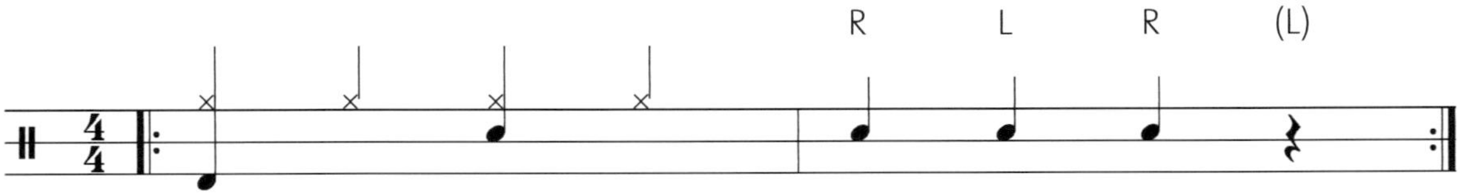

TT Viertel
30   CD 1 07

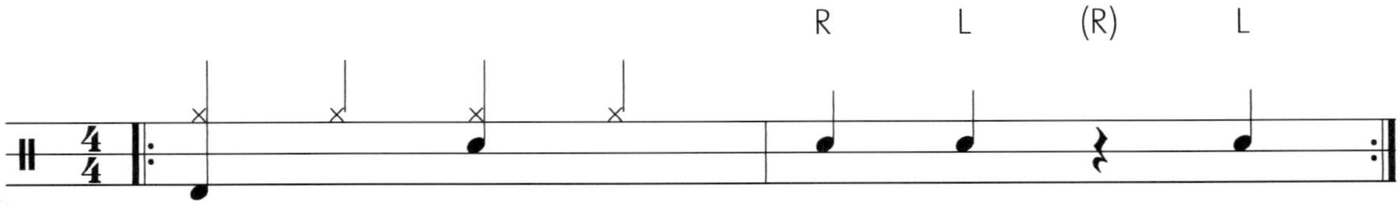

31

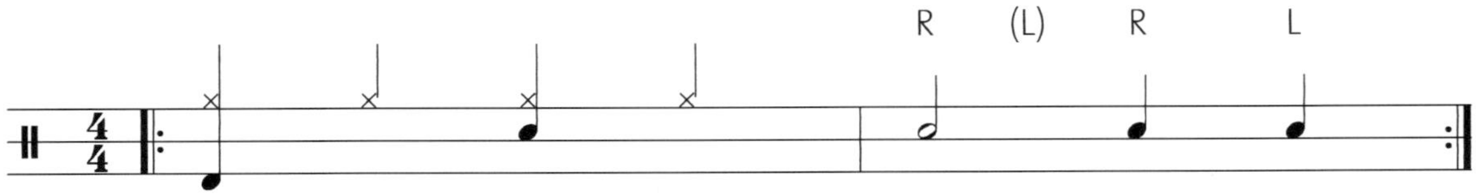

32

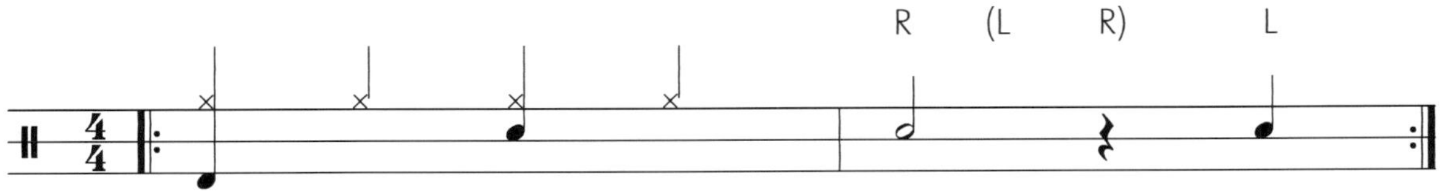

33

Fill-Ins auf den Toms

TOM 1 — Übertrage die Viertelnoten nun auf die drei Toms. Zunächst Viertelnoten und –pausen auf dem ersten Tom (Tom 1 - kleines Hängetom).

TT Viertel

34

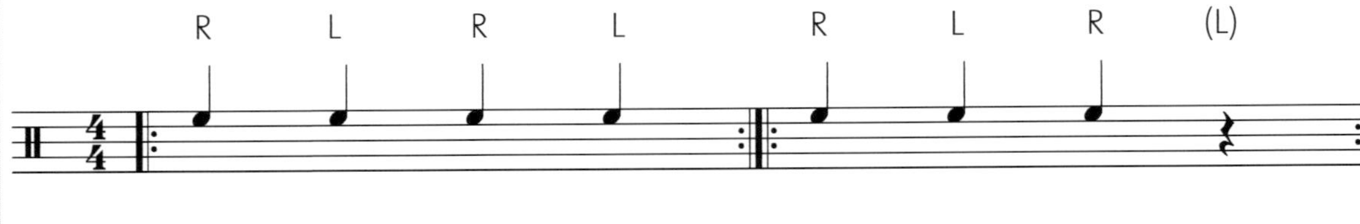

TOM 2 — Auf dem zweiten Tom (Tom 2 - mittleres Hängetom).

35

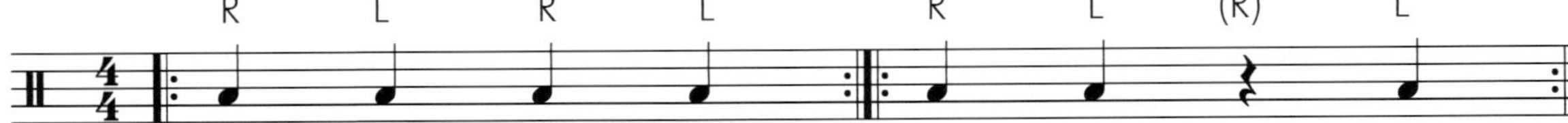

TOM 3 — Und auf dem dritten Tom (Tom 3 - rechtes Standtom).

36

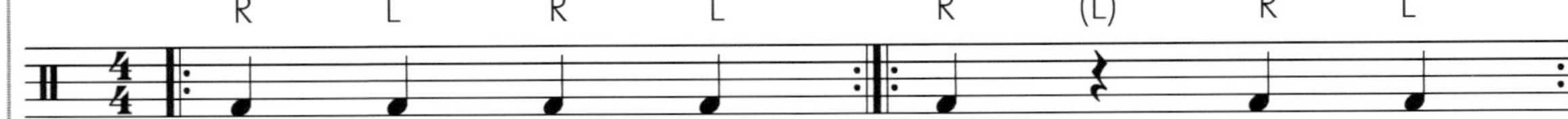

TOM 1/2/3 & SNARE — Und nun alle drei Toms und die Snare Drum.

37

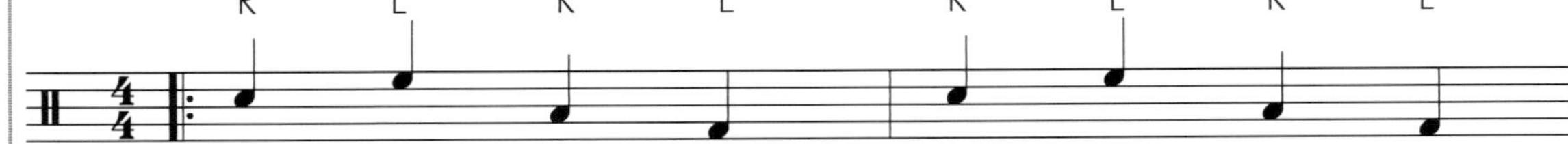

38

TT Viertel

39

40

41

BASS DRUM — Füge nun jeder dieser acht Übungen den Viertelpuls auf der Bass Drum hinzu.

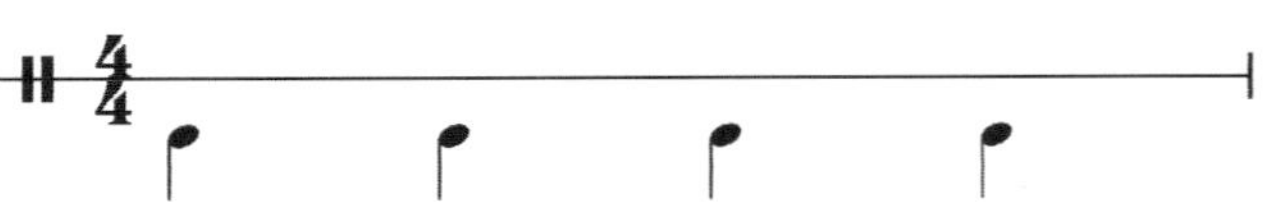

In den folgenden Übungen spielst du weitere Fill-ins mit Viertelnoten. Diesmal auf der Snare Drum und den drei Toms.

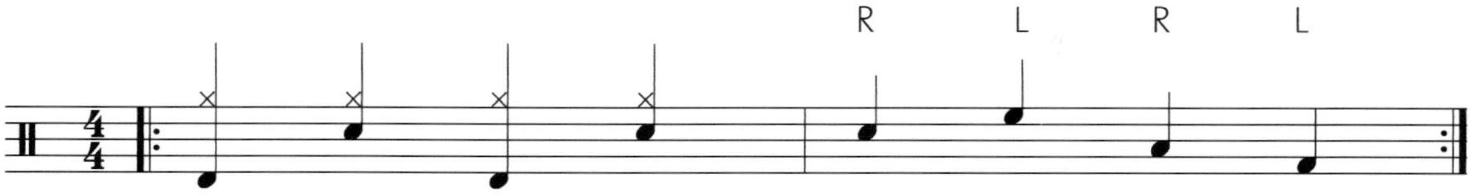

TOM 1/2/3 & SNARE

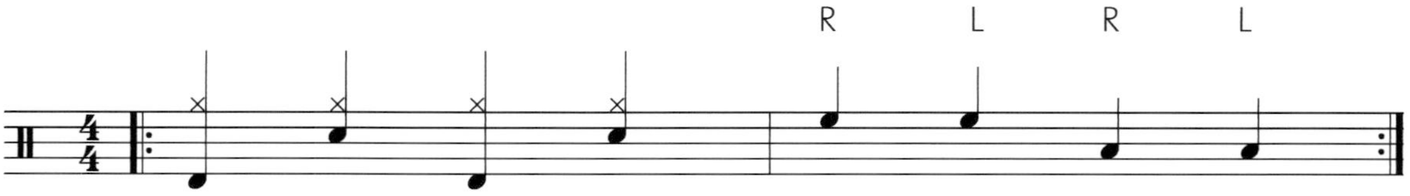

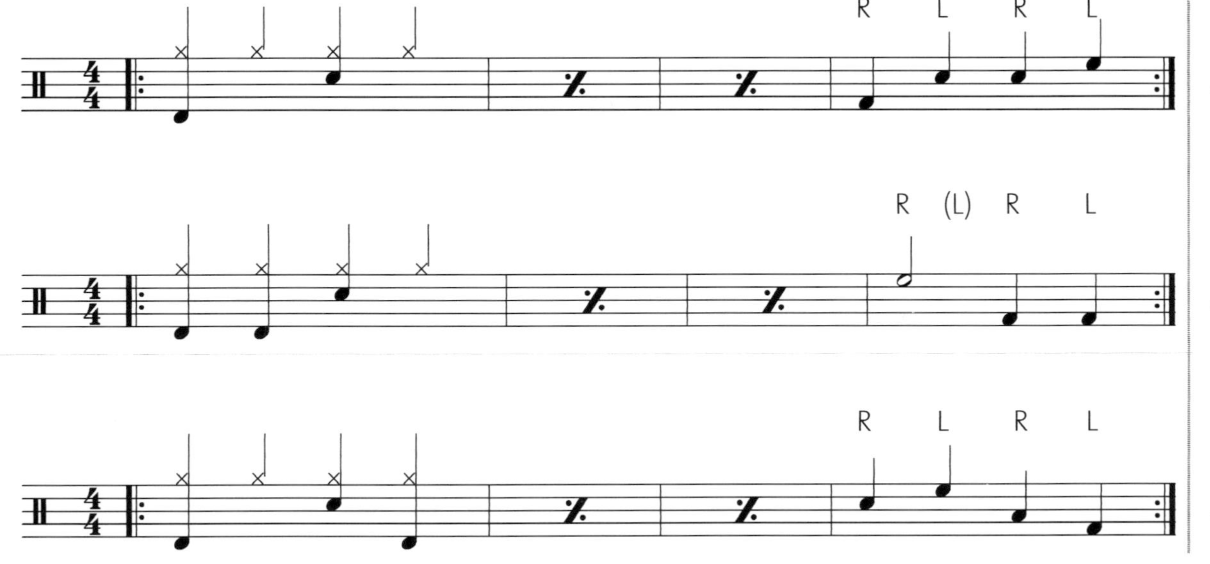

Der Faulenzer ∕.

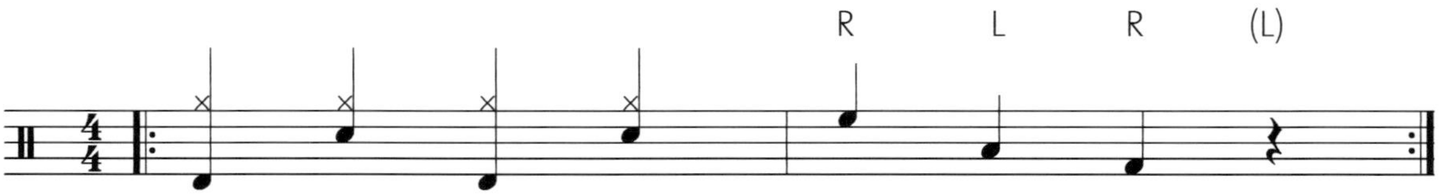

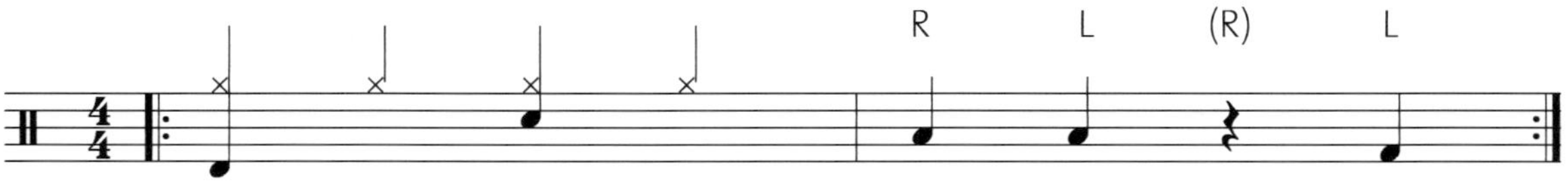

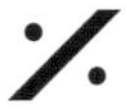

An dieser Stelle lernst du den **Faulenzer** kennen. Es handelt sich dabei um ein **Wiederholungszeichen**, das besagt, dass der vorangegangene Takt einmal wiederholt werden soll.

In den nächsten drei Übungen wird der erste Takt also nun jeweils dreimal gespielt. Danach folgt der Takt mit dem Fill in. Anschließend wird dann die gesamte Übung noch einmal wiederholt. Du spielst also insgesamt acht Takte pro Übung.

Hier ist wieder Platz für deinen eigenen Groove und einen eigenen Fill in. Die HiHat für den Groove ist schon vorgegeben. Spiele die Übung anschließend durch.

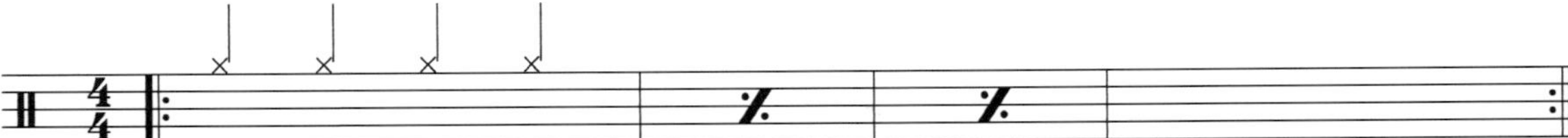

Dein erstes Solo - Schlagzeugsolo #1

In deinem ersten Schlagzeugsolo kannst du das, was du bisher gelernt hast, anwenden. Am Anfang und am Ende des Solos sind Wiederholungszeichen notiert. Du sollst das Solo also zweimal durchspielen. Ab dem zweiten Notensystem stehen am Anfang jedes Systems die Taktnummern des jeweils ersten Taktes im System. Dies soll dir zur Orientierung dienen, z.B. bei Absprachen mit deinem Schlagzeuglehrer.

Die Achtelnote ♪ und die Achtelpause 𝄾

Nachdem du die Ganzen, Halben und Viertelnoten kennen gelernt hast, sollst du nun Achtelnoten auf der Snare Drum spielen. Es werden acht Achtelnoten, bzw. Achtelpausen benötigt, um einen 4/4 Takt auszufüllen. Sie werden folgendermaßen gezählt:

ACHTEL

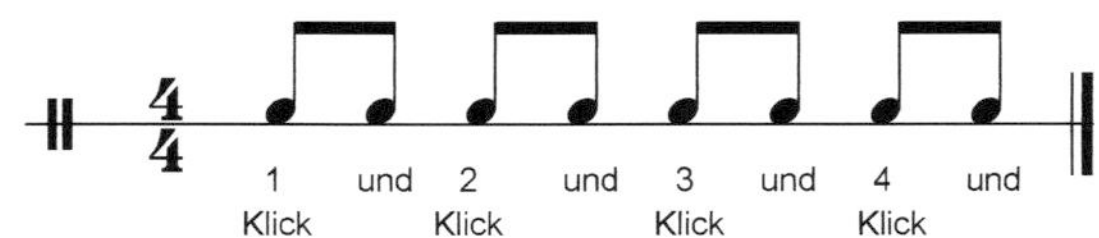

Die Schläge, die auf den „und"-Zählzeiten ausgeführt werden, liegen in der zeitlichen Mitte zwischen zwei Klicks deines Metronoms:

Spiele auch die folgenden Übungen wieder sowohl mit als auch ohne Metronom. Beginne zunächst mit einem langsamen Tempo.

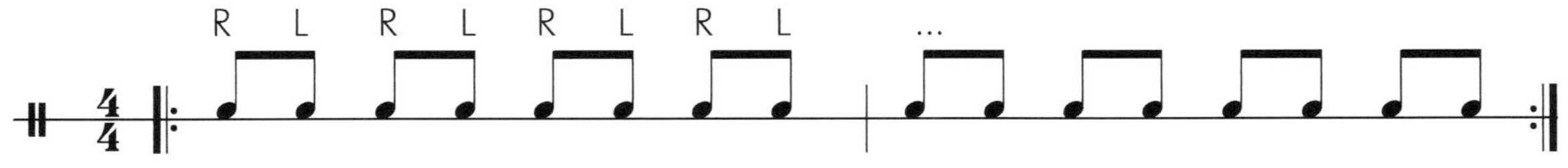

50

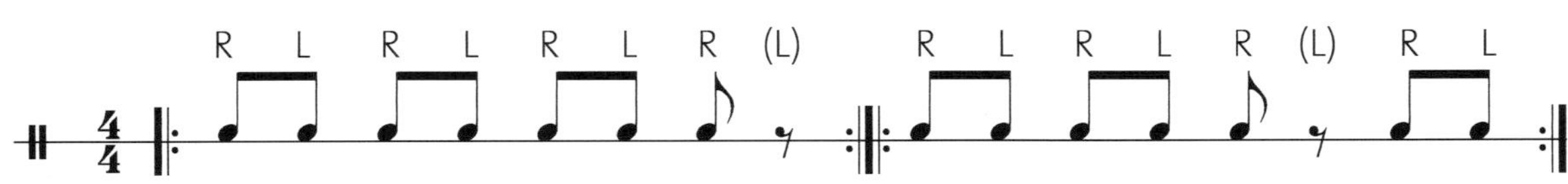

51

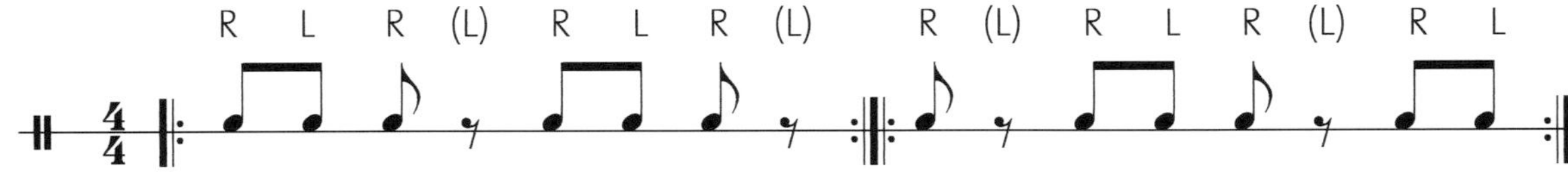

52

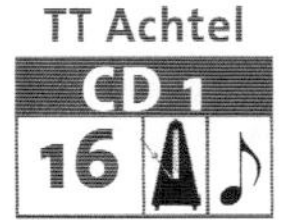

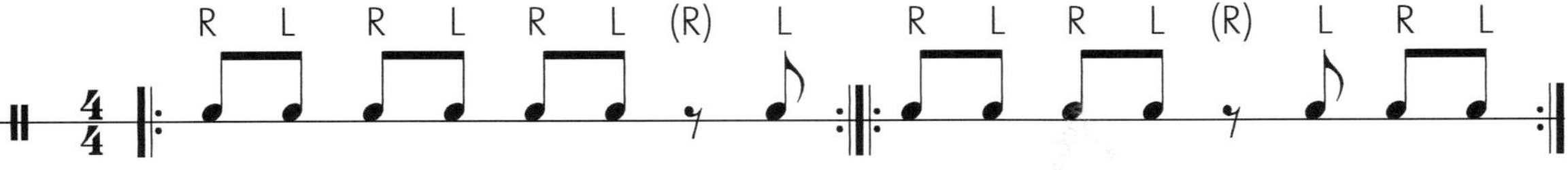

53

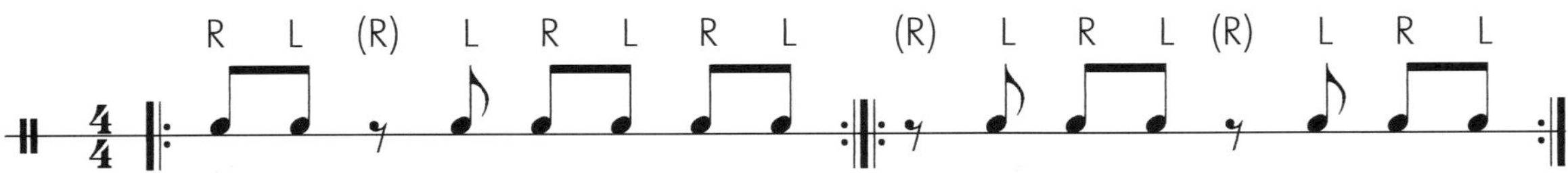

54

Füge nun wieder jeder dieser fünf Übungen den Viertelpuls auf der Bass Drum hinzu.

BASS DRUM

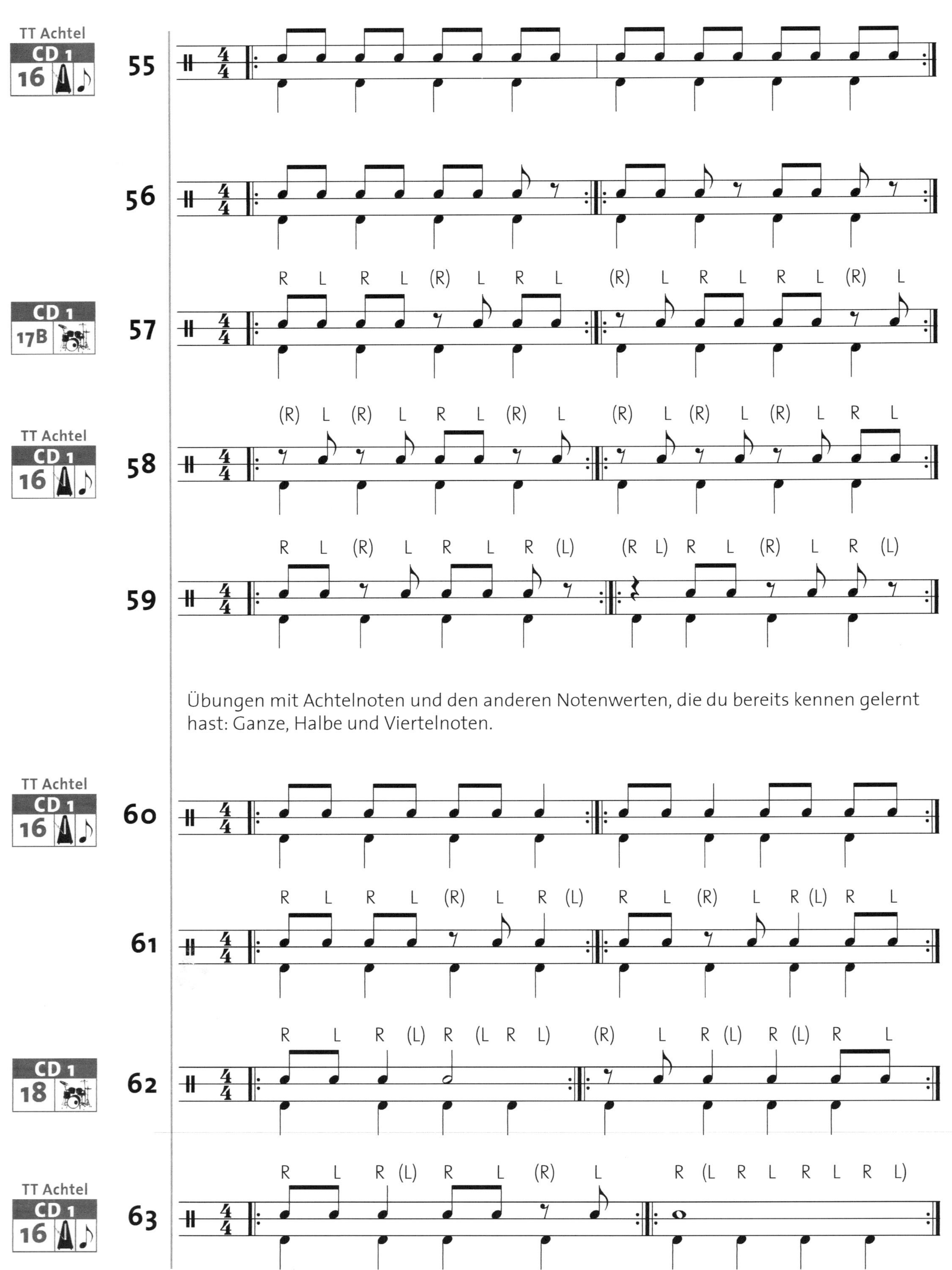

Übungen mit Achtelnoten und den anderen Notenwerten, die du bereits kennen gelernt hast: Ganze, Halbe und Viertelnoten.

Achtelgrooves

Übertrage nun die Achtelnoten auf die **HiHat**. Rechtshänder spielen alle Schläge durchgehend mit der rechten, Linkshänder durchgehend mit der linken Hand.

HIHAT

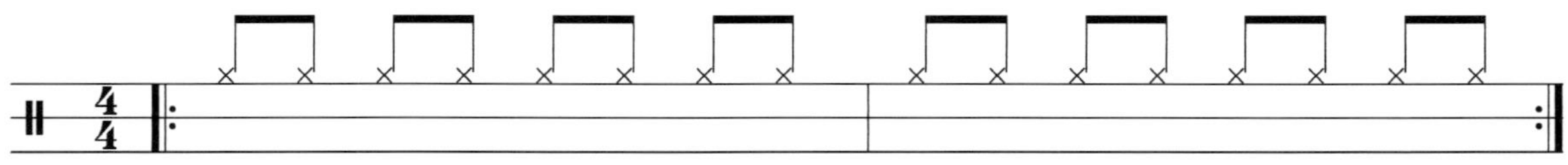

Spiele nun zusätzlich die **Bass Drum** auf den Zählzeiten „1" und „3".

HIHAT &
BASS DRUM

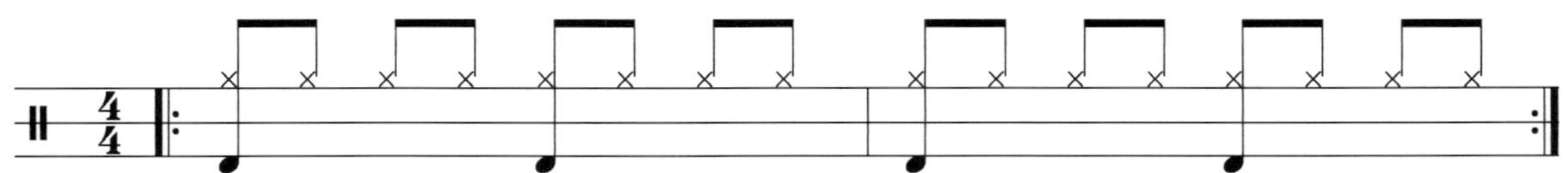

Variiere den Rhythmus, indem du nun die **Snare Drum** auf den Zählzeiten „2" und „4" spielst.

HIHAT &
SNARE

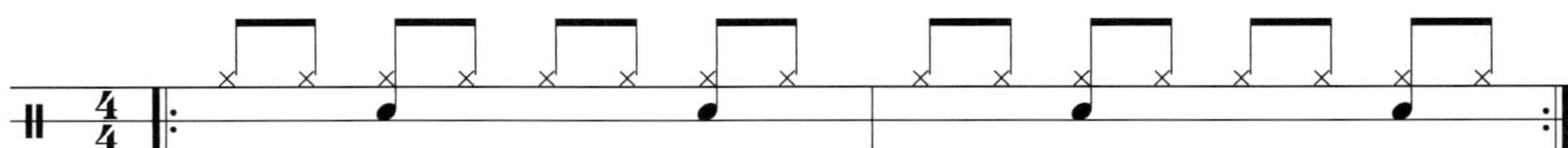

Jetzt fügst du die beiden vorherigen Übungen zusammen. Die **Bass Drum** wird auf den Zählzeiten „1" und „3", die **Snare Drum** auf den Zählzeiten „2" und „4" gespielt.

HIHAT, SNARE &
BASS DRUM

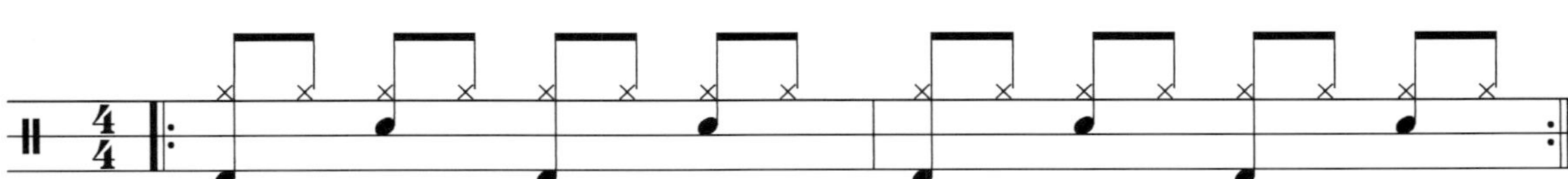

Der Groove, den du in Übung 67 gespielt hast, ist gewissermaßen der Basisgroove in der Pop und Rockmusik, der als Grundlage für viele verschiedene Variationen dient.
Einige dieser **Variationen** sind hier zusammengestellt:

BASISGROOVE

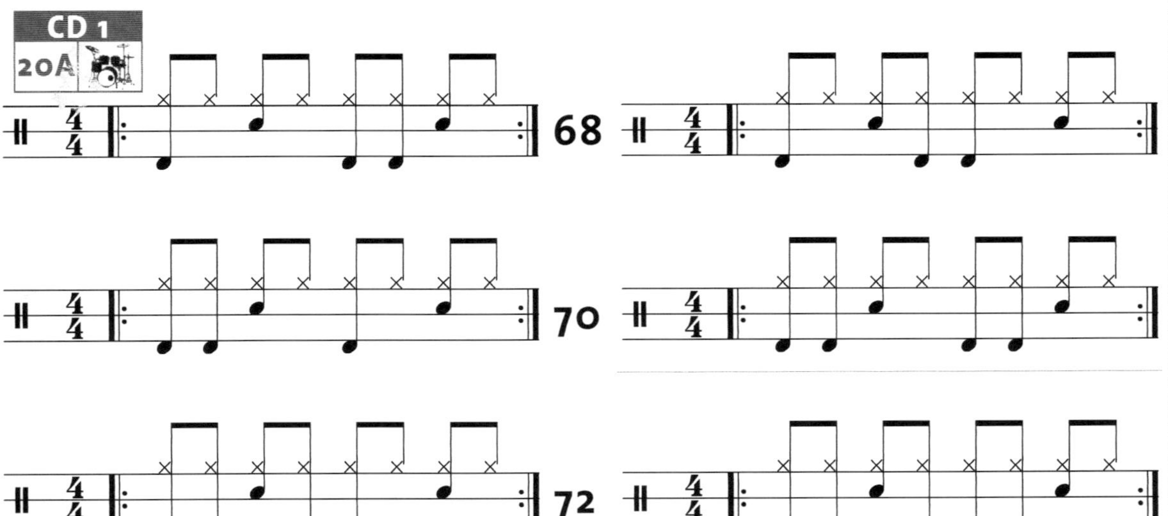

TT Achtel

Tipp: Die Übungen sind alle mit Wiederholungszeichen notiert. Das bedeutet, dass jeder Takt zweimal gespielt wird. Du solltest die Takte beim Üben allerdings wesentlich öfter durchspielen, um die Grooves schließlich sicher zu beherrschen.

Wahrscheinlich ist es dein Ziel, irgendwann in einer Band Schlagzeug zu spielen. Wenn es so weit ist, solltest du in der Lage sein, einen kompletten Song problemlos durchzuspielen. Häufig dauert ein Pop- oder Rocksong drei bis vier Minuten. Spiele also auch jede der vorangegangenen Übungen drei bis vier Minuten ohne Unterbrechung durch. Das wird dir dabei helfen, die nötige Kondition aufzubauen und auch über die Distanz rhythmisch präzise zu spielen.

Eine weitere Möglichkeit, dies zu üben, ist, die Übungen 68 bis 85 „am Stück", also ohne zwischen den Übungen abzusetzen, durchzuspielen. Das wird dir außerdem dabei helfen, zu einem guten Notenleser zu werden, da du dich immer wieder schnell auf das Notenbild der nächsten Übung konzentrieren musst.

Hier kannst du wieder selber einen Groove entwerfen. Lass deiner Phantasie freien Lauf und trage Bass Drum und Snare Drum ein. Die HiHat ist schon vorgegeben.

Tipp: Der zweite Takt darf auch anders sein, als der Erste!

TRAGE SNARE UND BASS SELBST EIN

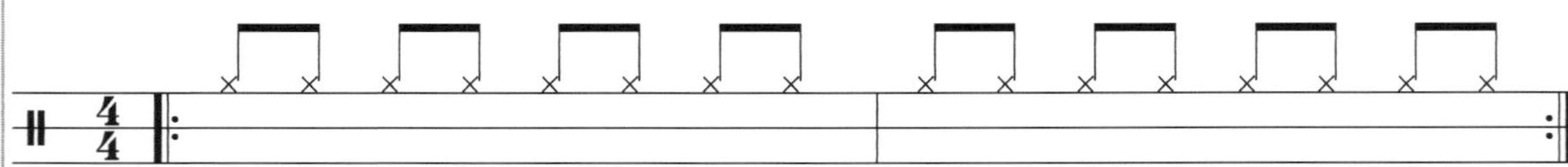

Fill-Ins mit Achteln auf den Toms

Übertrage die Achtelnoten nun auch auf die Toms.

86 Auf Tom 1 (kleines Hängetom).

87 Auf Tom 2 (mittleres Hängetom).

88 Auf Tom 3 (rechtes Standtom).

Und nun auf allen drei Toms und auf der Snare Drum.

89 

90 TT Achtel 

91

92 

Tipp: Wenn, wie in der folgenden Übung 93, verschiedene Notenwerte auf verschiedenen Trommeln gespielt werden sollen, ist es zu Beginn häufig schwierig, die Noten zu lesen und auch gleichzeitig am Drumset umzusetzen. Um dies zu erleichtern, ist es hilfreich, sich zunächst einmal nur den Rhythmus des jeweiligen Taktes klarzumachen. Dazu genügen schon die Notenhälse und Fähnchen bzw. Balken. Sie allein geben dir Aufschluss über die Rhythmik der Übung. Halte dazu einfach einen Stick oder auch ein Blatt Papier vor die untere Hälfte der Noten, damit sich folgendes Bild ergibt:

RHYTHMEN ERFASSEN - AUF EINEN BLICK

Beispiel anhand Übung 93, S. 30

93a 1. SCHRITT

Es werden immer abwechselnd zwei Achtelnoten und eine Viertelnote gespielt.

Übertrage nun im nächsten Schritt diese rhythmische Figur auf eines der Instrumente an deinem Drumset, beispielsweise die Snare Drum, eines der Toms oder auch die HiHat und spiele sie einige Male durch, um dich an ihren rhythmischen Ablauf zu gewöhnen:

Wenn du das Gefühl hast, diese Figur sicher spielen zu können, gehe zur eigentlichen Übung über, in der die Noten nun auch auf den Toms verteilt gespielt werden.

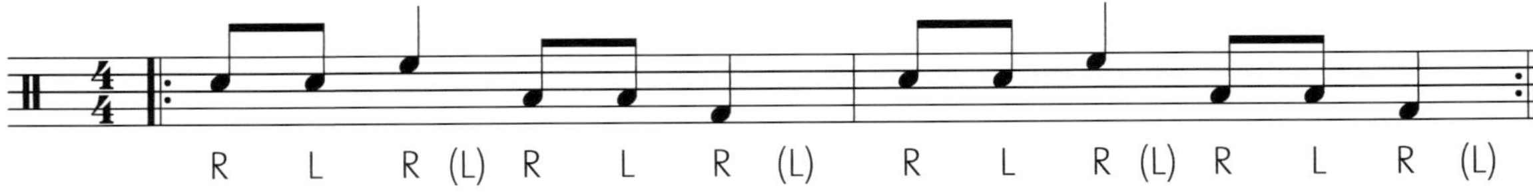

Für die **Übung 94** sehen diese beiden Hilfestellungen wie folgt aus.
Ohne Notenköpfe (spiele z.B. auf der Snare Drum):

Mit Notenköpfen (spiele z.B. auf der Snare Drum):

Und hier die originale **Übung 94**:

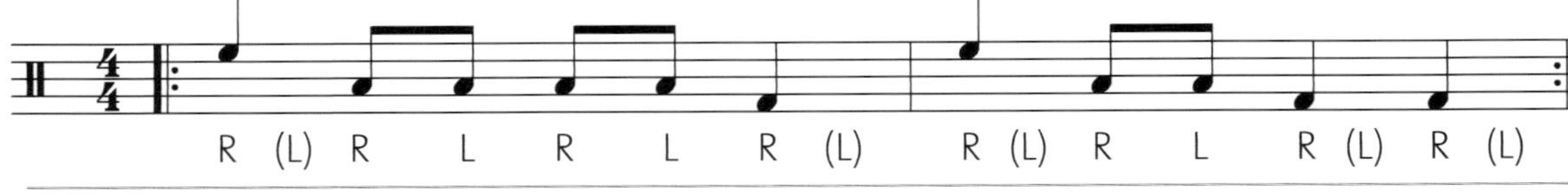

Für die **Übung 95** und die folgenden Übungen habe ich dir diese Hilfen auch vorgegeben.
Ohne Notenköpfe (spiele z.B. auf der HiHat):

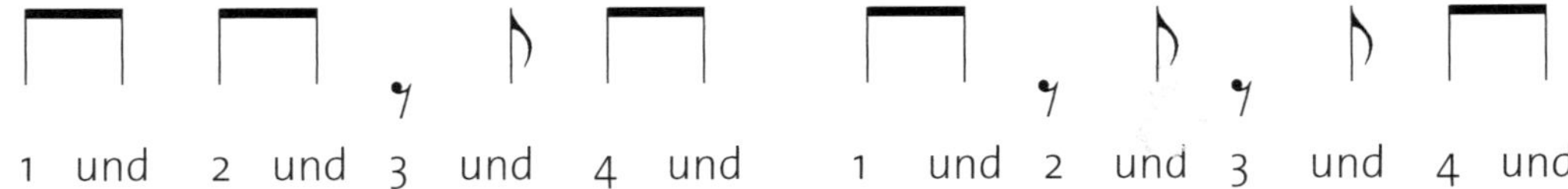

Mit Notenköpfen (spiele z.B. auf der HiHat):

Und hier die originale **Übung 95**:

Übung 96 ohne Notenköpfe (spiele z.B. auf der HiHat):

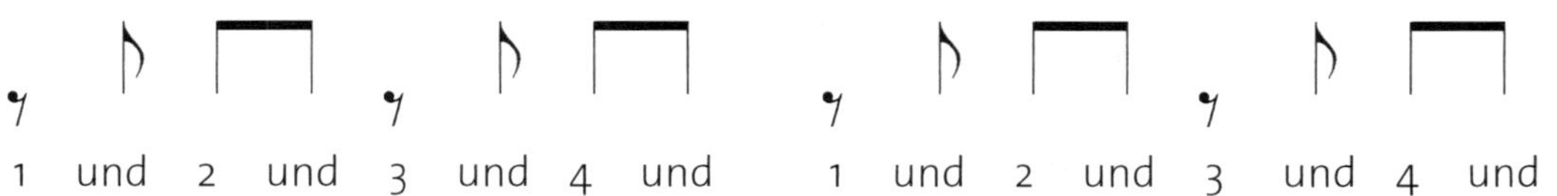

96a 1. SCHRITT

Mit Notenköpfen (spiele z.B. auf der HiHat):

96b 2. SCHRITT

Und hier die originale **Übung 96**:

96 

Übung 97 ohne Notenköpfe (spiele z.B. auf der HiHat):

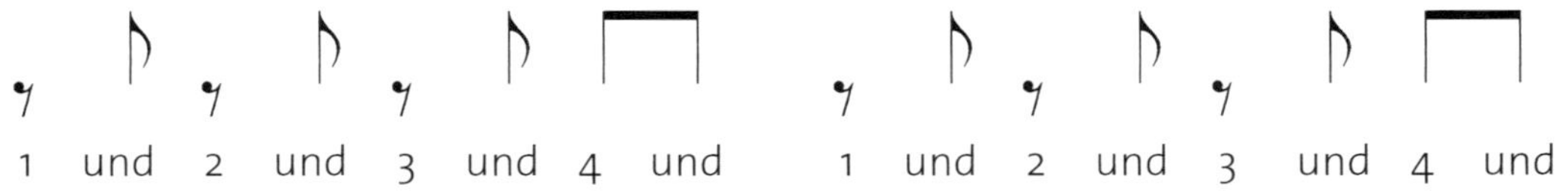

97a 1. SCHRITT

Mit Notenköpfen (spiele z.B. auf der HiHat):

97b 2. SCHRITT

Und hier die originale **Übung 97**:

97 

Trage in dieses leere Notensystem deinen eigenen Lauf über die Snare Drum und/oder die Toms ein und spiele die Übung anschließend durch.

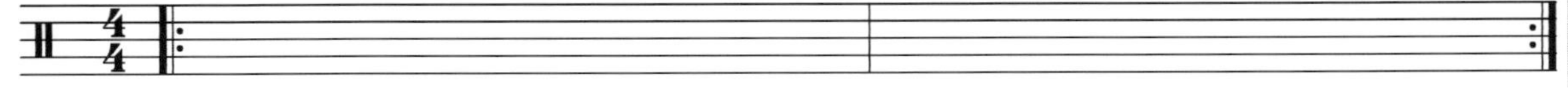

TRAGE
SELBST EIN

Achtelgrooves und Fill-Ins

Spiele nun die Läufe über die Snare Drum und die Toms als Fill-In. Der Takt mit dem Groove, der zuvor notiert ist, wird jeweils dreimal gespielt, sodass jede Übung aus vier Takten besteht, die dann noch einmal wiederholt werden. Das soll dir helfen, dich an die in der Pop- und Rockmusik sehr häufig vorkommende Vier-Takt-Form zu gewöhnen.

Spielpause: Kuddelmuddel

Hier ist einiges durcheinander geraten. Die Beschreibungen passen nicht zu den jeweiligen Symbolen, bzw. Noten. Stelle die richtigen Kombinationen her, indem du sie mit Pfeilen verbindest.

ORDNE MIT PFEILEN ZU

GANZE NOTE

TAKTMASS

HALBE NOTE

WIEDERHOLUNGSZEICHEN

VIERTELNOTE

PERKUSSIONSSCHLÜSSEL

ACHTELNOTE

FAULENZER

LÖSUNG AUF:
www.garantiert-drums.de

Groove-Fill Puzzle

Mit dem Groove-Fill Puzzle hast du die Möglichkeit, dir viele verschiedene Groove-Fill-Kombinationen zusammenzustellen.

Spiele nicht nur die Takte aus einer Notenzeile, sondern kombiniere alle Groove-Takte mit den Fill-Takten. Spiele also z.B.:

Verfahre ebenso mit dem nächsten Groove, sodass sich die Kombinationen 107 A, 107 B, 107 C usw. ergeben. Das Gleiche gilt für die Grooves Nr. 108 und Nr. 109.

Spiele den Groove Takt jeweils **drei Mal**, damit sich wieder die Vier-Takt-Form ergibt.

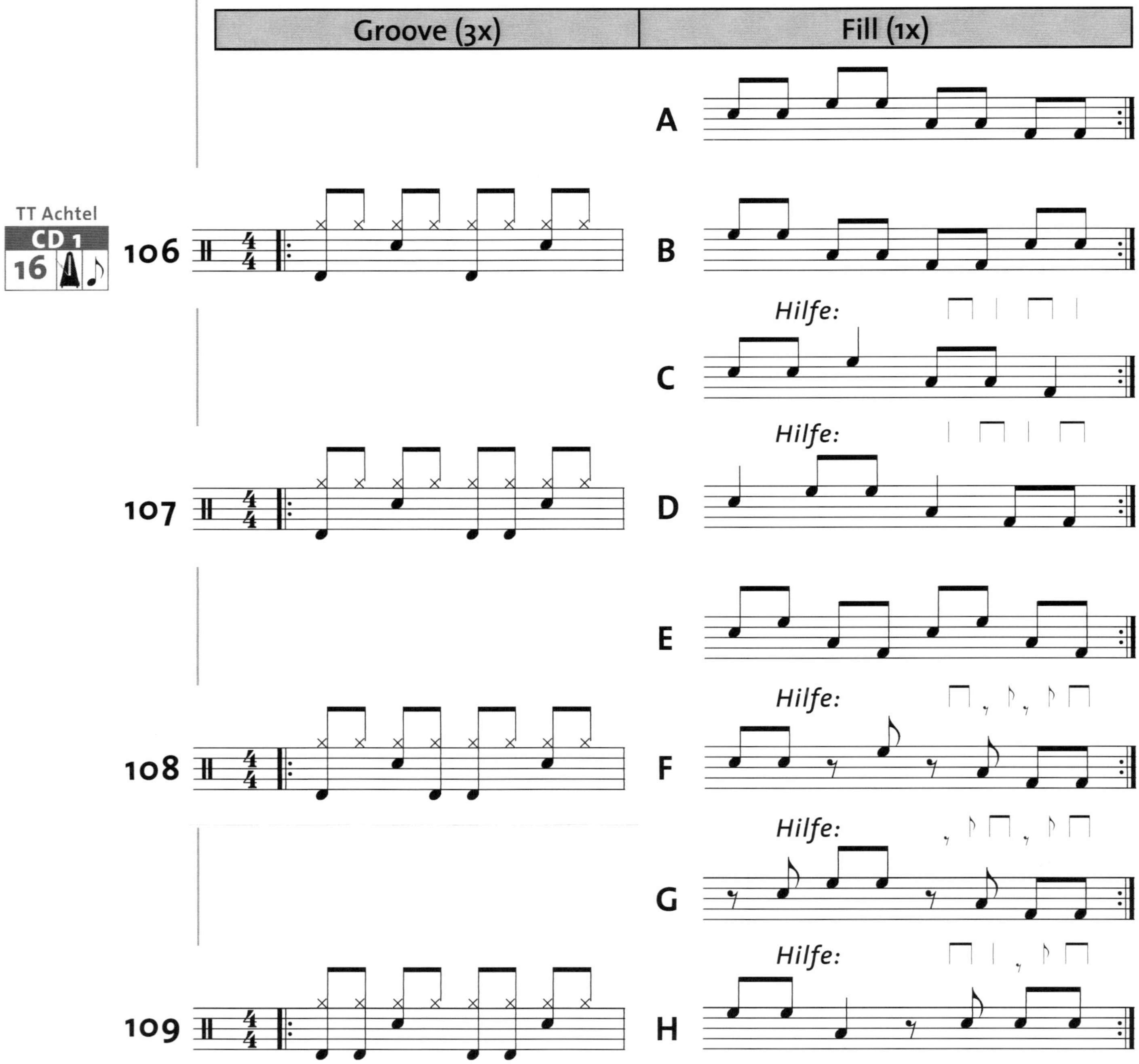

Groove (3x)	Fill (1x)

Halbtaktige Fill-Ins

Fill-Ins werden nicht nur über einen ganzen Takt, sondern häufig auch über einen halben Takt gespielt. Ob man einen kurzen oder langen Fill-In spielen sollte, ergibt sich in der Regel aus dem Musikstück, das gerade gespielt wird. In manchen Songs würde ein langer Fill-In über einen Takt für zuviel Unruhe sorgen. Ein kurzer Fill ist da angebrachter.

Höre dir viel Musik an und achte dabei auch immer auf das, was die Schlagzeuger spielen: kurze oder längere Fills und wie diese im Zusammenhang mit der Musik wirken und klingen.

Ein paar Beispiele für halbtaktige Fill-Ins:

Hier ein Fill-In, der nur über eine Viertelzählzeit gespielt wird.

Und ein Beispiel für einen Fill-In über drei Viertelzählzeiten.

Schlagzeugsolo #2

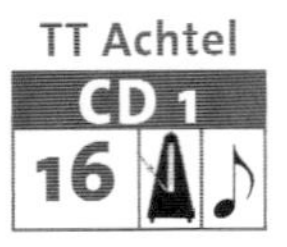

Die offene HiHat ⊗

Ein häufig verwendetes Stilmittel in der Pop- und Rockmusik ist die offen gespielte HiHat. Die geöffnete HiHat wird z.B. häufig als Akzent in Disco- oder Hip Hop-Grooves gespielt.

Die HiHat wird geöffnet, indem du den vorderen Teil deines Fußes, der auf dem HiHat-Pedal steht leicht anhebst. Versuche, die Bewegung möglichst klein zu halten. Es ist nicht notwendig, den ganzen Fuß anzuheben!

offene HiHat

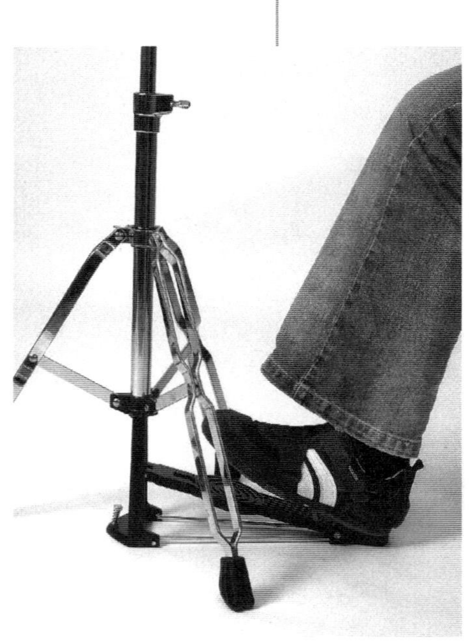

angehobener Fuß

In der folgenden Übung wird die **HiHat** auf der Zählzeit „**4 und**" kurz geöffnet. Auf der folgenden Zählzeit „**1**" ist sie dann bereits wieder geschlossen.

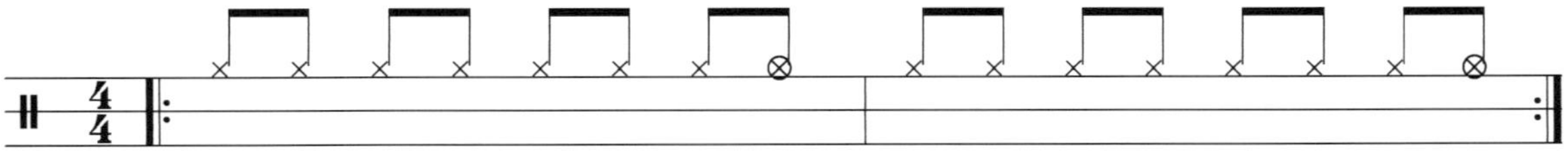

116 — CD 1, 27A

Zusätzlich wird nun die **Bass Drum** auf den Zählzeiten „**1**" und „**3**" gespielt.

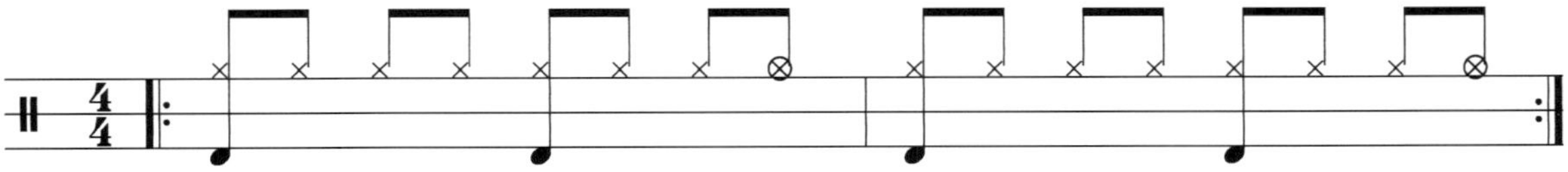

117 — TT Achtel, CD 1, 16

Und die **Snare Drum** auf den Zählzeiten „**2**" und „**4**".

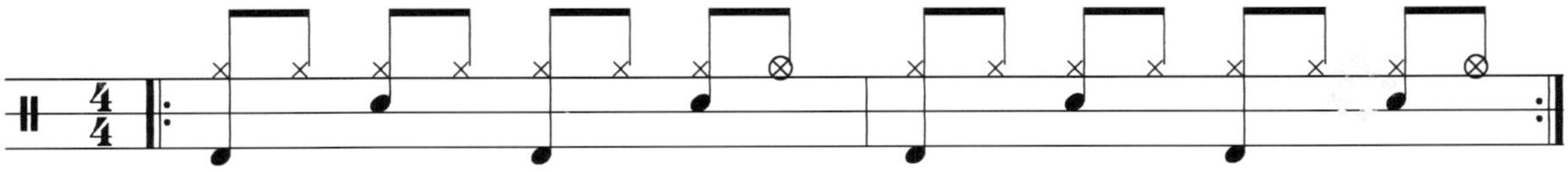

118 — CD 1, 27B

Zwei Variationen der Bass Drum-Figur:

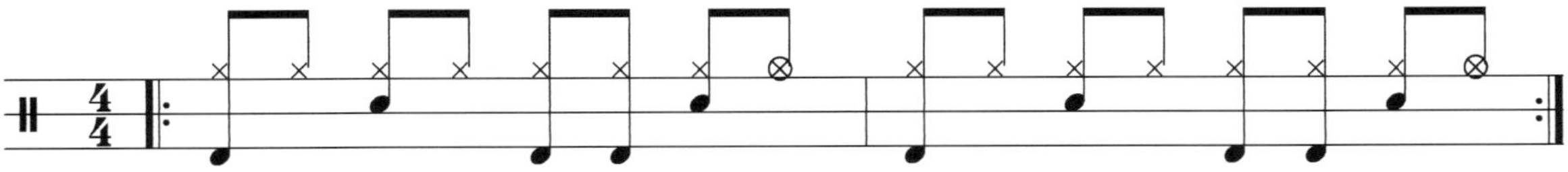

119 — TT Achtel, CD 1, 16

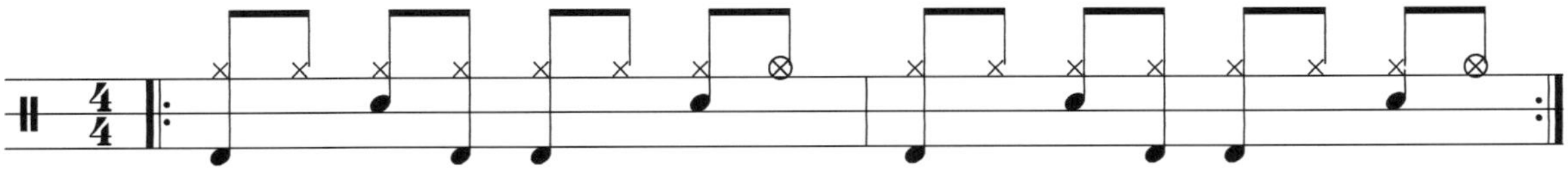

120

OFFENE HIHAT AUF „UND"

Die HiHat kann auch auf jeder anderen beliebigen Zählzeit geöffnet werden. Zunächst einige Beispiele für die geöffnete HiHat auf den **„und"**-Zählzeiten.

TT Achtel
CD 1
16

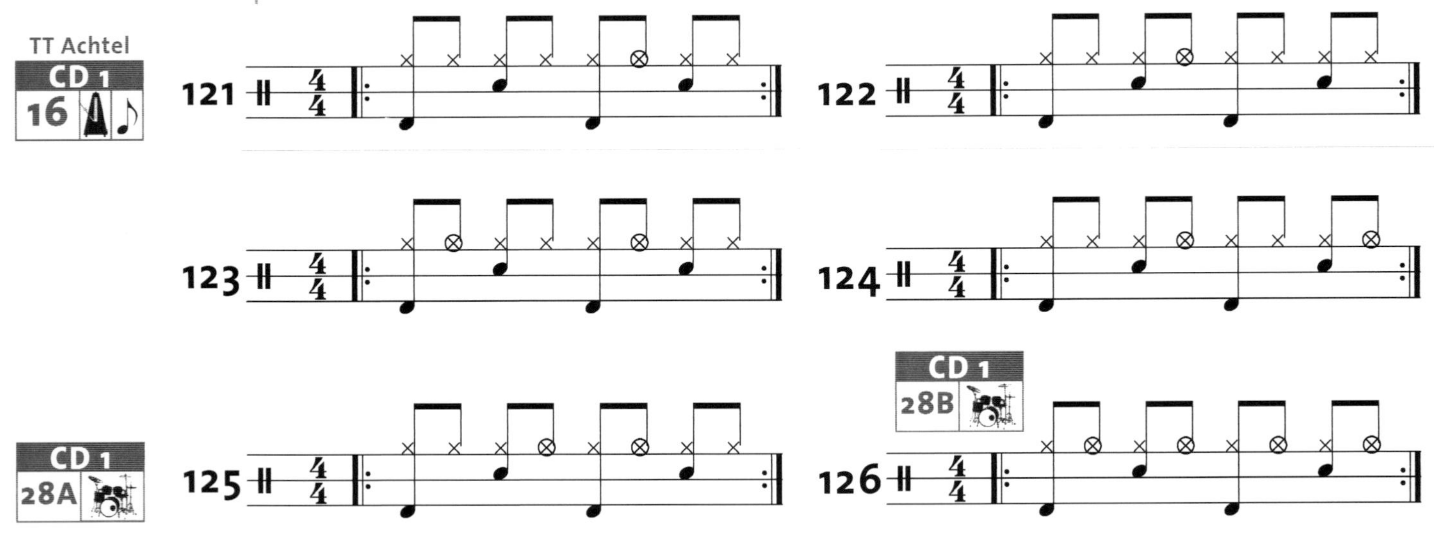

OFFENE HIHAT AUF „1", „2", „3", „4"

In den nächsten Übungen wird die HiHat auf den geraden Viertelzählzeiten („**1**", „**2**", „**3**" oder „**4**") geöffnet.

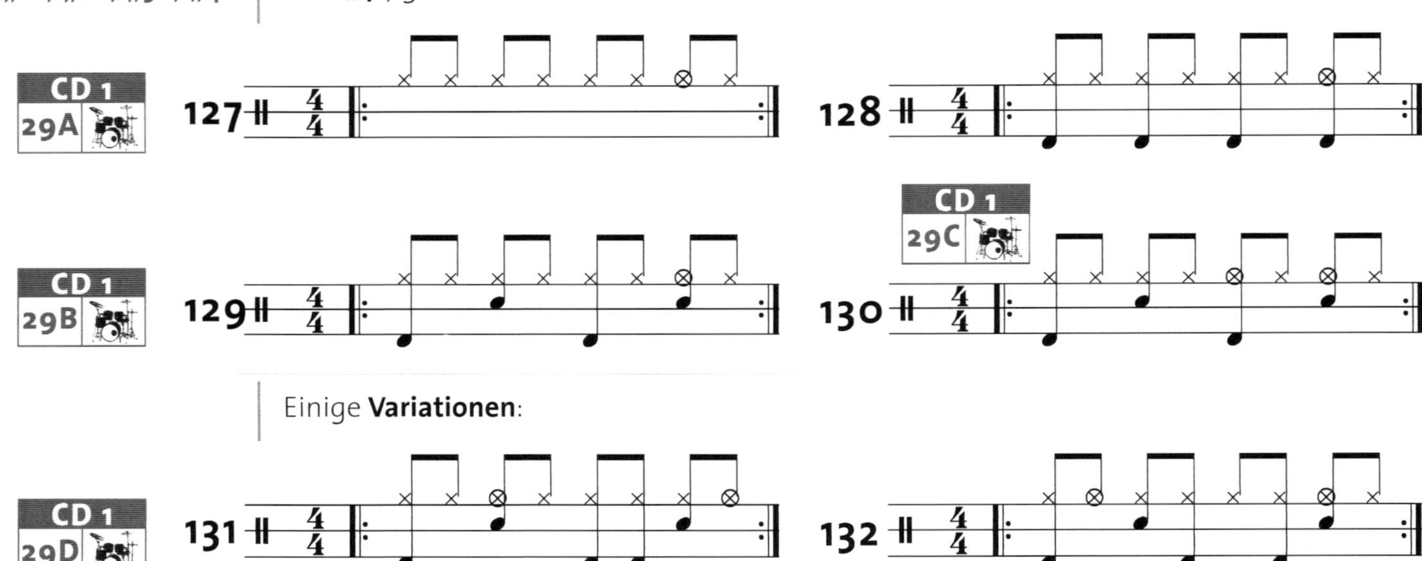

Einige **Variationen**:

TRAGE SELBST EIN

Trage in die folgenden vier Grooves die offene HiHat nach deinen Vorstellungen selber ein und spiele sie anschließend entsprechend durch.

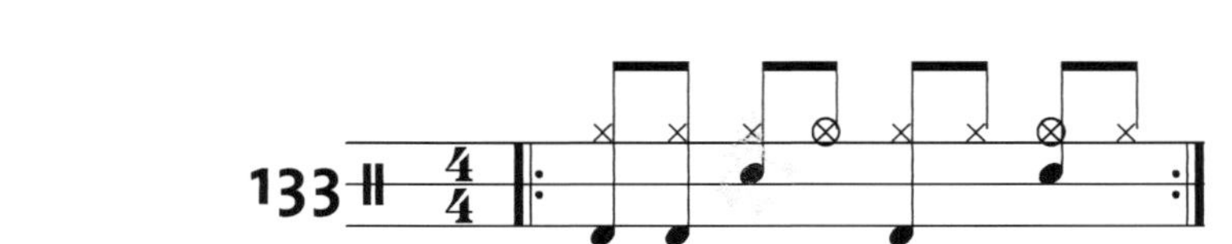

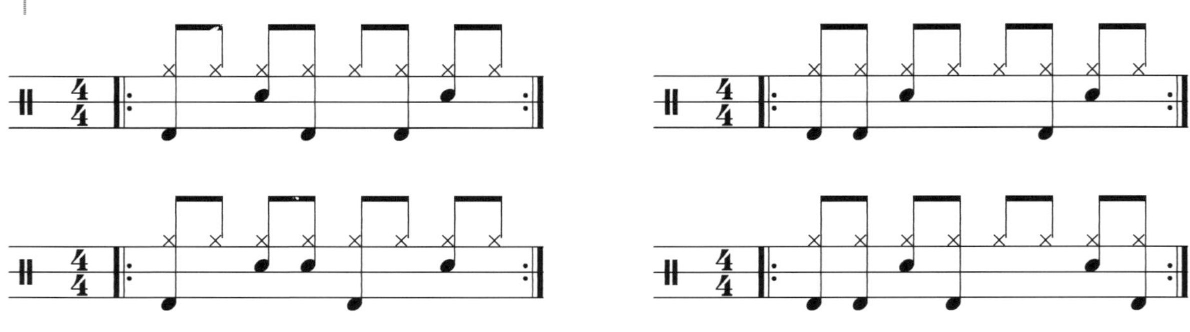

Das Ride Becken X

Das Ride Becken stellt gewissermaßen eine Alternative zur HiHat dar und gibt einem Groove einen fließenden, lockeren Sound. In manchen Musikrichtungen, wie z.B. dem Jazz, spielt es eine sehr große Rolle und wird in der Regel sogar häufiger verwandt als die HiHat.

In vielen anderen Musikstilen wird es innerhalb eines Songs beispielsweise häufig benutzt, wenn eines der anderen Instrumente ein Solo spielt (z.B. Gitarrensolo) oder aber auch während eines Refrains oder Zwischenteils, um diese Formteile klanglich von den anderen Teilen abzusetzen.

Die Note für das Ride Becken sieht der für die HiHat ähnlich, wird jedoch oberhalb des Notensystems auf einer kleinen Hilfslinie notiert.

Zunächst spielst du auf dem Ride Becken durchgehende Achtelnoten.

X

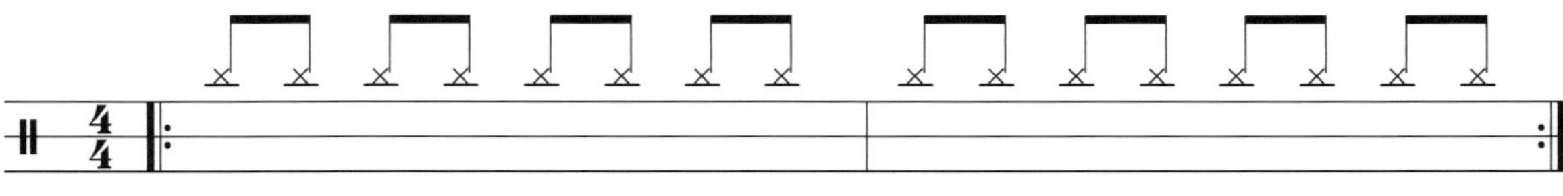

135

Zusätzlich wird nun die **Bass Drum** auf den Zählzeiten „**1**" und „**3**" gespielt.

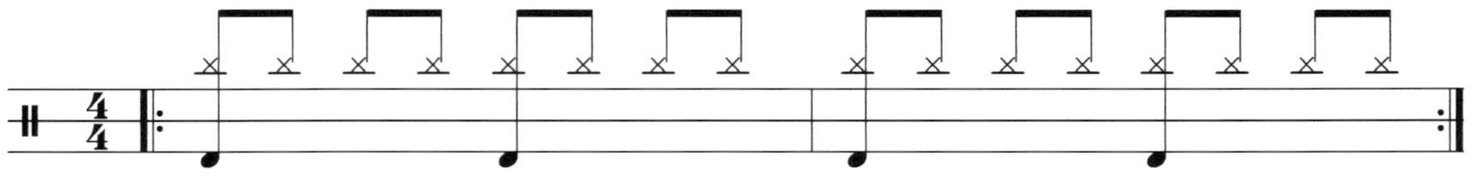

136

TT Achtel

Als Variation des Grooves die **Snare Drum** auf den Zählzeiten „**2**" und „**4**".

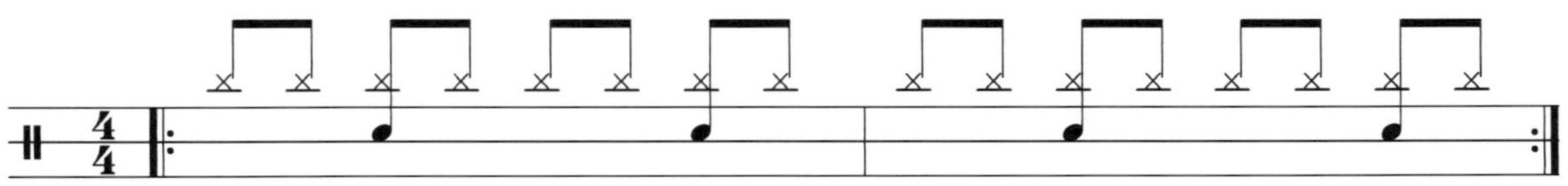

137

Die Kombinationen der Übungen 136 / 137:

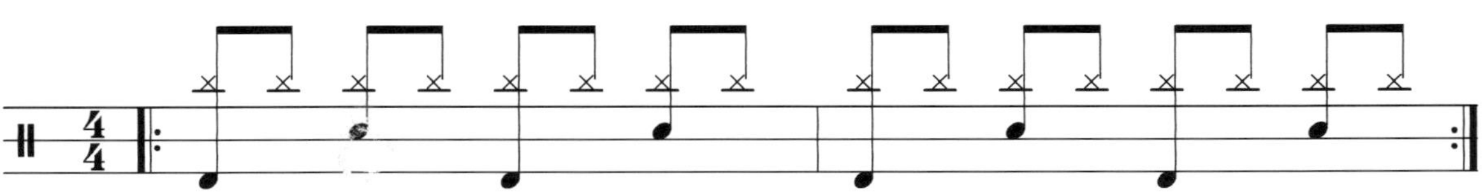

138

Verschiedene Achtelgrooves mit dem Ride Becken:

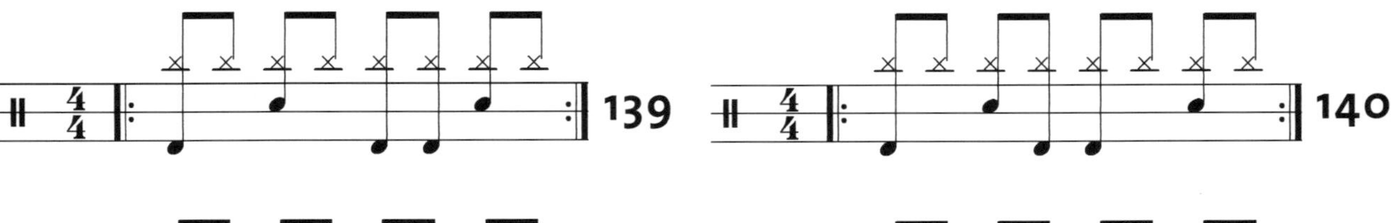

139

140

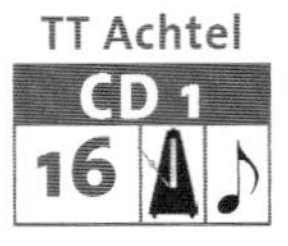
TT Achtel

141

142

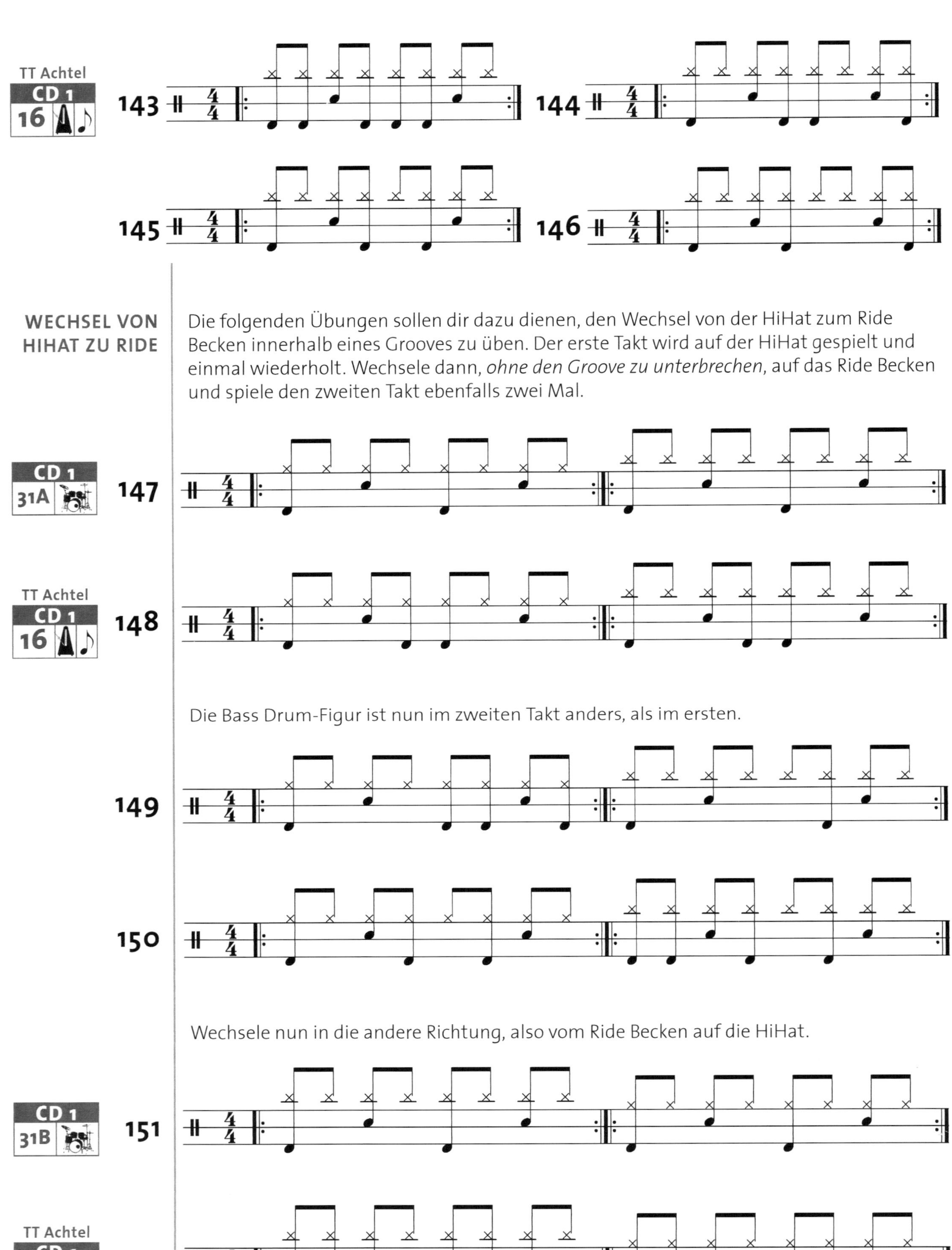

WECHSEL VON HIHAT ZU RIDE

Die folgenden Übungen sollen dir dazu dienen, den Wechsel von der HiHat zum Ride Becken innerhalb eines Grooves zu üben. Der erste Takt wird auf der HiHat gespielt und einmal wiederholt. Wechsele dann, *ohne den Groove zu unterbrechen*, auf das Ride Becken und spiele den zweiten Takt ebenfalls zwei Mal.

Die Bass Drum-Figur ist nun im zweiten Takt anders, als im ersten.

Wechsele nun in die andere Richtung, also vom Ride Becken auf die HiHat.

DIE BECKEN DES DRUMSETS

Der zweite Takt hat wieder eine andere Bass Drum-, bzw. Snare Drum-Figur als der erste.

Eine andere Möglichkeit, das Ride Becken zu spielen, ist, es an seiner **Kuppe**, bzw. **Glocke** anzuschlagen. Das ist der nach oben gewölbte Bereich in der **Mitte des Beckens**. Wenn das Becken dort gespielt werden soll, sieht das im Notenbild folgendermaßen aus:

DIE GLOCKE

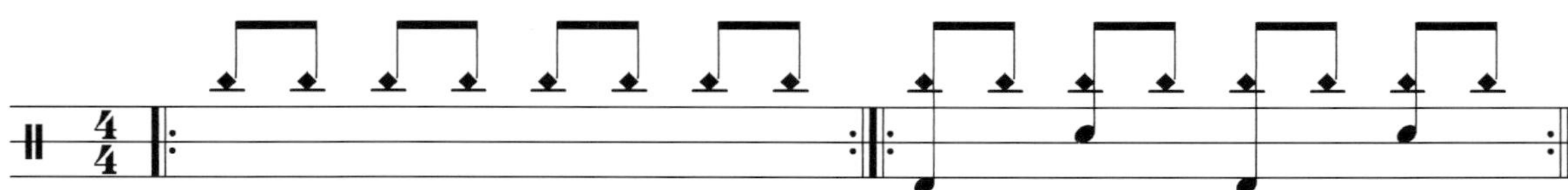

Spiele nun alle vorangegangenen Übungen auch auf der Glocke des Ride Beckens. Hier zwei Beispielübungen:

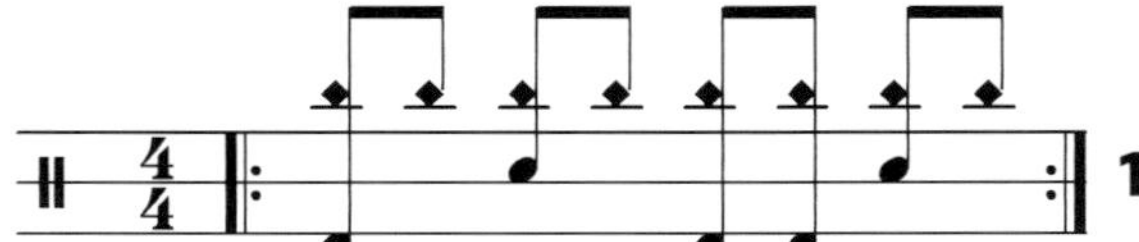

Ein sehr beliebtes Stilmittel ist es, während des Spielens eines Grooves zwischen Glocke und dem äußeren Bereich des Beckens hin und her zu wechseln.

Die **erste Variante** besteht darin, die Kuppe auf den Viertelzählzeiten **1**, **2**, **3** und **4** zu spielen. Durch diese Akzentuierung, bekommt der Groove einen schweren (jedoch nicht schwerfälligen!) Charakter, der sich auch gut für Songs oder Formteile eignet, die „**laid back**" (leicht hinter dem Beat) klingen sollen.

VARIANTE 1 LAID BACK

Spiele in den folgenden Übungen die Kuppe des Ride Beckens auf den Viertelzählzeiten …

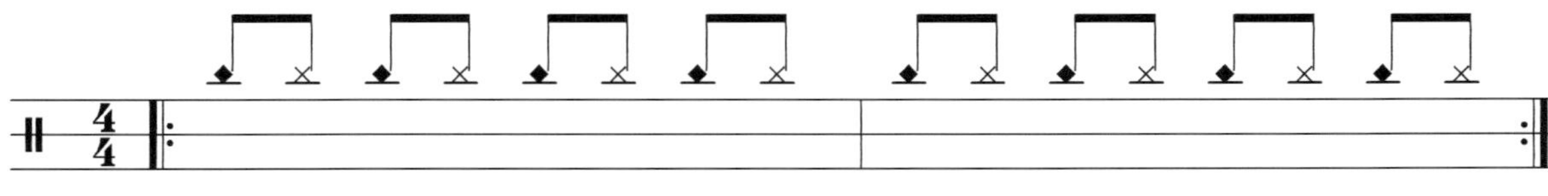

… mit der **Bass Drum** auf den Zählzeiten „**1**" und „**3**",

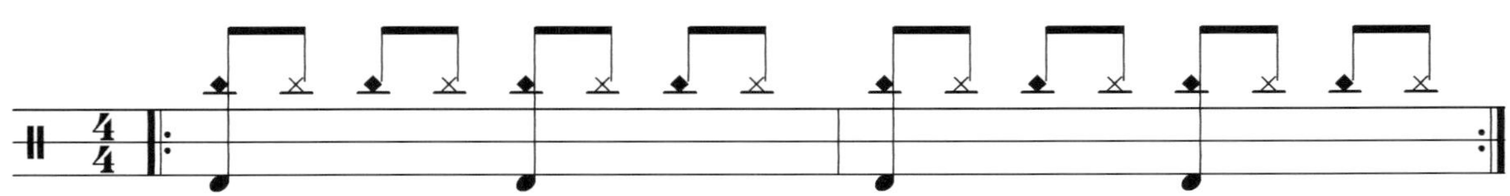

... mit der **Snare Drum** auf den Zählzeiten „**2**" und „**4**",

... mit **Bass Drum** und **Snare Drum**.

VARIANTE 2 OFFBEATS

Die andere Variante besteht darin, die Kuppe des Ride Beckens auf den sogenannten **Offbeats**, also den „**und**"-Zählzeiten zu spielen. Dadurch bekommt der Rhythmus einen fließenden, schwebenden, sehr groovy Charakter.

Spiele die Kuppe des Ride Beckens nun auf den Offbeats.

Grooves mit anderen **Bass Drum Variationen** und der Ride-Kuppe auf den Viertelzähl-zeiten.

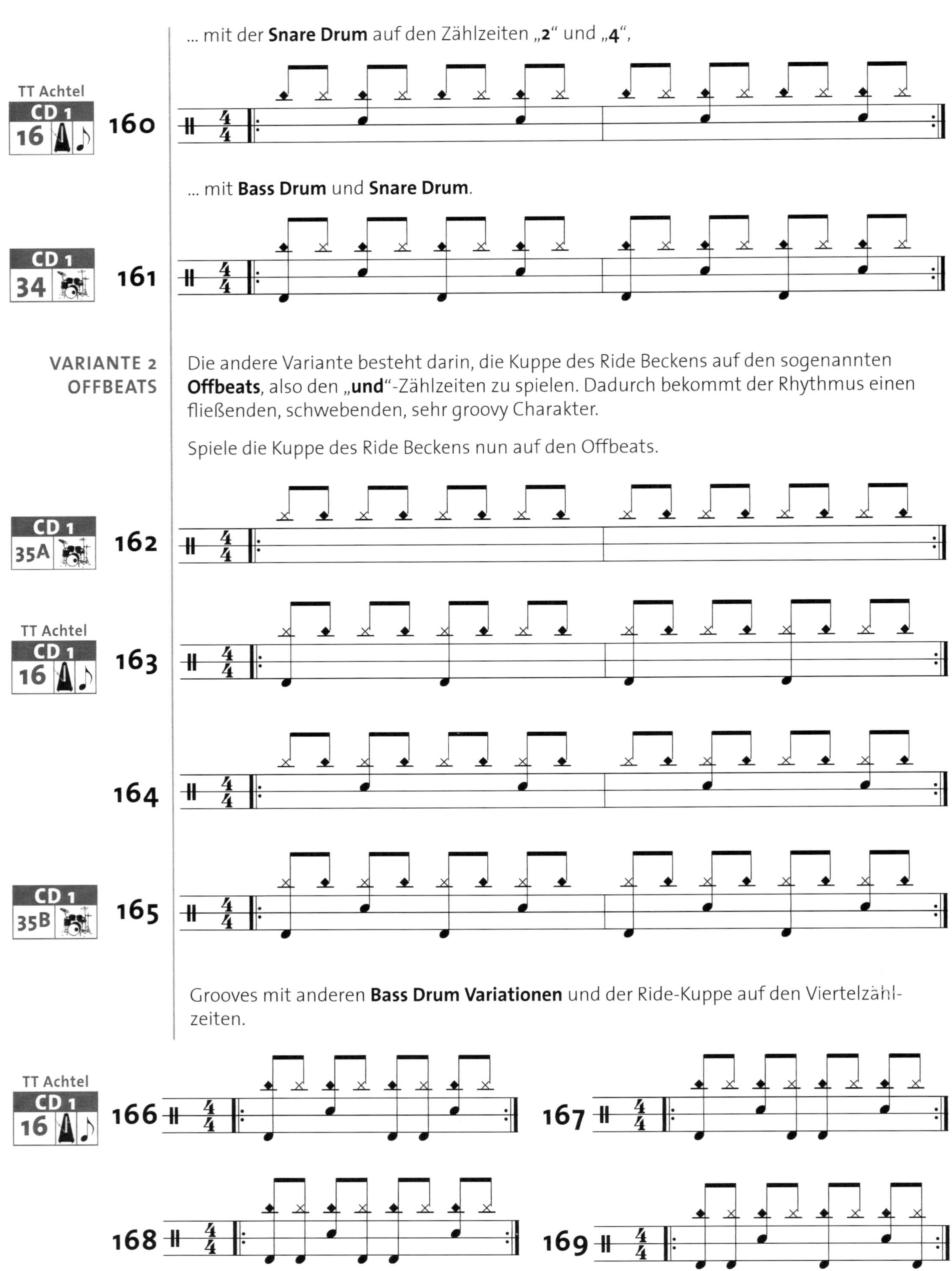

Weitere Grooves mit der Ride-Kuppe auf den **Offbeats**.

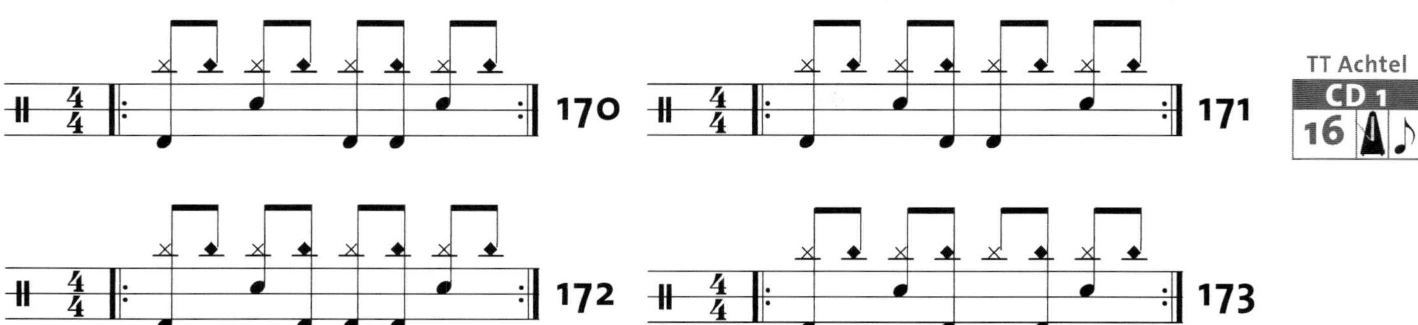

In **Übung 174** spielst du auf dem Ride Becken Viertelnoten.

Auf der Bass Drum und Snare Drum werden nun auch Achtelnoten gespielt. Da dieser Bewegungsablauf zunächst etwas ungewohnt ist, solltest du ihn besonders üben.

Spiele zunächst in jeder Übung nur das Ride Becken und die Bass Drum und zähle dabei im Achteltempo mit. Wenn du dann sicher genug bist, füge die Snare Drum hinzu. Für die ersten beiden Grooves habe ich dir diesen Ablauf vorgegeben.

Verfahre auf die gleiche Weise bei den folgenden Übungen, in denen das Ride Becken nur auf den „**und**"-Zählzeiten, den **Offbeats**, gespielt wird. Immer zunächst nur Ride Becken und Bass Drum spielen und später dann die Snare hinzufügen. Mitzählen nicht vergessen!

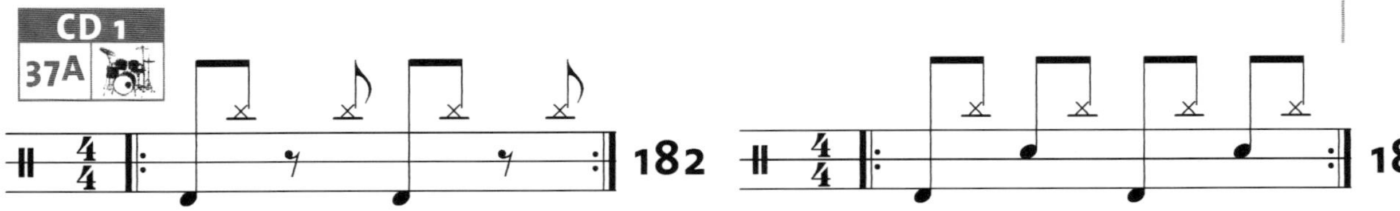

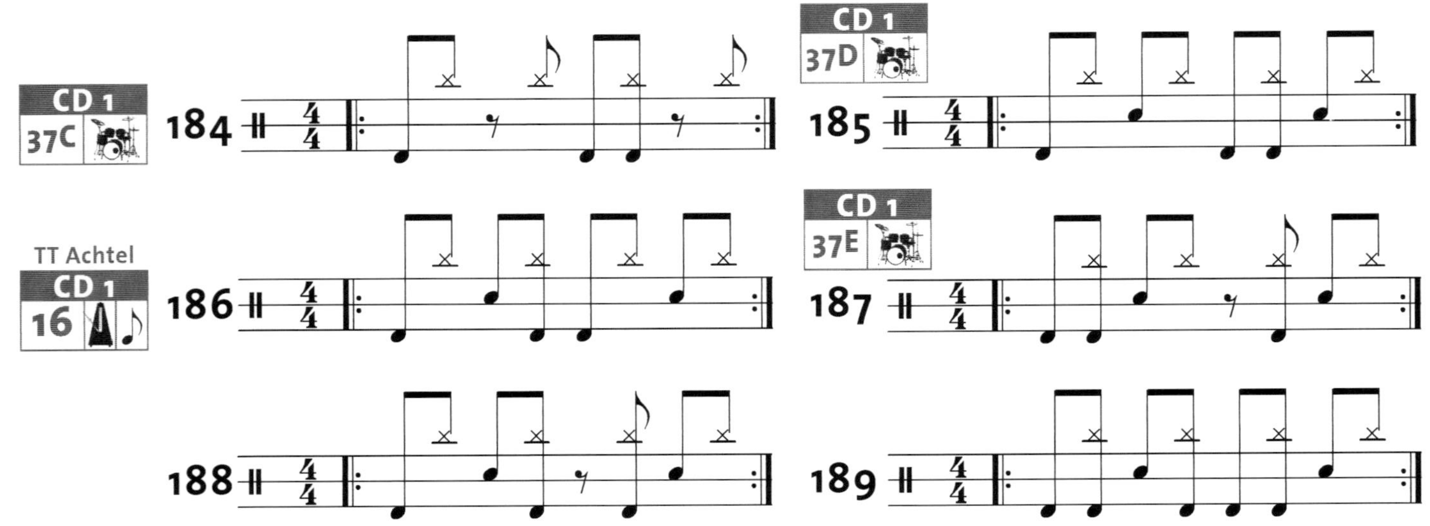

Spiele die Übungen 174 bis 189 auch auf der Kuppe (Glocke) des Ride Beckens.

Ride Becken - Groove-Fill Puzzle

GROOVE-FILL-KOMBINATIONEN

Kombiniere hier die Grooves mit dem Fill-In. Auch, um den Übergang von Viertel-, bzw. Offbeat Groove zum Fill in mit Achtelnoten zu üben. Spiele den Groove-Takt, wie auch in dem ersten Groove-Fill Puzzle (*vgl. S. 34*) wieder **drei Mal** und den Fill-In **ein Mal**, bevor du wiederholst.

Groove (3x)	Fill (1x)

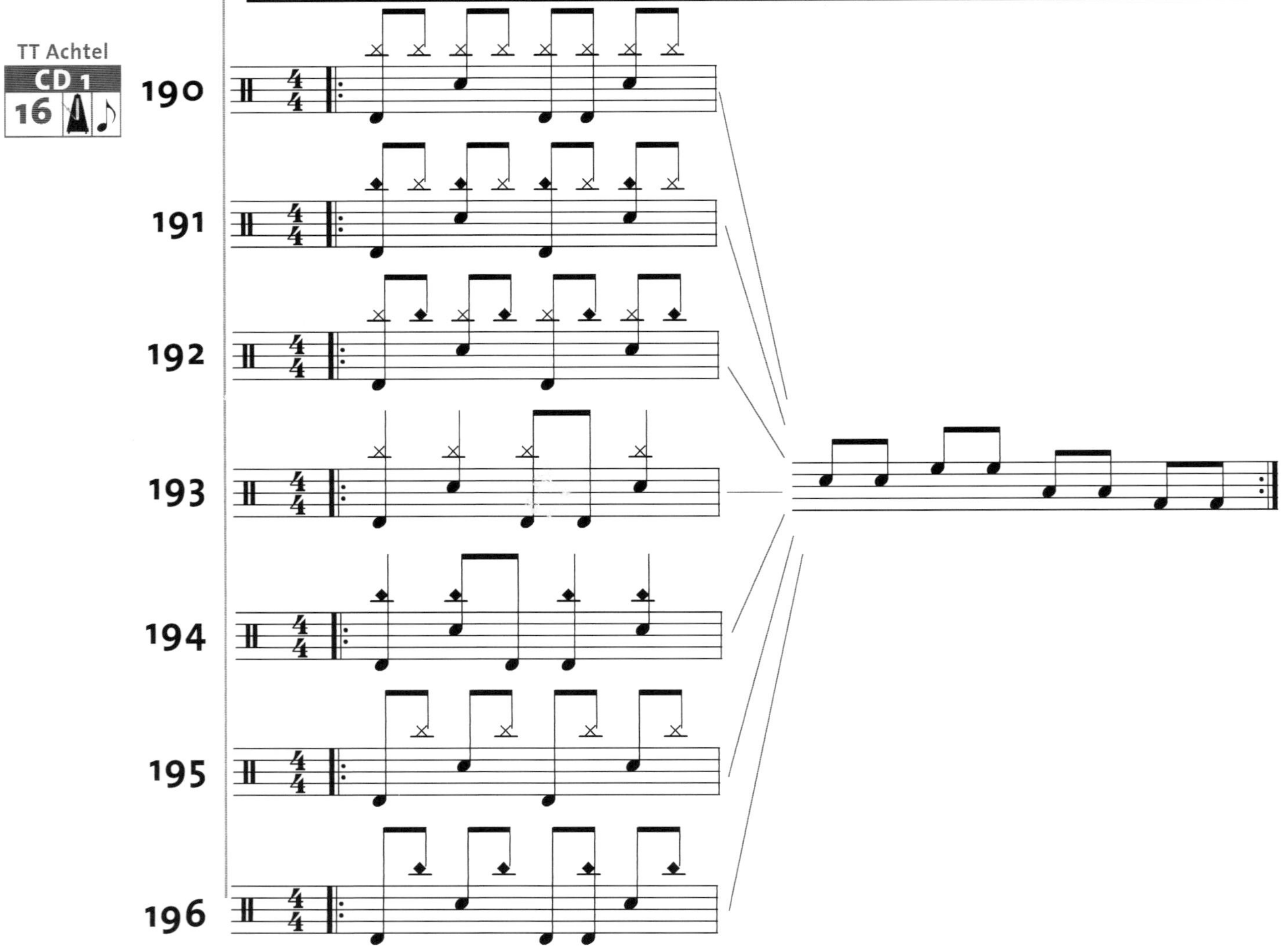

Das Crash Becken ⊗

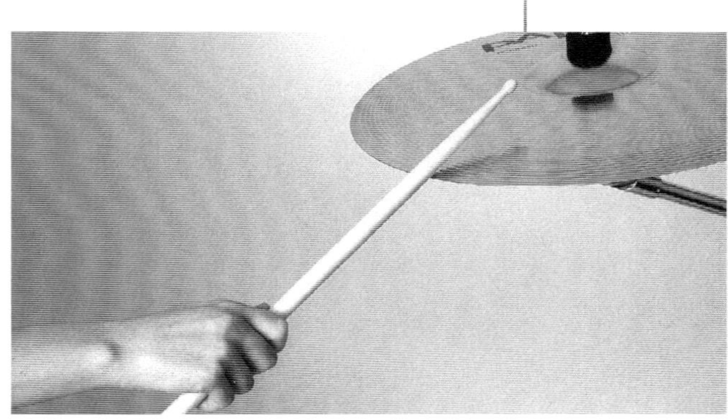

Das Crash Becken, das seinen Namen wegen seines „crashigen"
Sounds trägt, wird in der populären Musik sehr häufig verwandt.

Eine Möglichkeit besteht darin, es als Akzentuierung bestimmter
Stellen innerhalb eines Songs zu spielen, die gegebenenfalls auch
von anderen Instrumenten hervorgehoben werden.

Die andere Variante ist, das Crash Becken zu Beginn eines Formteils
oder auch nach einem Fill-In zu spielen. Der Schlag auf das Crash ist in der Regel der üb-
liche Abschluss eines Fills (bzw. der Beginn des darauf folgenden Taktes) und rundet den
Fill-In soundmäßig ab.

Es gibt generell **zwei Möglichkeiten**, das Crash Becken anzuschlagen:

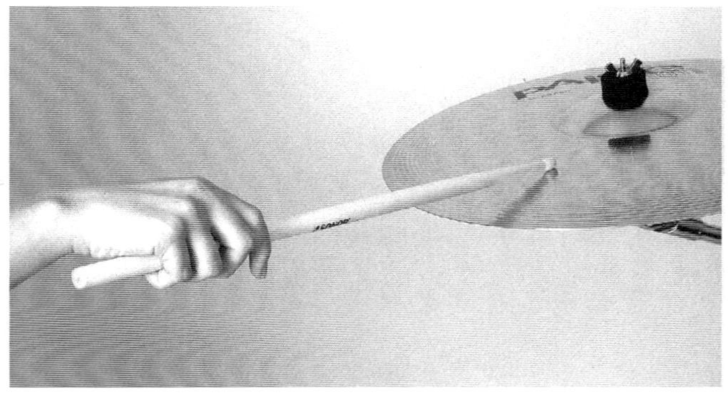

*Von oben mit der Spitze des Drumsticks
für einen eher leisen und feinen Sound.
(seltenere Variante)*

*An der Kante des Crash Beckens für einen
lauten und „crashigen" Sound
(Standardvariante)*

Spiele in der ersten Übung das **Crash Becken** jeweils auf der Zählzeit „1". Danach fährst du
mit durchgehenden Achtelnoten auf der HiHat fort.

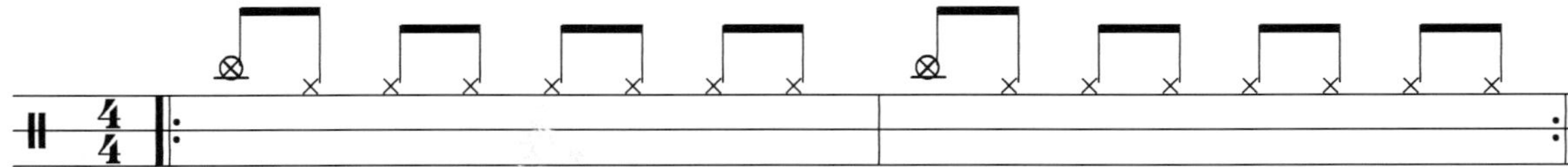

197

Spiele nun zusätzlich zum **Crash Becken** auch die **Bass Drum** auf der Zählzeit „1". Diese
Spielweise kommt sehr häufig vor, weil die gleichzeitig gespielte Bass Drum dem Becken-
sound mehr Druck und Klangfülle verleiht.

CRASH &
BASS DRUM

198

CRASH AUF „4 UND"

In **Übung 199** spielst du nun auch auf der Zählzeit „**4 und**" des ersten Taktes das **Crash Becken**. Dieses zusätzliche Becken auf der Achtelnote vor der „Eins" wird gern gespielt, um zu einem besonders wichtigen Akzent auf der folgenden „Eins" hinzuführen.

*Tipp: Solltest du schon zwei oder mehr Crash Becken besitzen, spiele die beiden Schläge auch auf verschiedenen Becken. Die Note sieht für alle Crash Becken gleich aus. Versuche außerdem, die beiden Schläge in folgenden Schlagfolgen zu spielen: **RR, LL, RL** sowie **LR**.*

CD 1 · 39   **199**

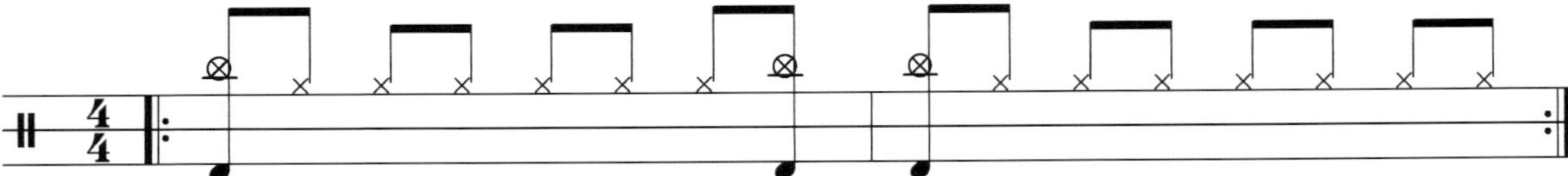

CRASH & SNARE

Das **Crash Becken** zusammen mit der **Snare Drum** ergibt einen knalligen Sound, der häufig gespielt wird, um bestimmte Stellen im Song zu akzentuieren.

CD 1 · 40A   **200**

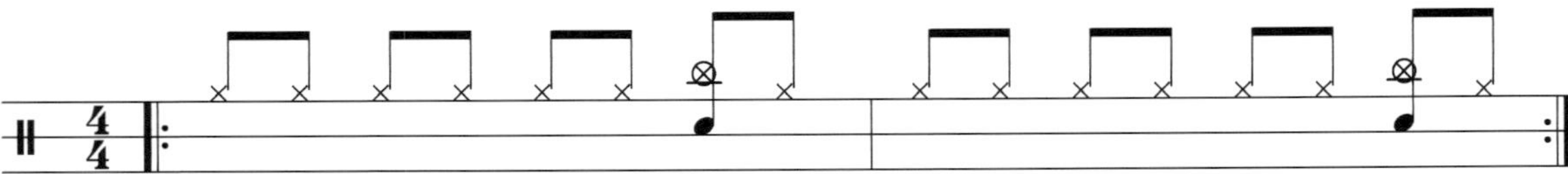

Crash und **Snare** auf den Zählzeiten „**3**" und „**4**".

CD 1 · 40B   **201**

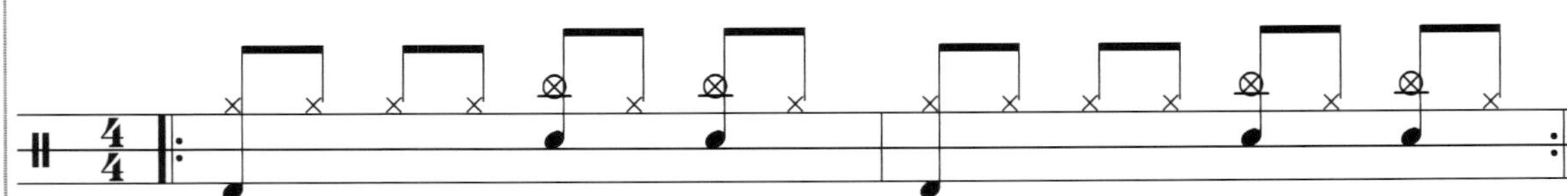

Crash und **Snare** auf den Offbeats „**3 und**" sowie „**4 und**".

CD 1 · 40C   **202**

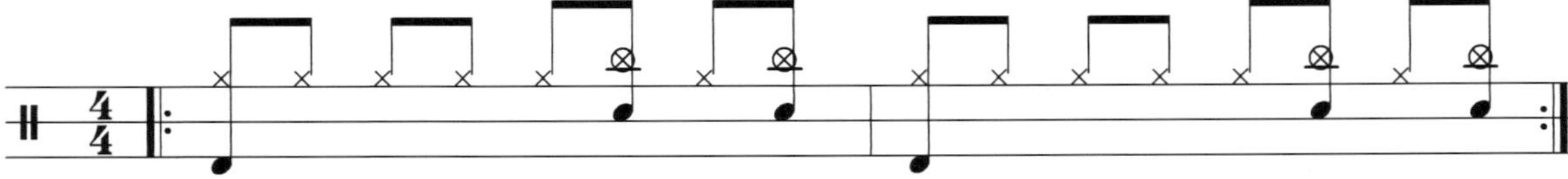

Das **Crash Becken** am Anfang des Taktes auf der Zählzeit „**1**". **Achtung:** beide Takte werden jeweils einmal wiederholt!

CD 1 · 40D   **203**

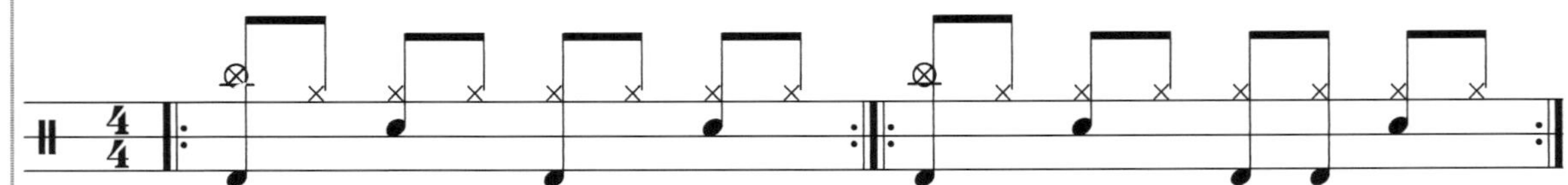

DIE BECKEN DES DRUMSETS

Weitere Crash-Variationen:

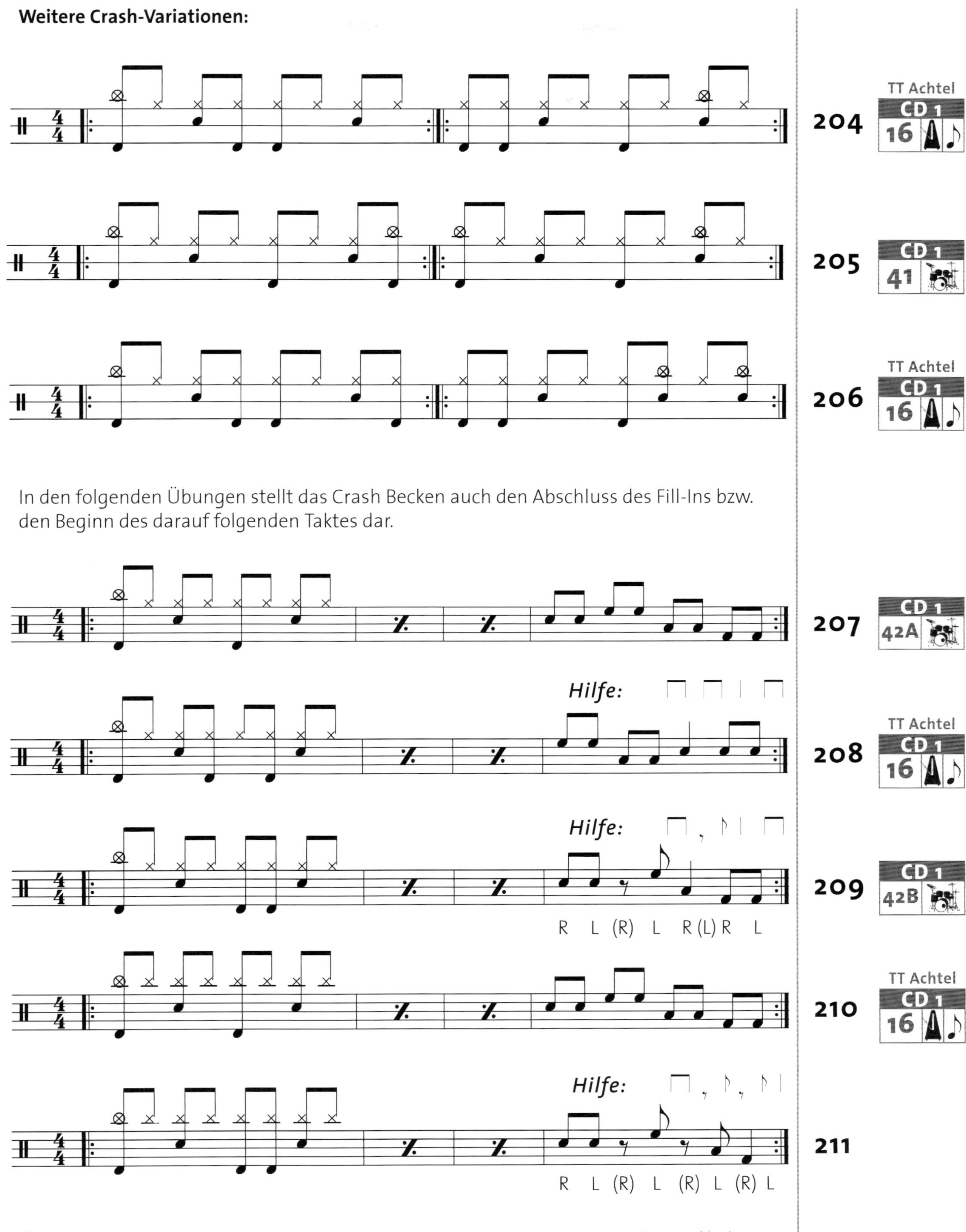

In den folgenden Übungen stellt das Crash Becken auch den Abschluss des Fill-Ins bzw. den Beginn des darauf folgenden Taktes dar.

Überlege dir weitere eigene Grooves und Fill-Ins und spiele das Crash Becken auf beliebigen Zählzeiten!

Die getretene HiHat ✗

Ferse unten

Die HiHat kann nicht nur per Hand mit dem Drumstick, sondern auch mit dem Fuß gespielt werden. Dazu musst du nur das Fußpedal der HiHat nach unten treten. Wie auch bei der Fußmaschine an der Bass Drum kannst du dabei die Ferse auf dem Pedal stehen lassen oder sie auch beim Spielen anheben. Finde durch ausprobieren heraus, welche Technik dir besser gefällt.

Tipp: *Mit der Ferse unten lässt sich die Lautstärke der getretenen HiHat genauer dosieren. Somit bietet es sich an, diese Technik zu verwenden, wenn ein leises Spiel gefordert ist. Der Vorteil der angehobenen Ferse besteht hingegen darin, dass du schneller und auch lauter spielen kannst.*

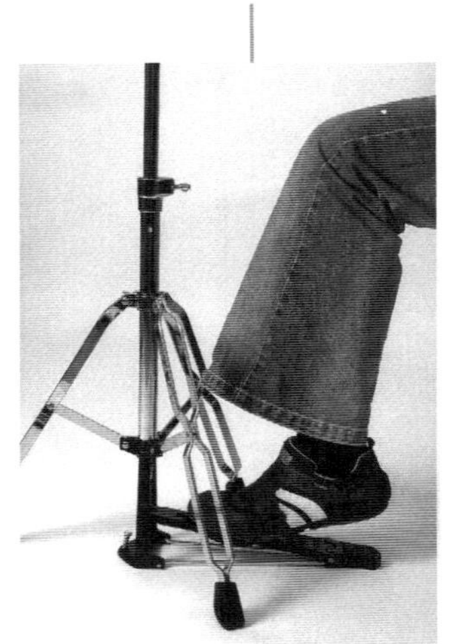

Ferse oben

Die getretene HiHat kann auf verschiedene Weisen eingesetzt werden. Häufig wird sie in Verbindung mit dem Ride Becken gespielt. In den folgenden Übungen auch zusammen mit der Snare Drum. Diese Kombination gibt dem Snaresound etwas mehr Fülle und Biss. Wenn du also beispielsweise in deiner Band während eines Gitarrensolos das Ride Becken, die Bass und die Snare Drum spielst, kannst du die getretene HiHat dazu spielen, um deinen Groove interessanter zu gestalten.

Spiele zunächst Viertelnoten mit der getretenen HiHat. Die Note dafür steht im Notensystem ganz unten, dort, wo auch die Note für die Bass Drum notiert wird. Für die getretene HiHat wird allerdings ein Notenkopf in Form eines Kreuzes verwandt.

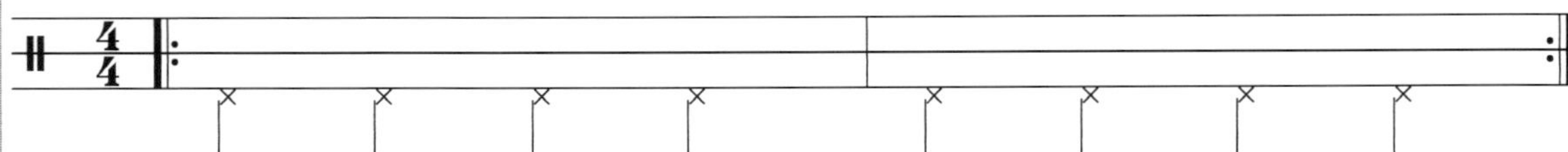

212

BACKBEATS Spiele in dieser Übung durchgehende Achtelnoten auf dem Ride Becken und zusätzlich die getretene HiHat auf den Zählzeiten „2" und „4", auch **Backbeats** genannt.

TT Achtel

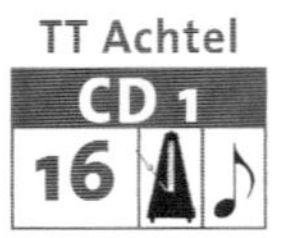
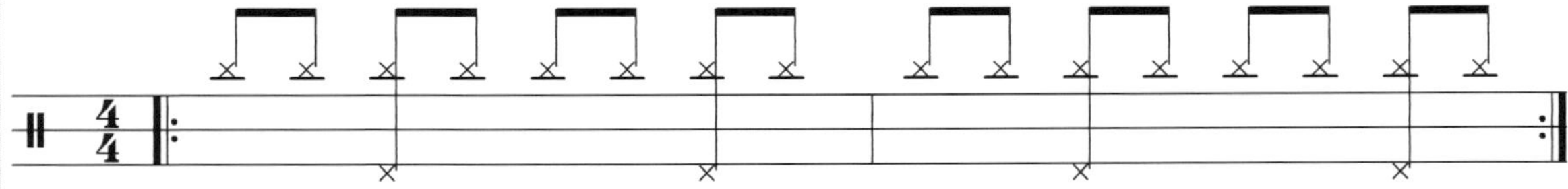

213

Mit **Bass Drum** auf den sogenannten Downbeats „1" und „3".

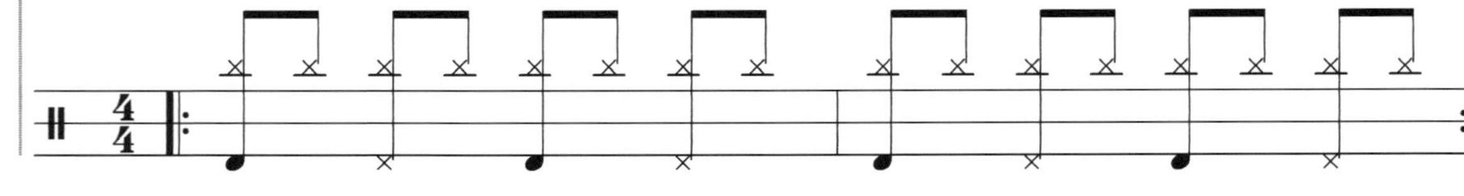

214

DIE BECKEN DES DRUMSETS

Und nun spielst du gleichzeitig mit der getretenen HiHat auch die **Snare Drum** auf den **Backbeats**.

Andere Bass Drum/Snare Drum-**Variationen**:

Nun dreitaktige Grooves auf dem **Ride Becken** und mit der getretenen HiHat. Im vierten Takt sollst du ein Fill-In spielen und dann die Übung wiederholen.

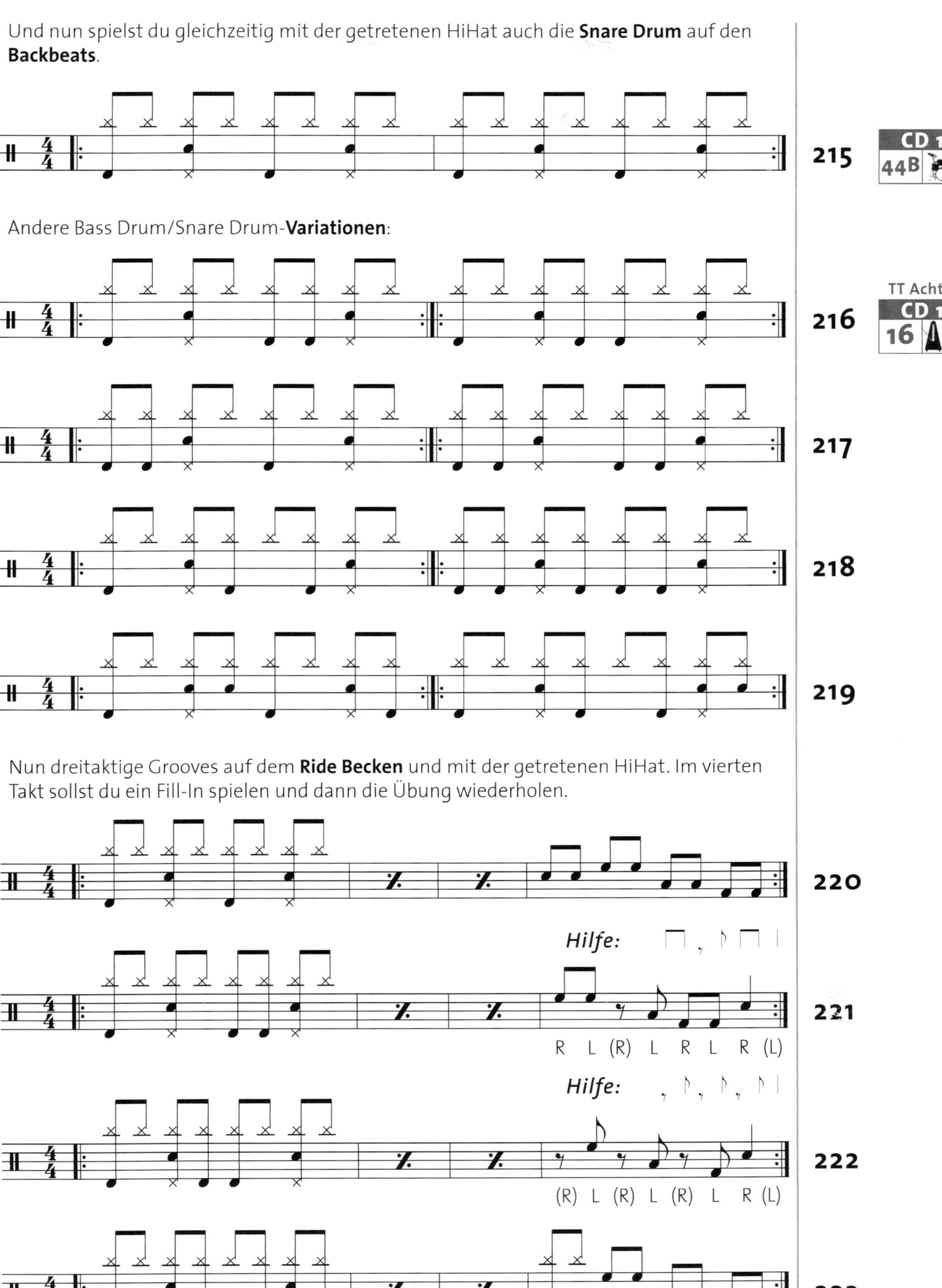

Spiele die **Übungen 220. bis 223** auch mit einem Schlag auf dem **Crash Becken**, und zwar **im ersten Takt** auf der Zählzeit „**1**". Sowohl beim ersten Mal, als auch in der Wiederholung. Die beiden folgenden Takte jeweils ohne Crash Becken.

Der erste Takt sieht demnach folgendermaßen aus:

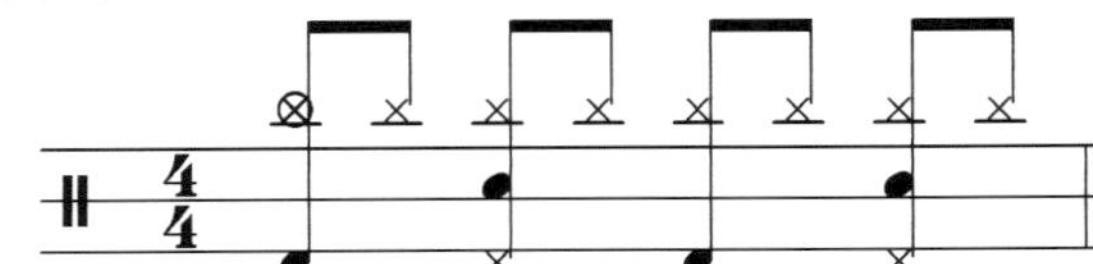

Spiele außerdem das **Groove-Fill Puzzle** auf ***Seite 44*** auch mit dem **Ride Becken** und der **getretenen HiHat** auf den Backbeats „**2**" und „**4**"!

In den nun folgenden Übungen mit verschiedenen Notenwerten auf der Snare Drum, sollst du den **Viertelpuls**, den du bisher immer auf der Bass Drum gespielt hast, auf die getretene HiHat übertragen.

TT Achtel
CD 1
16

224

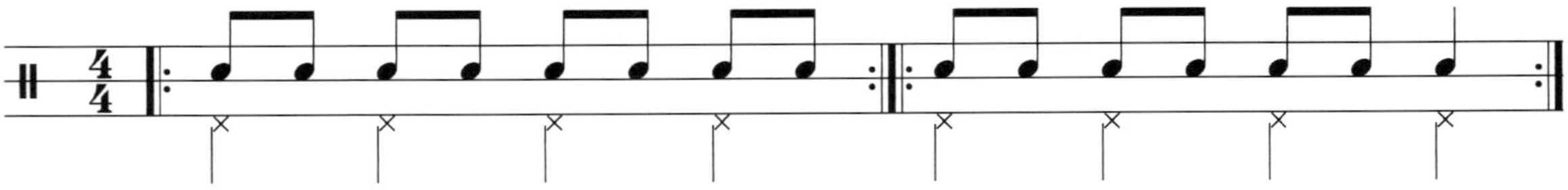

225

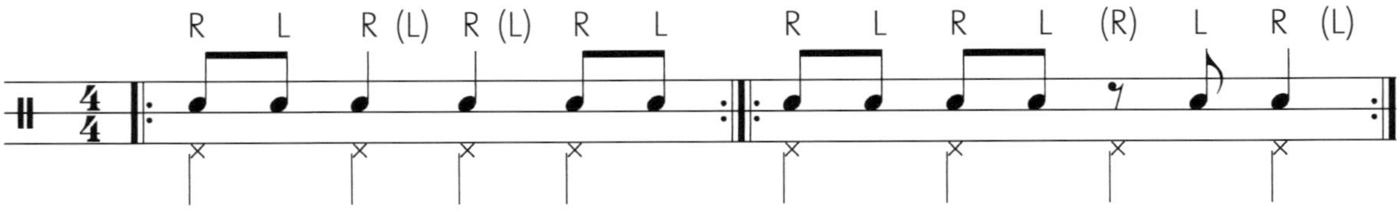

CD 1
45A

226

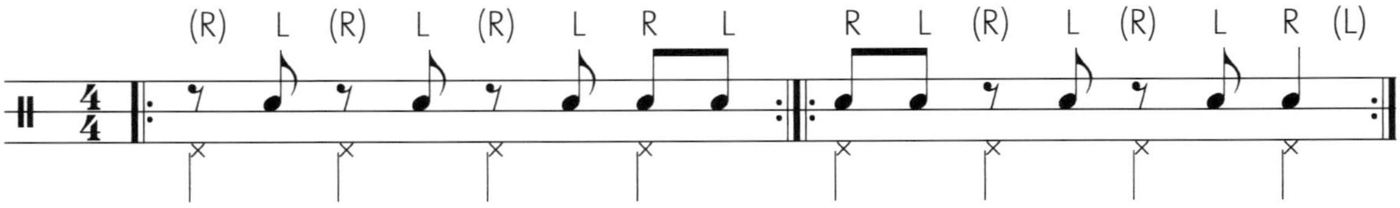

TT Achtel
CD 1
16

227

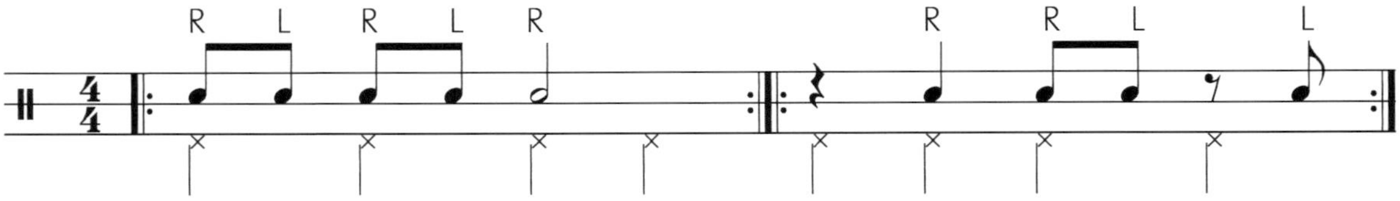

CD 1
45B

228

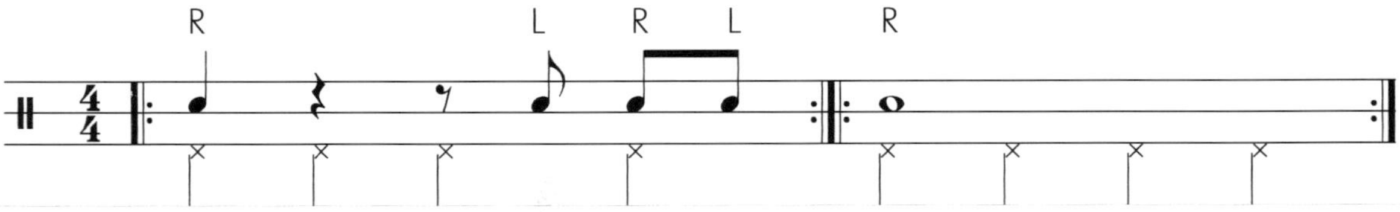

In den nächsten Übungen geht es wieder um den Wechsel von der HiHat auf das Ride Becken innerhalb eines Grooves.

Im ersten Takt spielst du den Rhythmus jeweils auf der **HiHat**, **Bass** und **Snare Drum**. Diesen Takt wiederholst du ein Mal. Anschließend wechselst du auf das **Ride Becken** und spielst zusätzlich die **getretene HiHat** auf den Backbeats „**2**" und „**4**".

Im zweiten Takt spielst du ein **Crash Becken** auf der „**Eins**".

Spiele diese Übungen zunächst schön langsam. Sie sind bezüglich der Bewegungskoordination und Motorik recht anspruchsvoll. Nimm dir Zeit, dich an die neuen Bewegungsabläufe (Wechsel von HiHat aufs Ride, bzw. Crash Becken, Hinzufügen der getretenen HiHat) zu gewöhnen.

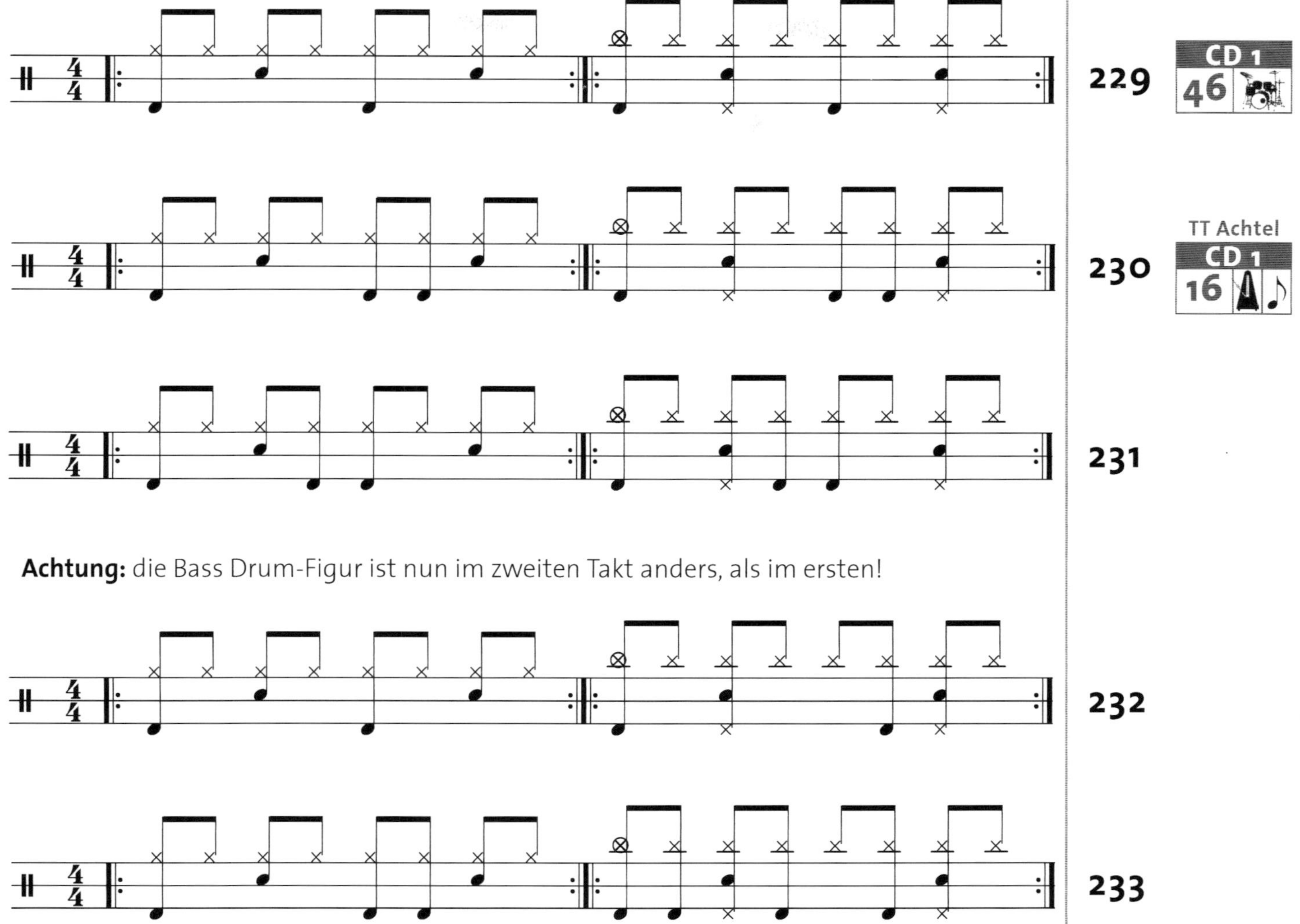

229 CD 1 46

TT Achtel CD 1 16

230

231

Achtung: die Bass Drum-Figur ist nun im zweiten Takt anders, als im ersten!

232

233

Erfinde eigene Bass Drum/Snare Drum-**Variationen**. Orientiere dich dazu wieder an den Achtelgrooves auf *Seite 27* und *28*. Kombiniere sie und spiele verschiedene Grooves inner- halb einer Übung (wie auch in den **Übungen 232 und 233**).

Schlagzeugsolo #3

Im dritten Solo kannst du das bisher Gelernte anwenden. Insbesondere geht es dabei auch um das **Crash** und **Ride Becken** sowie um die **getretene und geöffnete HiHat**.

Im ersten Takt des Solos wird ein „**Einzähler**" auf der getretenen HiHat gespielt. Das Ein- zählen ist eine Aufgabe, die in einer Band in der Regel dem Schlagzeuger zukommt. Dabei geht es darum, das Tempo des folgenden Songs für alle Bandmitglieder hörbar anzuspie- len, damit alle zusammen das Stück im gleichen Tempo beginnen können. Du kannst den Einzähler auf der HiHat spielen oder auch, indem du deine Drumsticks leicht aneinander schlägst. Zusätzlich solltest du während des Einzählens die Viertelzählzeiten mitsprechen („*Eins, Zwei, Drei, Vier*"). Dies dient den anderen Musikern zur Orientierung und verhin- dert, dass einem Schlag die falsche Zählzeit zugeordnet wird.

Übe das Einzählen zu Beginn des Solos und sprich die Viertelzählzeiten **laut** mit!

DER EINZÄHLER

Schlagzeugsolo #3

Die Sechzehntelnote 

Die Sechzehntelnote besteht aus einem runden, schwarzen Notenkopf mit einem Notenhals und zwei Fähnchen.

Um einen 4/4 Takt auszufüllen werden 16 Sechzehntelnoten benötigt, die einzeln oder auch in Gruppen notiert werden.

Sie werden folgendermaßen gezählt:

Verwende zunächst diese Schlagfolge:

Die erste Übung enthält zunächst nur Achtelnoten, jedoch sollst du hier bereits die Sechzehntel mitzählen, um dich an die neue Zählweise zu gewöhnen.

Als Alternative zum Mitzählen, kannst du zunächst auch rhythmisch **mitsprechen**. Verwende dazu bei den Achtelnoten die Wörter „*Hip Hop*". Lade dir dazu zunächst die **MP3-Datei 01** von der Website ***www.garantiert-drums.de*** runter, um einen Eindruck von der rhythmischen Sprache zu bekommen. Spiele dann einen Viertelpuls auf der Bass Drum und sprich zunächst nur dazu:

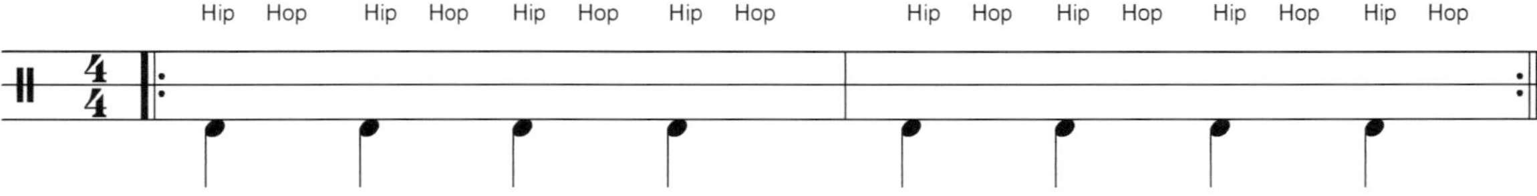

Spiele dann zusätzlich auch die **Snare Drum**.

Für die Sechzehntelnoten kannst du die Wörter „*Heavy Metal*" verwenden (**MP3-Datei 02**). Verfahre genauso, wie bei den Achtelnoten, indem du zunächst nur einen **Viertelpuls** auf der Bass Drum spielst und dazu die Wörter sprichst.

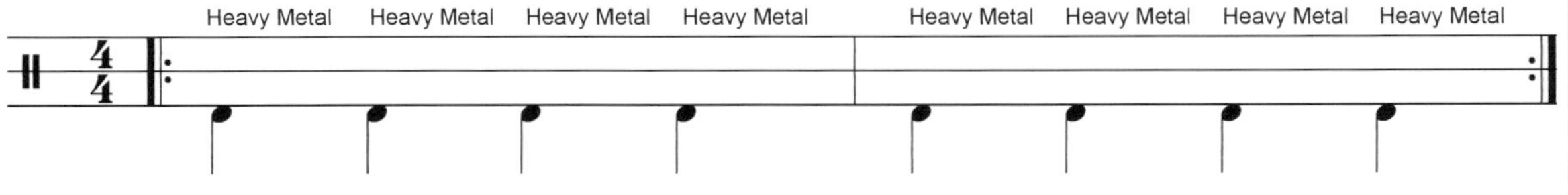

Nun zusammen mit der **Snare Drum**.

In der folgenden Übung werden zunächst Achtel- und anschließend Sechzehntelnoten gespielt.

Tipp für die „Mitzähler": Wenn es darum geht, eine Übung mitzuzählen, solltest du die Zählweise zunächst immer nach dem kleinsten vorkommenden Notenwert ausrichten!

In der Übung 237 sind das die Sechzehntelnoten. Das bedeutet, dass du für die ganze Übung die Sechzehntelzählweise (1 e + a 2 e + a …) verwenden solltest. In einer Übung mit Achtelnoten als geringstem Notenwert müsstest du also 1 + 2 + … zählen, bzw. 1 - 2 - 3 - 4 in einer Übung mit Viertelnoten als geringstem Notenwert.

„MITSPRECHER"

Die *„Mitsprecher"* sollten die **Übung 237** folgendermaßen vorbereiten:

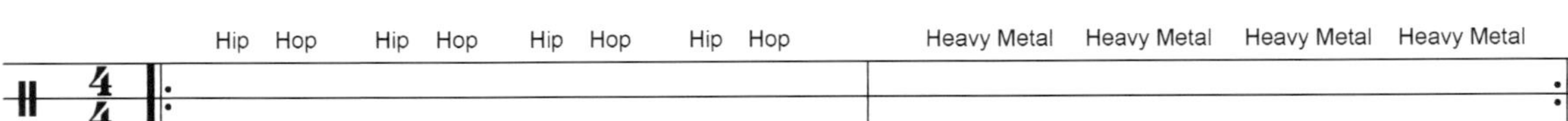

Dann auch mit der **Snare Drum**.

Zunächst nur Sprechen zusammen mit dem **Bass Drum-Viertelpuls**.

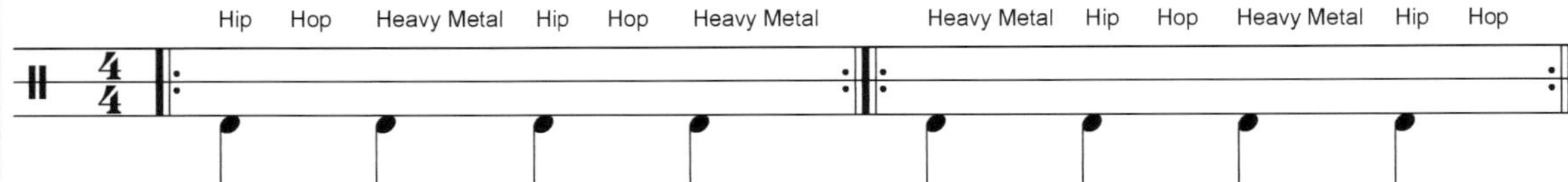

Dann zusammen mit der **Snare Drum**.

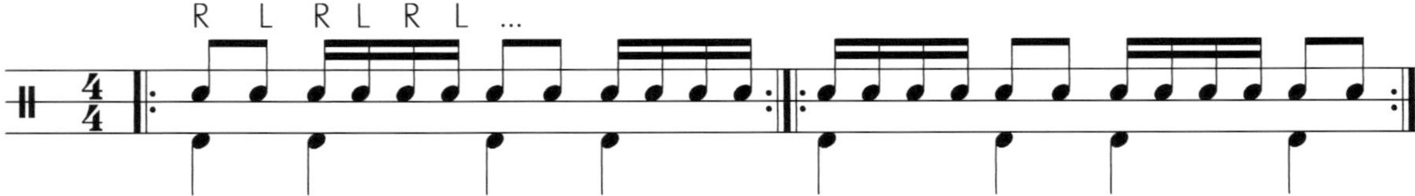

Jetzt auch Übungen mit Sechzehntel- und Viertelnoten.
Wenn du lieber mitsprichst, anstatt zu zählen, verwende für die Viertel- und Halben Noten das Wort *„Jazz"*!

Für die **Übung 239** bedeutet das:

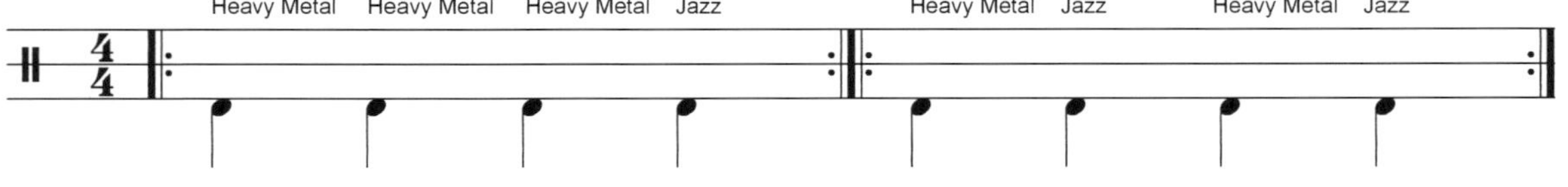

Probiere die Übung nun mit der **Snare Drum**.

Übertrage selbst auf die weiteren Variationen!

Sechzehntel-, Achtel- und Viertelnoten:

Wenn wie in der **Übung 243** eine Achtelpause gefolgt von einer Achtelnote notiert ist, verwende die Wörter *„auch Jazz"*.

Hier das Beispiel für Übung 243:

Spiele die Übung anschließend auch mit der **Snare Drum**.

Übertrage selbst auf die weiteren Variationen!

Spiele zu den **Übungen 235 bis 246** den **Viertelpuls** anstatt auf der Bass Drum auch **auf der getretenen HiHat**.

Beispiel Übung 236:

236HH

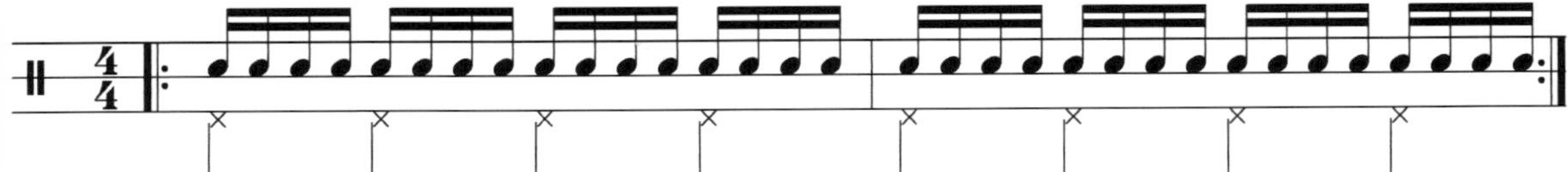

DIE „STANDARD-VERTEILUNG"

Übertrage die **Übungen 235 bis 246** nun auch auf die **Snare Drum** und die **Toms**. Beginne dabei zunächst mit der „**Standardverteilung**", indem du die Schläge der ersten Viertelzählzeit auf der Snare Drum spielst, die der zweiten auf dem ersten Tom usw.:

236SV

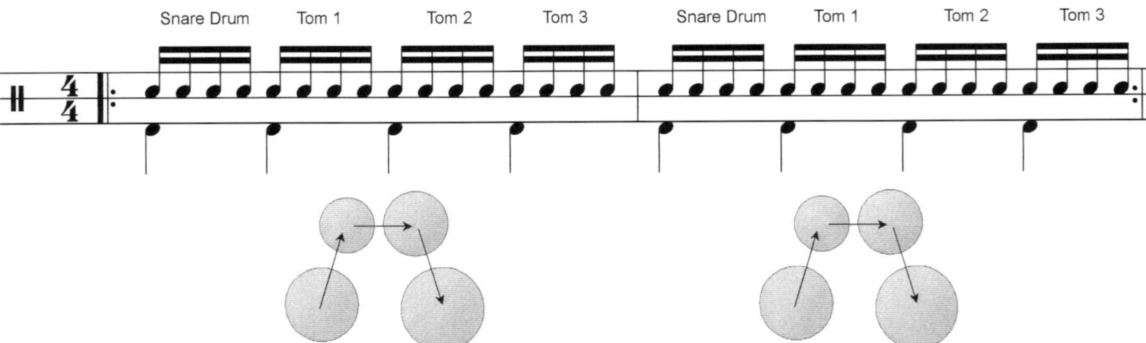

Daraus ergibt sich für die **Übung 236** in der Ausführung folgendes Notenbild:

236NB

Tipp: *Probiere neben der „Standardverteilung" auch weitere Möglichkeiten aus, die vorangegangenen Übungen auf deinem Drumset zu verteilen. Du kannst dabei ohne weiteres kreuz und quer, rauf und runter spielen. Spiele auch ungewöhnliche Verteilungen, indem du nicht nur die Trommeln, sondern auch deine Becken verwendest. Experimentiere auf diese Weise mit den Sounds, die dein Drumset bietet und sammle Ideen, die du vielleicht später in deiner Band gebrauchen kannst.*

Aufwärmübungen (Warm-Ups) / Rudiments

Die Warm-Ups sollen dir helfen, dich auf deine Übungseinheit oder auch einen Auftritt vorzubereiten. Da das Spielen des Drumsets sehr körperbetont ist, solltest du dich jedes Mal, bevor du zu spielen beginnst, aufwärmen. Ganz ähnlich wie beim Sport, besteht auch beim Trommeln ansonsten die Gefahr von Verletzungen, wie zum Beispiel Zerrungen oder Sehnenscheidenentzündungen. Darüber hinaus wirst du bemerken, dass du nach einem kurzen Aufwärmprogramm von fünf bis zehn Minuten, flüssiger und entspannter spielen kannst. Du kannst dein Aufwärmprogramm entweder direkt an deinem Drumsets oder auch auf einem **Übungspad („Practice Pad")** absolvieren.

PRACTICE PAD

Die meisten Schlagzeuger haben sich im Laufe der Zeit ihr ganz eigenes Warm-Up zusammengestellt, mit dem sie gut zurecht kommen und das ihren Bedürfnissen am besten entgegenkommt. In der Regel verwenden sie aber zum Aufwärmen die sogenannten **Rudiments (Grundübungen)**, die von der US-amerikanischen *National Association of Rudimental Drummers* in den 1950er Jahren festgelegt wurden. Dabei handelt es sich um 26 genau definierte **Rechts-Links-Schlagfolgen**, die nicht nur zum Aufwärmen geeignet sind, sondern auch später im Spielbetrieb eine Rolle spielen. Diese Rechts-Links-Techniken sind ein Muss für jeden Schlagzeuger. Man kann also beim Aufwärmen zwei Dinge verbinden:

RUDIMENTS

1. die körperliche Vorbereitung auf das Spielen und
2. das Üben der Rudiments.

Du wirst hier die **drei gängigsten Rudiments** kennen lernen.

Die am häufigsten verwendete Schlagfolge ist der **Single Stroke Roll**, bei dem immer abwechselnd mit der rechten und linken Hand gespielt wird (**R-L-R-L**).

Beginne dein Warm-Up mit dieser Schlagfolge.

Tipp: Für jede Aufwärmübung gilt, dass du sie zunächst in einem langsamen Tempo beginnen solltest. Erhöhe das Tempo dann schrittweise nach einigen Durchläufen.

Um dich wirklich effektiv aufzuwärmen, spiele die einzelnen Übungen häufiger als sie hier notiert sind. Wiederhole jeden Takt mehrmals und gehe dann weiter zu der nächsten Übung. Spiele alle Warm-Ups sowohl mit, als auch ohne Metronom!

1. Der Single Stroke Roll (Einzelschlagwirbel)

I. Beim Einzelschlagwirbel (Single Stroke Roll) werden alle Schläge abwechselnd mit Rechts und Links ausgeführt.

SINGLE STROKE ROLL

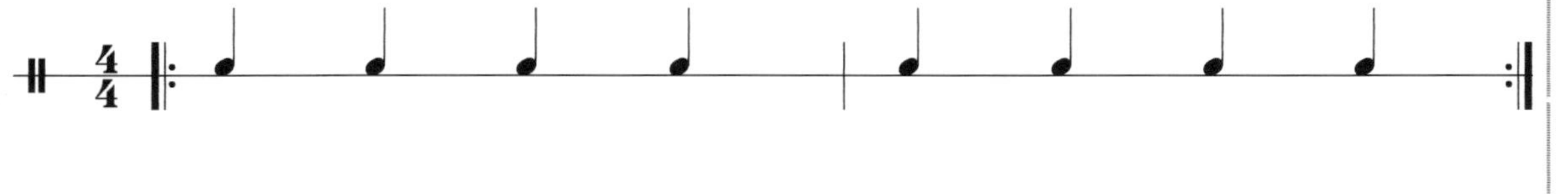

247

248

2. Der Double Stroke Roll (Doppelschlagwirbel)

DOUBLE STROKE ROLL

Beim Doppelschlagwirbel (Double Stroke Roll) werden mit jeder Hand jeweils zwei Schläge nacheinander (R - R - L - L) gespielt.

In der folgenden Übung ist es besonders wichtig, dem Übergang vom Achtel- zum Sechzehnteltempo Aufmerksamkeit zu schenken. Nimm dir Zeit für diese Übung und beginne sie schön langsam, damit du im zweiten Takt noch rhythmisch präzise spielen kannst.

Präzision geht immer vor Geschwindigkeit!

3. Der Paradiddle (Einzel-/Doppelschlag-Kombination)

Beim Paradiddle, der Kombination von Einzel- und Doppelschlägen wird die Schlagfolge **R - L - R - R - L - R - L - L** ausgeführt.

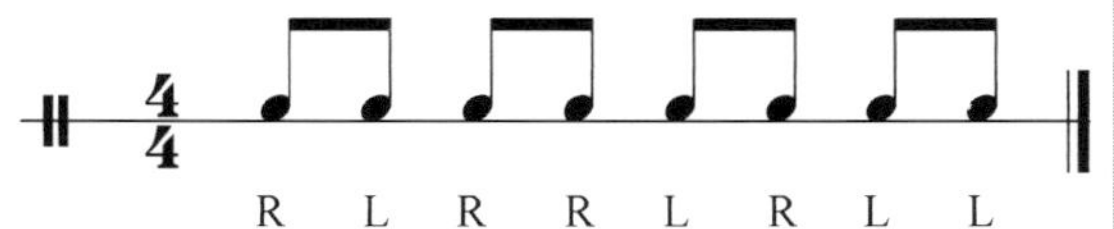

Der Paradiddle setzt sich aus der anspruchsvollsten der drei Schlagfolgen zusammen. Beginne auch hier wieder schön langsam, um dich an die Rechts-Links-Abfolge zu gewöhnen. Steigere erst danach dein Tempo.

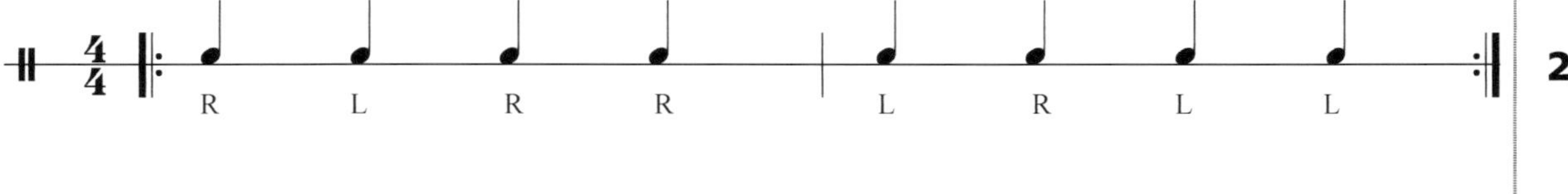

Beginne auch die folgenden zwei Übungen wieder besonders langsam, um den Übergang von Viertel- zu Achtelnoten bzw., von Achtel- zu Sechzehntelnoten sauber und rhythmisch präzise spielen zu können.

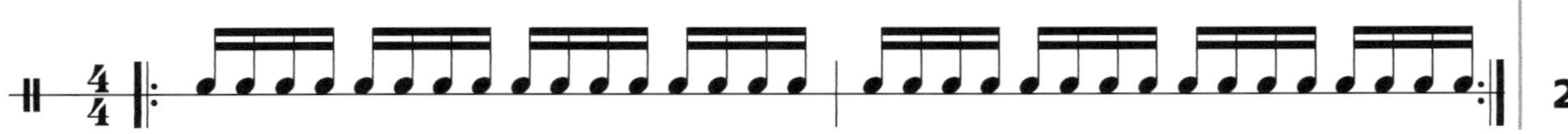

Aufwärmübungen für die Füße

Nun gilt es, neben den Händen auch die Füße aufzuwärmen. Die folgenden Warm-Ups werden sowohl auf der **Snare Drum**, als auch mit der **Bass Drum** und der **getretenen Hi-Hat** gespielt. Spiele sie zunächst mit der **R - L - R - L** (**Single Stroke Roll**)-Schlagfolge, später auch mit **R - R - L - L** (**Double Stroke Roll**)-Schlagfolge und schließlich mit dem **Paradiddle** (**R - L - R - R - L - R - L - L**).

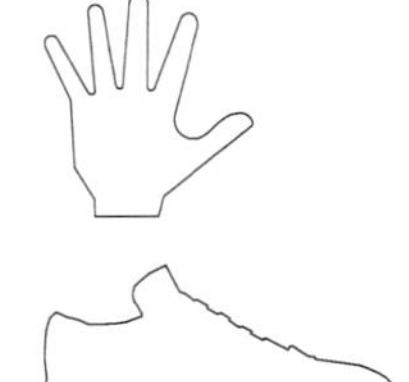

Linke Hand (Snare Drum)   Rechte Hand (Snare Drum)

Linker Fuß (getretene HiHat)   Rechter Fuß (Bass Drum)

Spiele die folgende **Übung 269** in den unten gezeigten sechs Schlagfolge-Variationen (die Schläge immer abwechselnd:

1. Durchgang: rechte Hand – linke Hand;   **2. Durchgang: rechter Fuß – linker Fuß;**
3. Durchgang: rechte Hand – rechter Fuß … usw.)

Als **Rechtshänder** beginnst du mit Rechts, als **Linkshänder** mit Links. Beginne später auch mit deiner „schwachen" Seite, also Rechtshänder mit Links bzw. Linkshänder mit Rechts.

Spiele zunächst schön langsam (40 - 50 Beats per Minute) und nimm dir Zeit für jede einzelne der Variationen. Steigere das Tempo nach und nach jeweils um 5 - 10 Beats per Minute und spiele mehr Wiederholungen, als hier notiert sind (jede Variation 1 - 2 Minuten). **Metronom nicht vergessen!**

Für die **Variationen 3 und 4** gelten die Schlagfolgen:

Fuß-Hand-Fuß-Hand, Fuß-Fuß-Hand-Hand bzw.
Fuß-Hand-Fuß-Fuß-Hand-Fuß-Hand-Hand oder
andersherum, wenn mit der Hand begonnen wird.

269

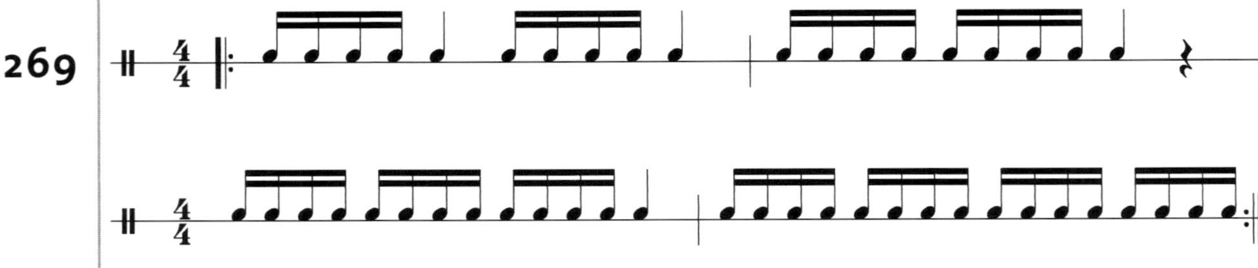

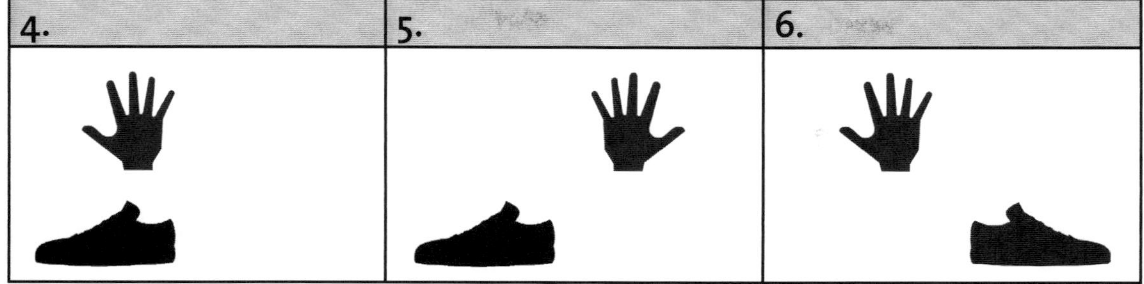

Die Sechzehntelpause

Der Wert einer Sechzehntelpause entspricht dem einer Sechzehntelnote. Das Prinzip ist das gleiche wie auch schon bei den anderen Pausen, die du bereits kennen gelernt hast. Die Zählzeiten, auf denen eine Sechzehntelpause notiert ist, werden nicht gespielt, jedoch trotzdem gezählt.

Zähle in den folgenden Übungen also schön gleichmäßig mit, um dich an den neuen Pausenwert zu gewöhnen.

In **Übung 270** steht jeweils auf der Zählzeit „a" eine Sechzehntelpause.

270

In **Übung 271** jeweils auf den Viertelzählzeiten „1", „2", „3" und „4".

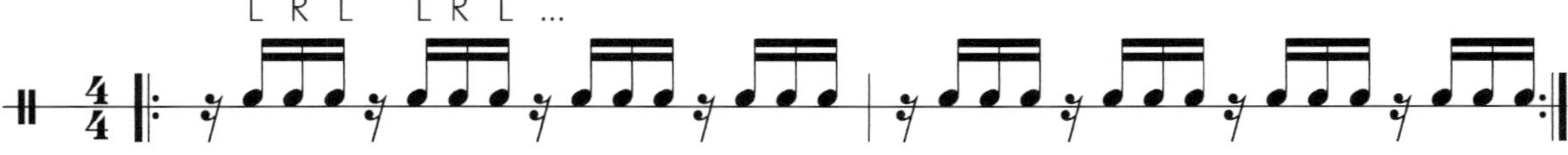

271

Nun **im ersten Takt** auf der Zählzeit „a", im **zweiten** auf den **Viertelzählzeiten**.

272

273

Auch mit anderen Noten- und Pausenwerten.

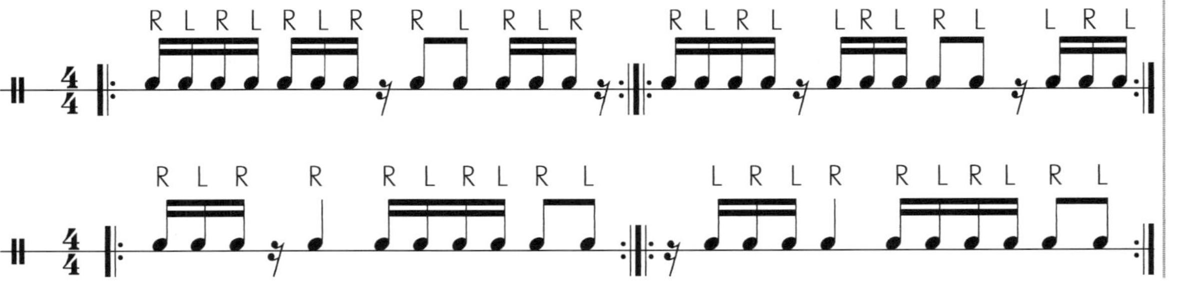

274

275

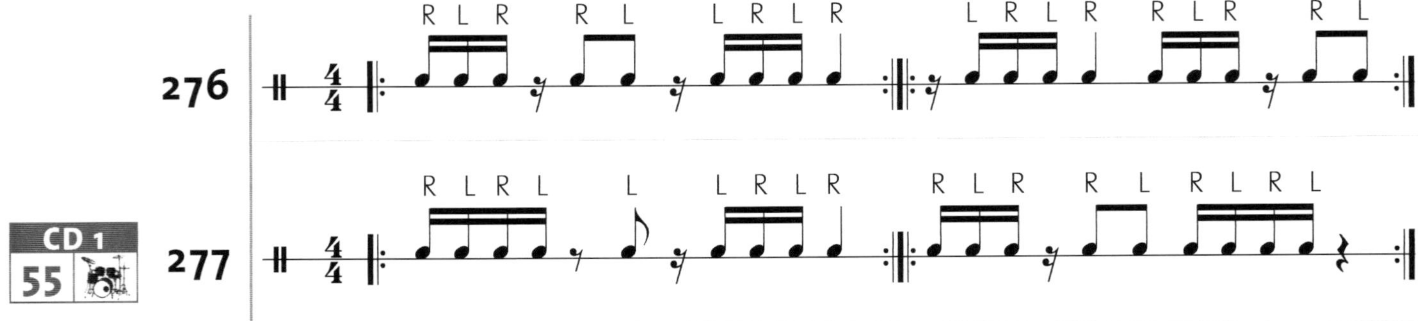

CD 1 / 55

Spiele nun alle Übungen mit Sechzehntelpausen auch mit einem Viertelpuls auf der **Bass Drum**.

Beispiel anhand der **Übung 272**:

Spiele die Übungen außerdem auch mit einem Viertelpuls auf der **getretenen HiHat**.

Verteile die Übungen nun zusätzlich auch auf die **Toms**. Verwende dazu zunächst die „Standardverteilung", die du bereits kennen gelernt hast.

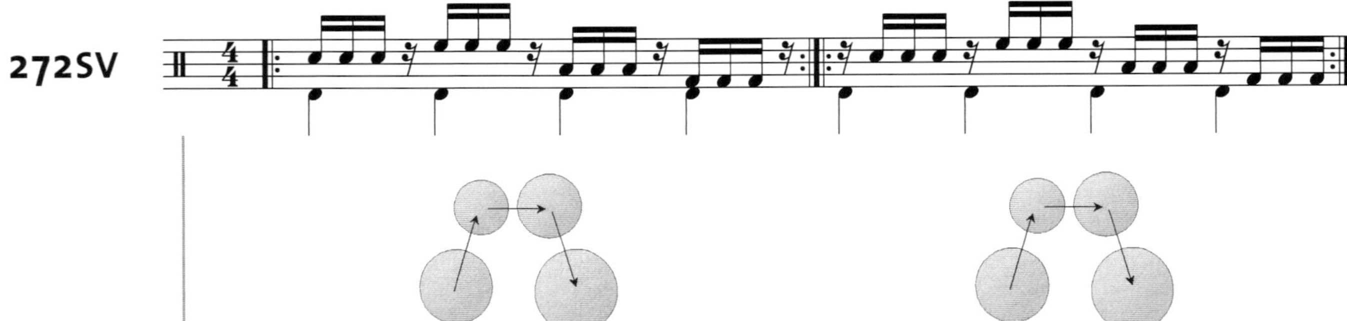

Achtelgrooves mit Sechzehntel Fill-Ins

Spiele in den folgenden Übungen jeweils einen Achtelgroove auf **Bass Drum**, **Snare Drum** und **HiHat**, gefolgt von einem Fill-In mit Sechzehntelnoten und –pausen. Der erste Takt wird jeweils zweimal wiederholt, sodass sich die bekannte Vier-Takt-Form ergibt.

*Tipp: Am Anfang des zweiten Taktes jeder Übung findest du eine **kleine Achtelnote** für die HiHat. Diese Note besagt, dass du in diesem Takt das Crash Becken, das du im ersten Takt gespielt hast, nicht noch einmal mit spielen sollst. Stattdessen spielst du eine geschlossene HiHat. Das Gleiche gilt für den dritten Takt. Zu Beginn der Wiederholung wird das Crash Becken dann wieder mitgespielt.*

In den nächsten beiden Übungen sollst du den Achtelgroove auf dem **Ride Becken** spielen. Zusätzlich eine **getretene HiHat** auf den Zählzeiten „2" und „4".

Tipp: Übe den Wechsel von der HiHat auf das Ride Becken, insbesondere nach einem Fill-In, indem du den ersten Durchgang einer Übung wie notiert, die Wiederholung dann auf dem Ride Becken bzw. auf der HiHat spielst. In den **Übungen 278 - 283** also zunächst auf der HiHat, die Wiederholung auf dem Ride Becken. In den **Übungen 284 und 285** zunächst auf dem Ride Becken, die Wiederholung auf der HiHat. Spiele das Crash Becken zu Beginn jeder Übung immer mit. Auch zu Beginn der Wiederholung.

Sechzehntelnoten auf der geschlossenen HiHat

Häufig werden in der Pop- und Rock-Musik Grooves mit einer Sechzehntel HiHat gespielt. Grundsätzlich unterscheidet man dabei zwischen zwei Spielweisen:

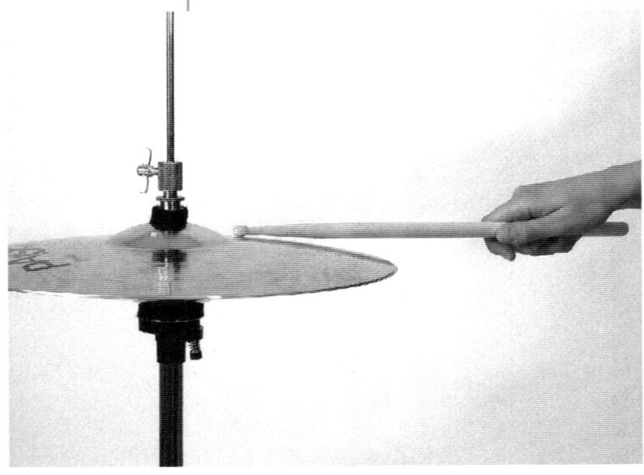

1. Die einhändig gespielte HiHat
Rechtshänder spielen die HiHat durchgehend
mit der rechten Hand,
Linkshänder mit der linken Hand.

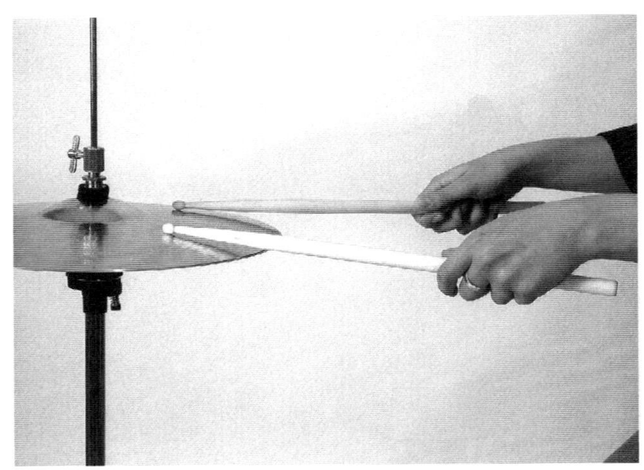

2. Die beidhändig gespielte HiHat
Bei der beidhändig gespielten HiHat wird die
***R-L-R-L Schlagfolge** eingehalten. Die Schläge*
werden also immer abwechselnd ausgeführt.

1. Die einhändig gespielte HiHat
Zunächst Übungen mit der **einhändig** gespielten HiHat. Zähle mit und spiele die Schläge schön gleichmäßig.

286

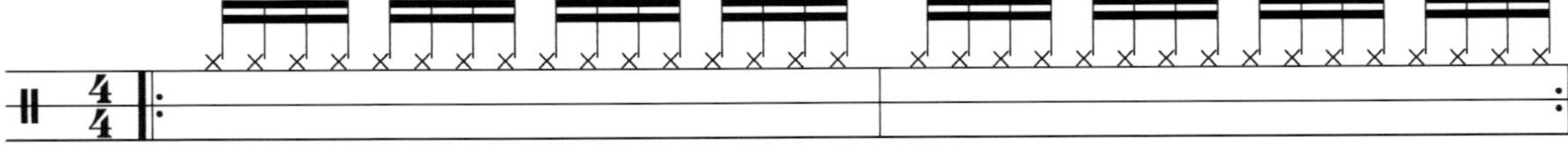

Zusätzlich die **Bass Drum** auf den Zählzeiten „1" und „3".

287

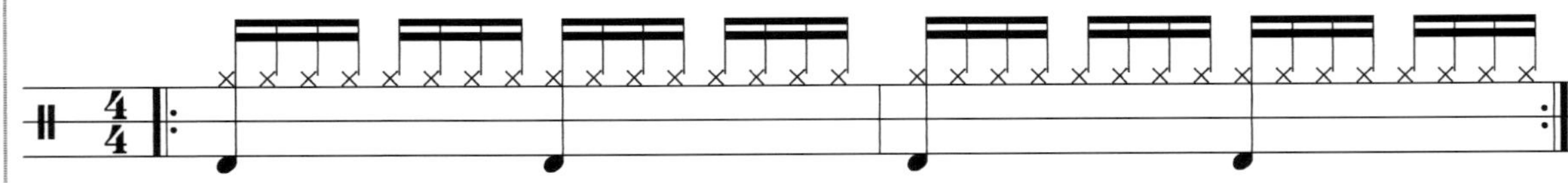

Nun mit der **Snare Drum** auf den Zählzeiten „2" und „4".

288

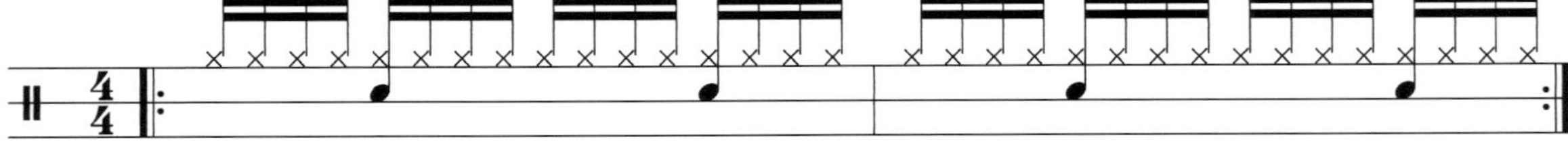

Mit **Bass Drum** und **Snare Drum**.

289

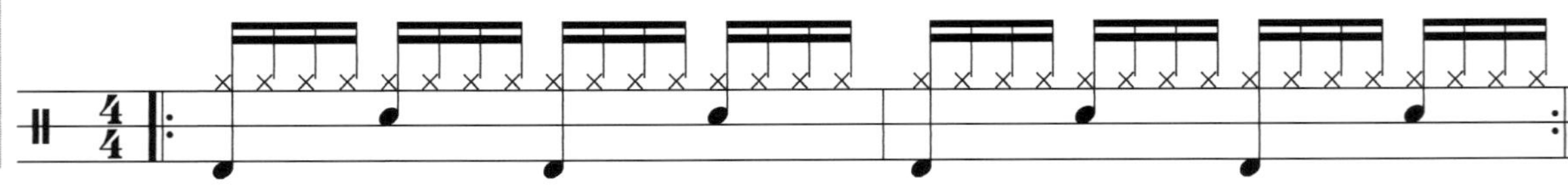

Groove-Variationen

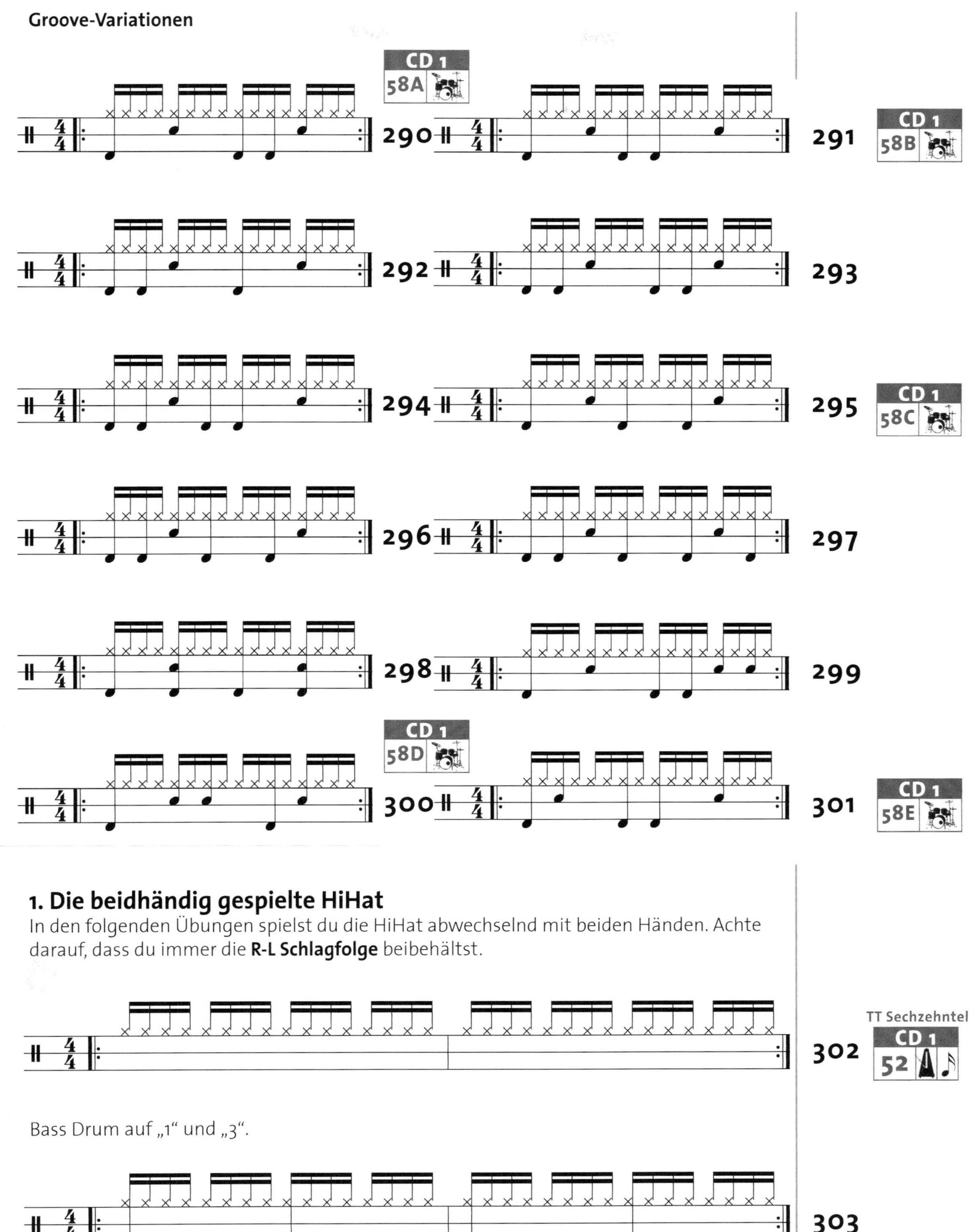

1. Die beidhändig gespielte HiHat

In den folgenden Übungen spielst du die HiHat abwechselnd mit beiden Händen. Achte darauf, dass du immer die **R-L Schlagfolge** beibehältst.

Bass Drum auf „1" und „3".

Spiele jetzt die Snare Drum auf den Zählzeiten „2" und „4". Die Schläge auf der Snare Drum werden mit der rechten Hand ausgeführt (Linkshänder spielen sie mit links). Die **R-L Schlagfolge** wird also auch hier beibehalten.

304

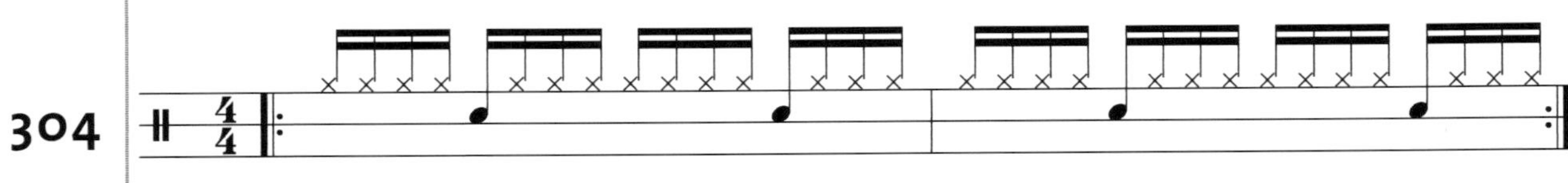

*Tipp: In der **Übung 304** mit der beidhändig gespielten HiHat wurde der Schlag auf der Snare allein ausgeführt, also ohne einen gleichzeitigen Schlag auf die HiHat. Daran lässt sich in der Regel eine Übung mit beidhändig gespielter HiHat gut erkennen. Falls du also einmal unschlüssig sein solltest, ob es sich um eine einhändig oder beidhändig gespielte HiHat handelt, kannst du dich gut an der „einsamen" Snare Drum orientieren.*

Nun eine Übung mit beidhändiger **HiHat**, **Bass Drum** und **Snare Drum**.

CD 1
59A

305

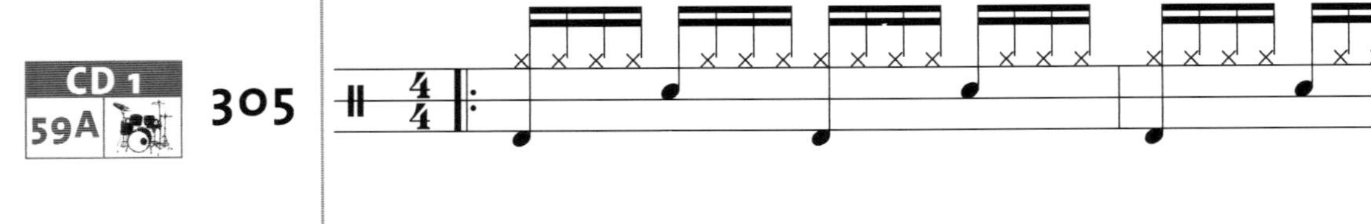

Variationen:

TT Sechzehntel
CD 1
52

306   **307**

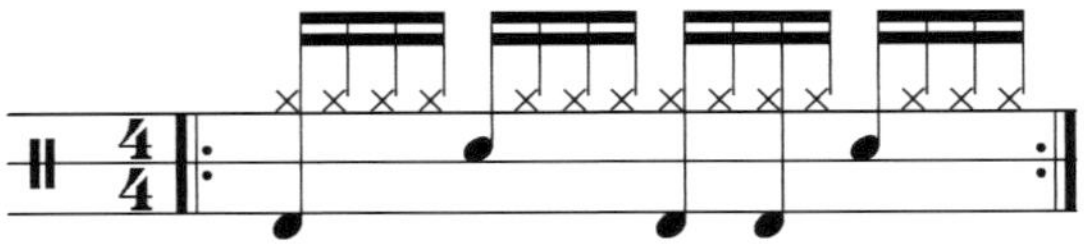

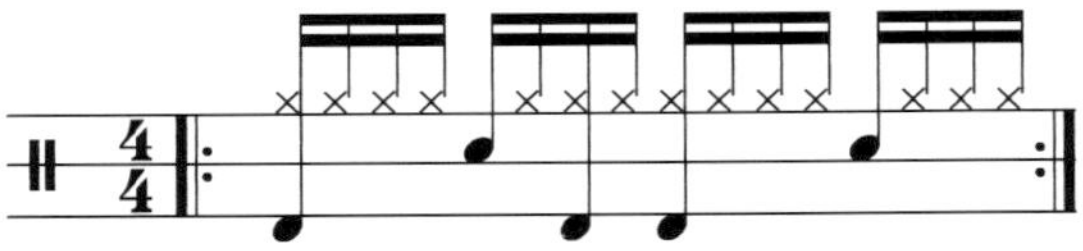

308 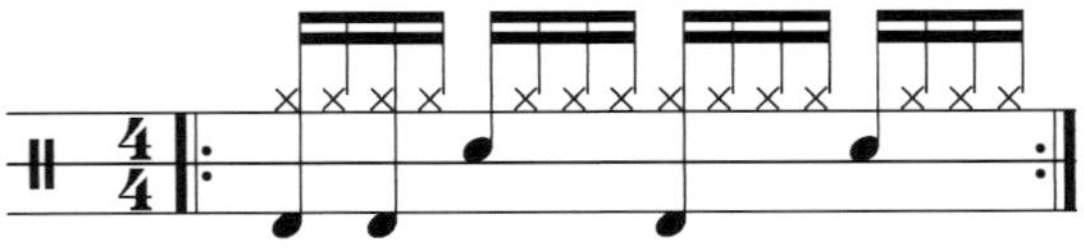   **309**

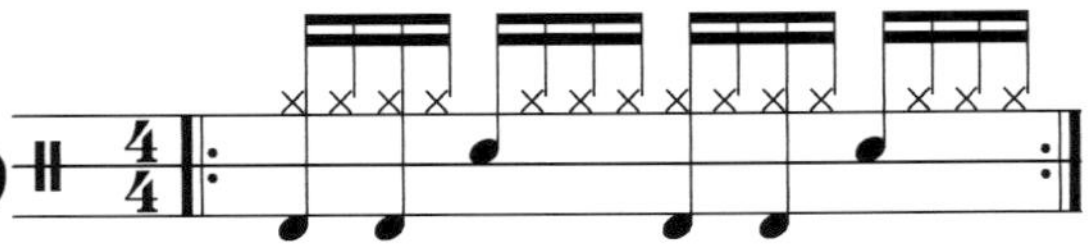

310 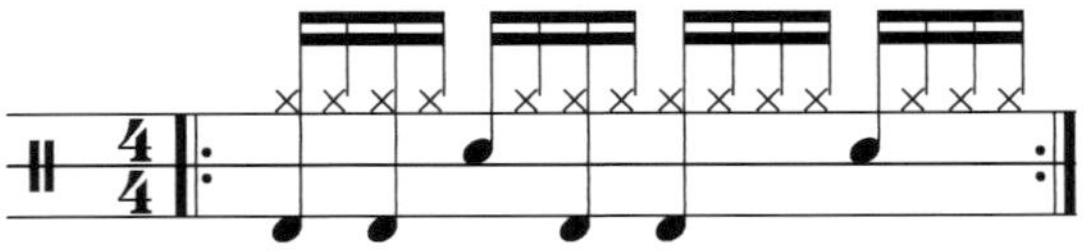   **311**

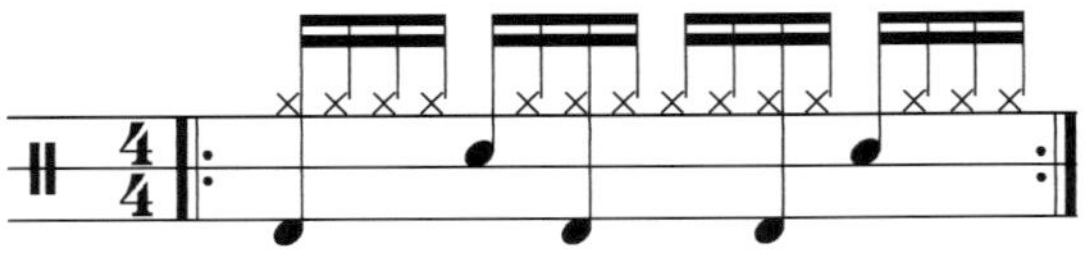

312 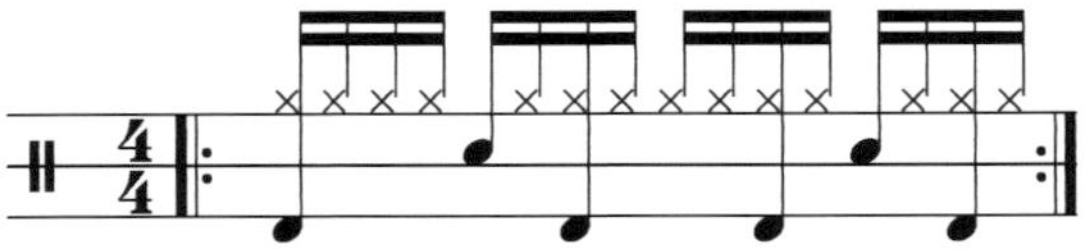   **313**

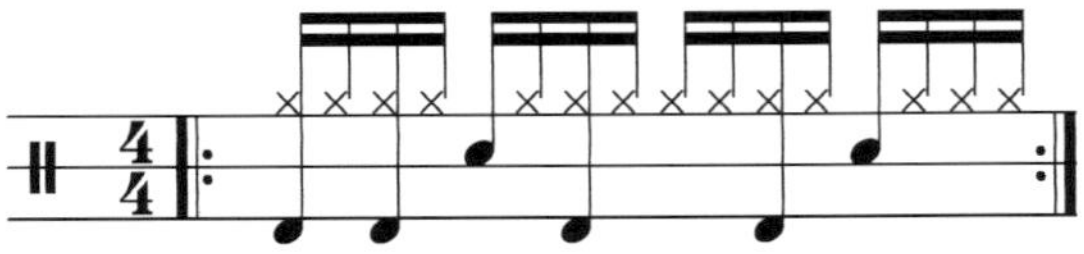

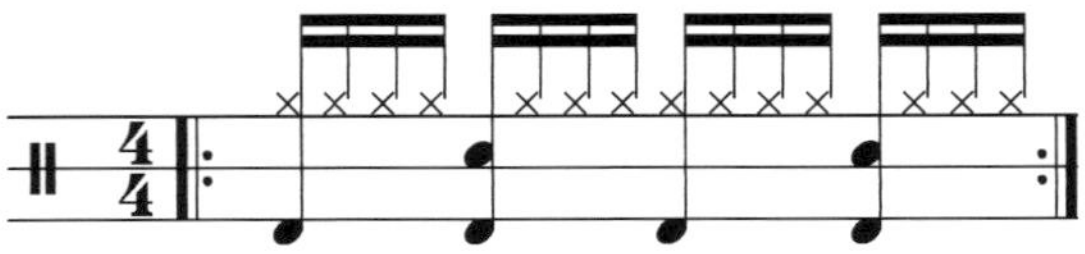

CD 1
59B

314   **315**

CD 1
59D

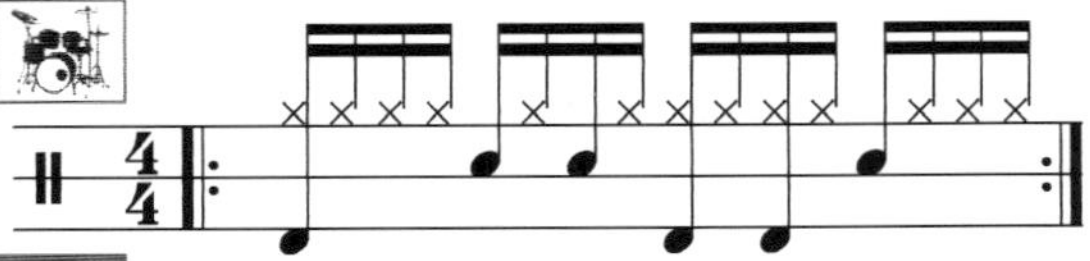

CD 1
59C

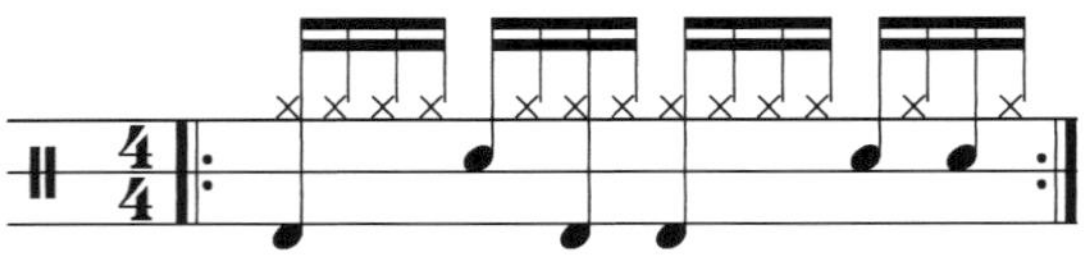

316   **317**

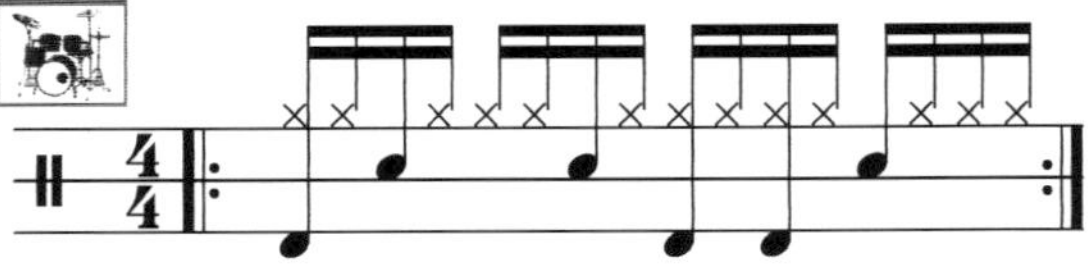

Spielpause: Buchstabensalat

Folgende zehn Begriffe rund ums Schlagzeugspiel sind in diesem Buchstabensalat versteckt: **Taktstrich, Timing, Drumstick, Faulenzer, Becken, Snaredrum, HiHat, Klick, Unterricht und Groove**. Sie sind *waagerecht* und *senkrecht* geschrieben. Versuche sie zu finden!

LÖSUNG AUF:
www.garantiert-drums.de

FINDE DIE ZEHN BEGRIFFE:

TAKTSTRICH

TIMING

DRUMSTICK

FAULENZER

BECKEN

SNAREDRUM

HIHAT

KLICK

UNTERRICHT

GROOVE

T	A	K	T	S	T	R	I	C	H	S	P
O	V	A	A	N	I	S	R	B	I	J	L
N	N	U	D	R	M	Z	P	C	H	A	F
S	L	N	K	L	I	C	K	X	A	D	A
N	P	T	K	Ö	N	T	R	Y	T	M	U
A	H	E	E	W	G	U	N	H	O	K	L
R	K	R	L	A	U	M	I	A	D	H	E
E	Ö	R	K	B	E	C	K	E	N	P	N
D	M	I	S	R	M	L	N	L	U	E	Z
R	Z	C	O	G	R	O	O	V	E	M	E
U	F	H	V	F	G	A	A	L	O	S	R
M	A	T	D	R	U	M	S	T	I	C	K

Groove-Fill Puzzle 2

Spiele hier wieder die Grooves dreimal, bevor du die Fill-Ins spielst. Kombiniere wieder alle Takte miteinander, so, wie du es auch schon im ersten Groove-Fill Puzzle getan hast. Spiele die Übungen zunächst so, wie sie notiert sind. Füge später auch das Crash Becken ein. Jeweils auf der Zählzeit „1" des ersten Groove-Taktes.

Schlagzeugsolo #4 (einhändig gespielte HiHat)

Schlagzeugsolo #4 (beidhändig gespielte HiHat)

TT Sechzehntel
CD 1
52
328

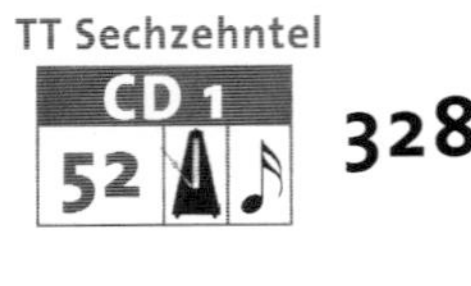

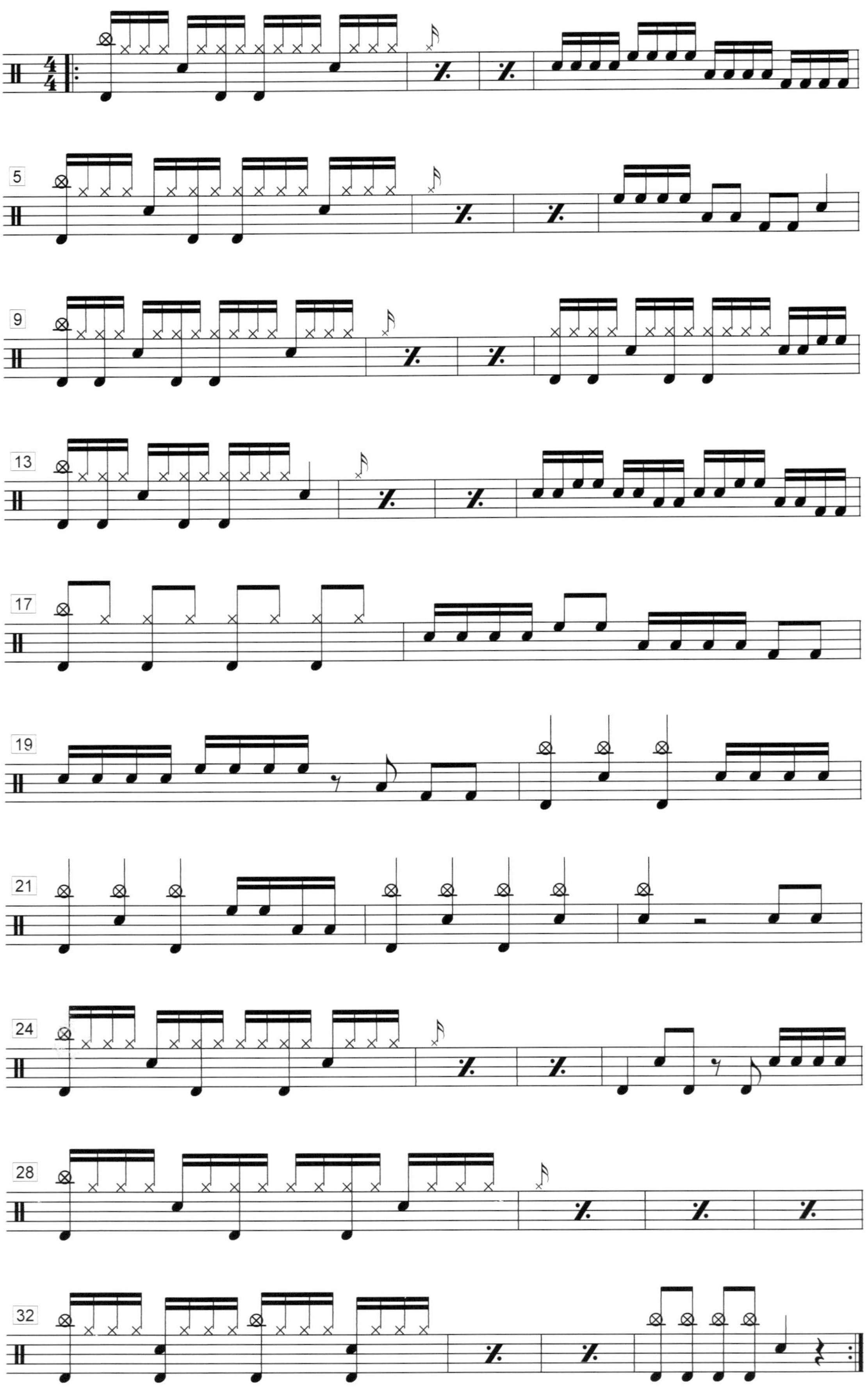

DYNAMIK

Der Akzent (>)

Musik im Allgemeinen und Schlagzeugrhythmen im Besonderen leben in hohem Maße von der Dynamik. Mit Dynamik sind Lautstärkeunterschiede innerhalb eines Musikstückes gemeint. Man kann bestimmte Stellen betonen, also lauter spielen oder aber auch weniger betonen, also leiser spielen. Im Notenbild gibt es verschiedene Möglichkeiten, die Dynamik hervorzuheben. Eine davon ist der Akzent (>), der über die Note geschrieben wird. Diese Note soll lauter gespielt werden, als die Note ohne Akzent. Versuche in den folgenden Übungen, die betonten Schläge ungefähr doppelt so laut zu spielen, wie die Unbetonten, damit der Akzent auch wirklich hörbar wird. Hole dazu an den entsprechenden Stellen mit dem Stick weiter aus und schlage kräftiger auf die Trommel.

In der ersten Übung soll jeweils die Zählzeit „1" betont, also akzentuiert werden.

Hier die Zählzeiten „1" und „3".

Weitere Variationen:

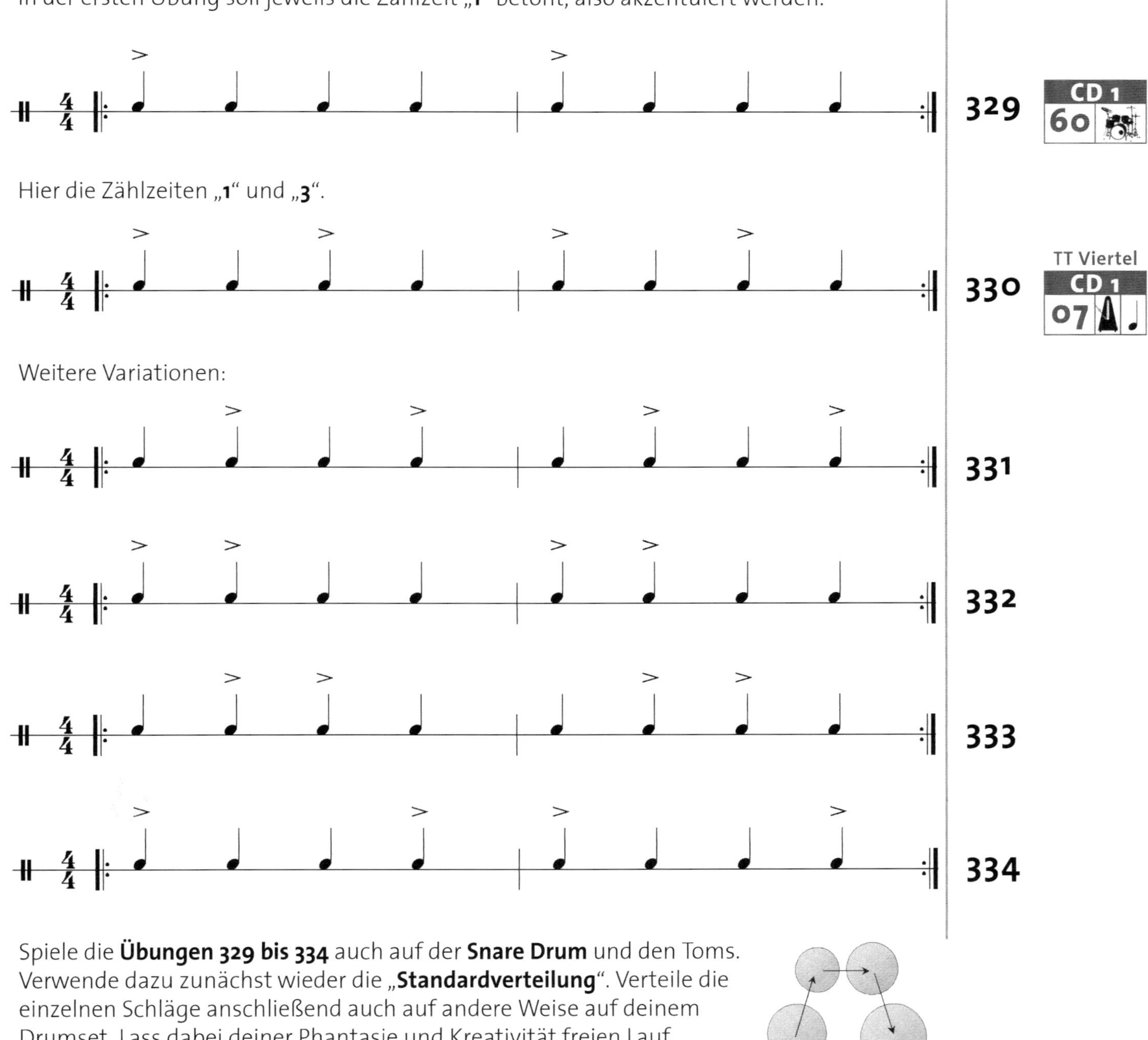

Spiele die **Übungen 329 bis 334** auch auf der **Snare Drum** und den Toms. Verwende dazu zunächst wieder die „**Standardverteilung**". Verteile die einzelnen Schläge anschließend auch auf andere Weise auf deinem Drumset. Lass dabei deiner Phantasie und Kreativität freien Lauf.

Standardverteilung für Viertelnoten:

Jetzt Übungen mit **Achtelnoten** und Akzenten. Hier mit Akzenten auf den Zählzeiten „**1**" und „**3**".

335

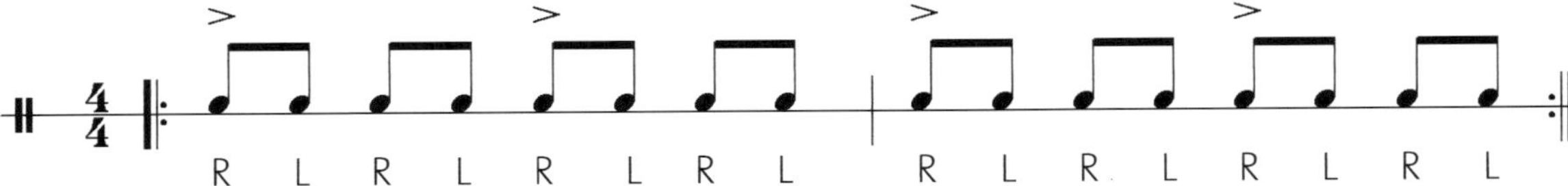

Weitere Akzentvariationen mit Achtelnoten.

336

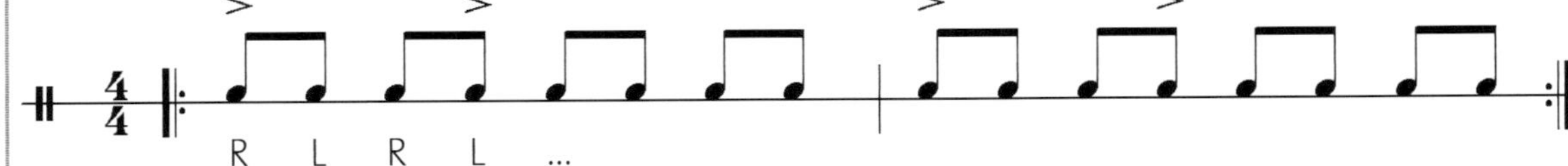

TT Achtel

337

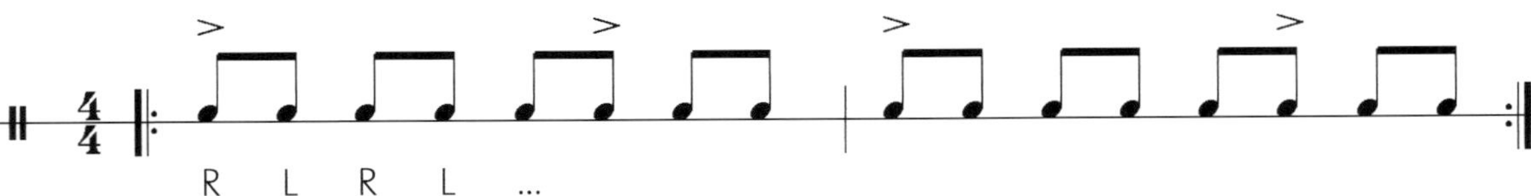

In den folgenden drei Übungen unterscheiden sich Takt 1 und Takt 2. Schaue sie dir genau an, bevor du zu spielen beginnst.

338

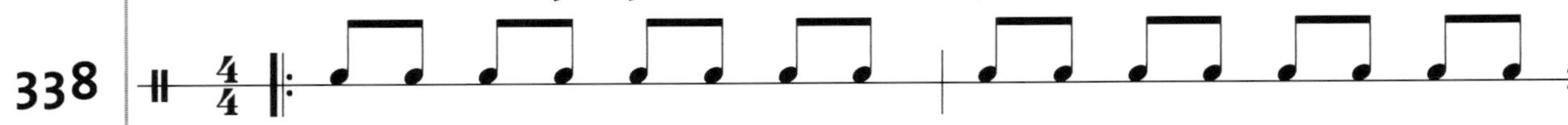

339

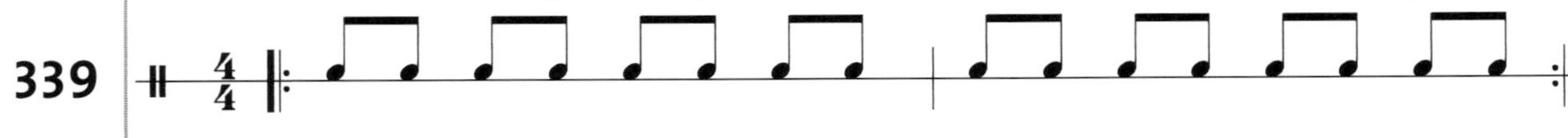

340

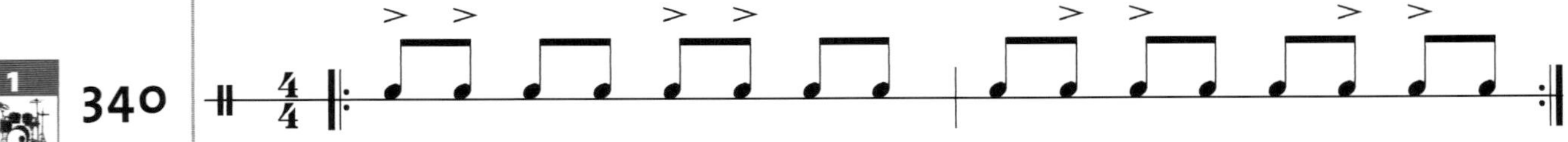

Verwende auch für die Übungen mit Achtelnoten die „**Standardverteilung**" auf **Snare Drum** und **Toms** und spiele anschließend wieder eigene Variationen.

Standardverteilung für Achtelnoten:

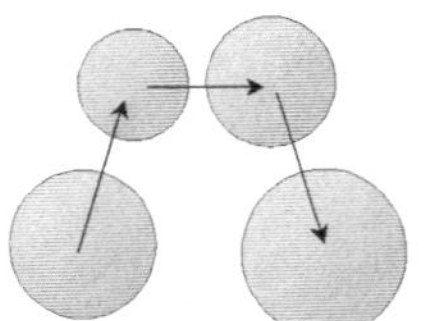

DYNAMIK

Sechzehntelnoten und Akzente:

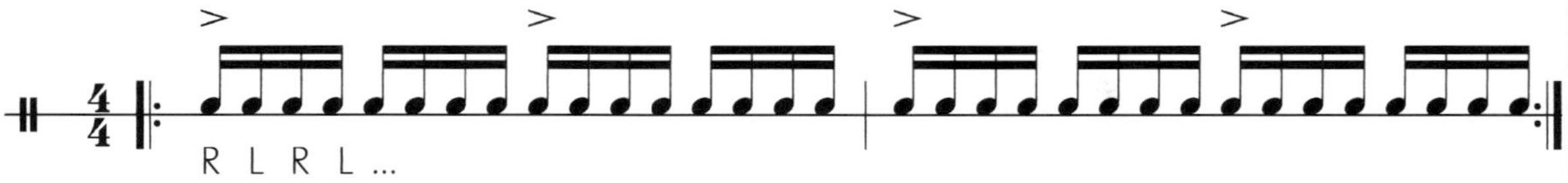

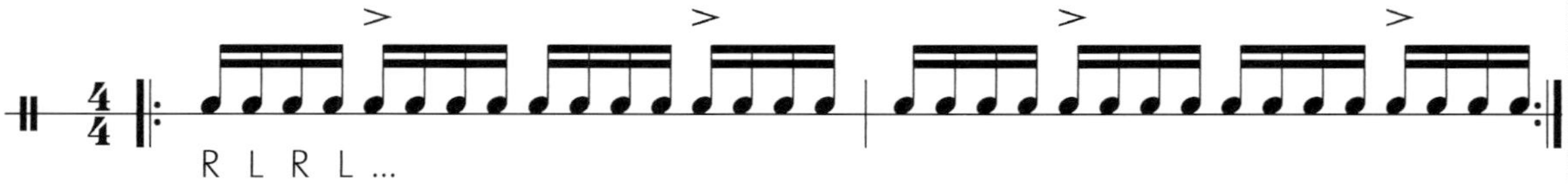

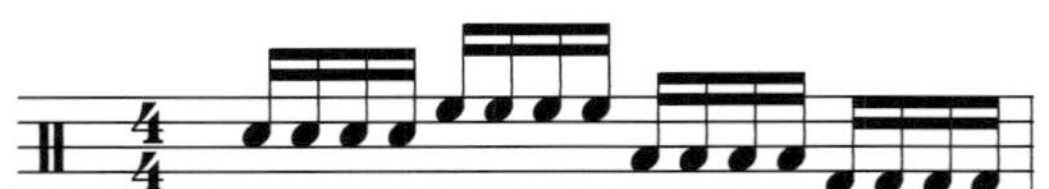

Verwende auch für die Sechzehntelnoten wieder die „**Standardverteilung**".

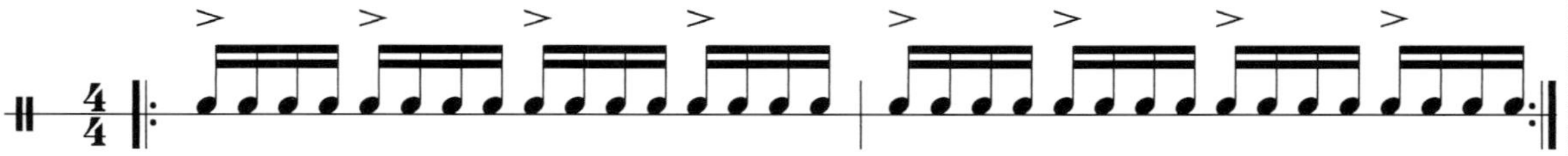

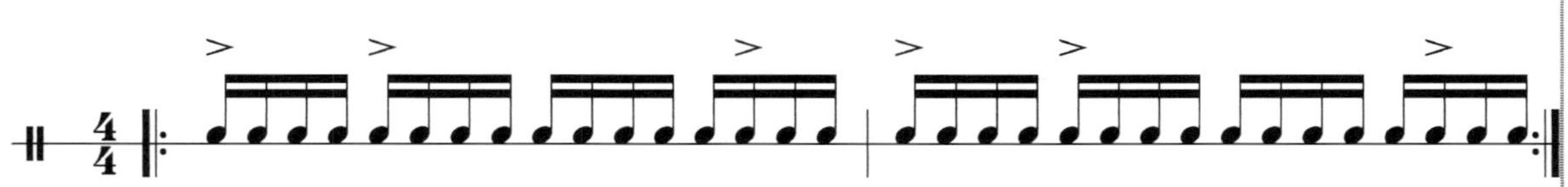

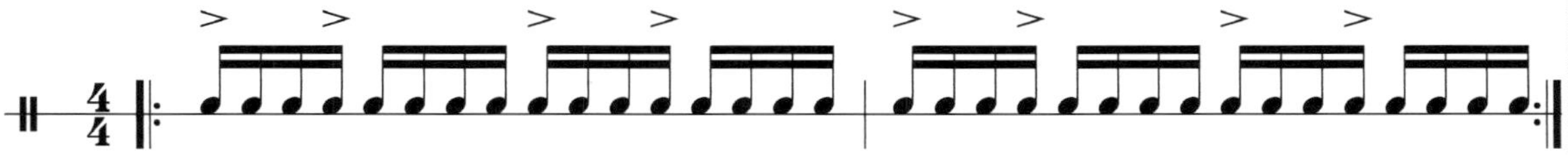

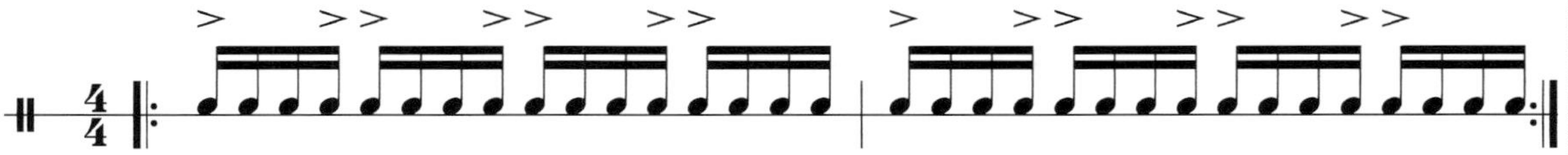

Standardverteilung für Sechzehntelnoten:

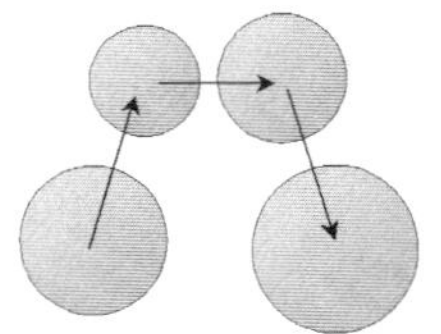

Hier sollst du selber Akzente setzen. Trage in die folgende Übung die Akzente nach deinen eigenen Vorstellungen ein und spiele sie dann entsprechend durch.

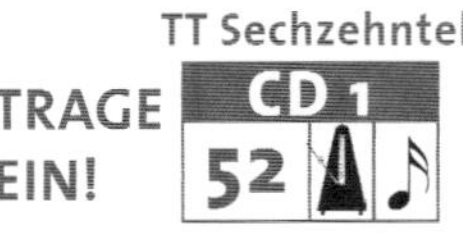

Akzentverschiebung

Die Übungen mit Akzentverschiebung sollen dir helfen, dein Spiel mit Akzenten weiter zu festigen. Es handelt sich dabei um viertaktige Übungen, in denen der Akzent pro Takt immer um eine Zählzeit „nach hinten" wandert. Auf diese Weise wird innerhalb einer Übung jede Zählzeit mindestens einmal mit Akzent gespielt. Dadurch können Rechtshänder ihre naturgemäß schwächere linke Hand, und Linkshänder ihre rechte Hand trainieren. Denn der Akzent, der mit der schwächeren Hand gespielt wird, soll natürlich genauso laut sein, wie der, der mit der Starken gespielt wird.

Spiele zusätzlich einen Viertelpuls auf der Bass Drum. Das wird dir dabei helfen, dich innerhalb der einzelnen Takte besser zu orientieren.

TT Sechzehntel
CD 1
52

347

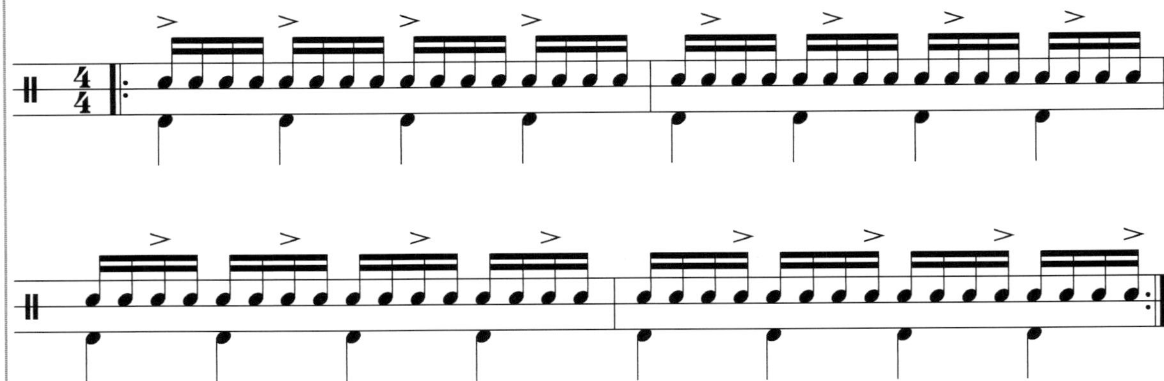

Spiele nun die gleiche Übung mit einem Viertelpuls auf der getretenen HiHat.

In den folgenden Übungen werden immer zwei akzentuierte Schläge unmittelbar nacheinander gespielt.

Wieder mit Viertelpuls auf der Bass Drum.

348

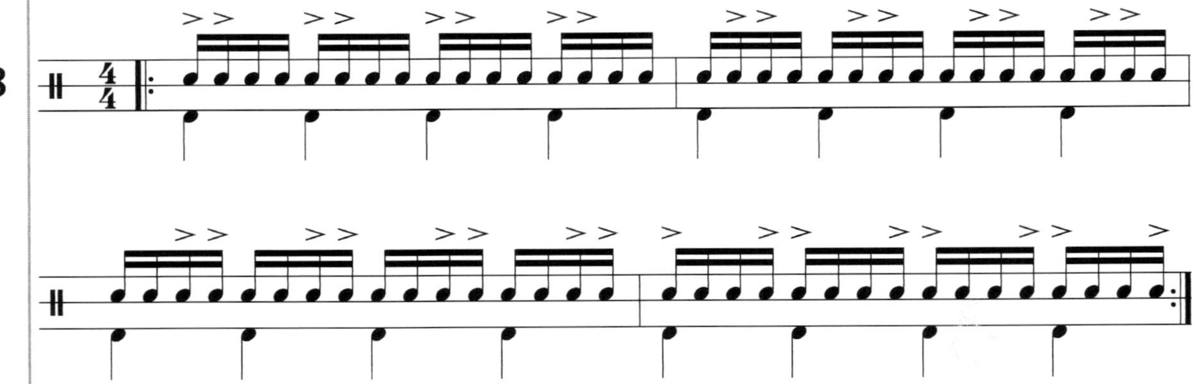

Spiele nun auch diese Übung mit dem Viertelpuls auf der getretenen HiHat.

Spiele die **Übungen 347** und **348** auch mit der bekannten **Standardverteilung** auf **Snare Drum** und **Toms**.

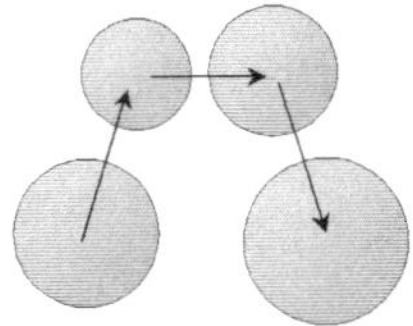

Fill-Ins mit Akzenten

In der nächsten Übung wird durch die Akzente im Fill-In gewissermaßen die Bass und Snare Drum Figur der ersten drei Takte „gedoppelt". Die Akzente im Fill-In liegen also auf den Zählzeiten, auf denen zuvor die Bass und Snare Drum gespielt wurden. Das ist ein schöner Effekt um den Groove eines Musikstückes auch im Fill in hervorzuheben.

Trage hier einen eigenen Fill-In ein, in dem ebenfalls durch die Akzente der Bass Drum/ Snare Drum Groove „gedoppelt" wird.

Mit einhändig gespielter HiHat.

Mit beidhändig gespielter HiHat.

Lautstärkeunterschiede
piano, mezzoforte und forte

Die drei italienischen Worte „piano", „mezzoforte" und „forte" bezeichnen in der Musik Lautstärkeunterschiede. Sie werden in den Noten abgekürzt geschrieben.

> p =   „piano" bedeutet „leise"
>
> mf = „mezzoforte" bedeutet „mittellaut" oder auch „halblaut"
>
> f =   „forte" bedeutet „laut"

Die Abkürzungen stehen unterhalb des Notensystems. Wenn dort also beispielsweise ein p notiert ist, bedeutet das, dass die folgenden Noten leise gespielt werden sollen. Und zwar so lange, bis eine andere Lautstärkeangabe folgt.

Tipp: Da es nicht einfach ist, genau zu definieren, was leise und was laut ist, orientiere dich an folgender kleiner Hilfe:
Stelle dir vor, dass jemand vor deinem Schlagzeug steht und in normaler Lautstärke mit dir spricht. Wenn du währenddessen „piano" spielst, solltest du ihn problemlos verstehen können. Bei „mezzoforte" wird es schon schwieriger. Du würdest dann nur noch einzelne Worte deines Gegenübers verstehen. Und wenn du „forte" spielst, siehst du nur noch, wie sein Mund sich bewegt, verstehst aber kein einziges Wort mehr.

In **Übung 356** spielst du nun **leise** Viertelnoten. Denk´ daran, dass du dein Gegenüber noch verstehen können solltest.

356

In **Übung 357** spielst du „**mezzoforte**", also halblaut spielen. Du würdest also nicht mehr alles verstehen, was zu dir gesagt wird, während du spielst.

357

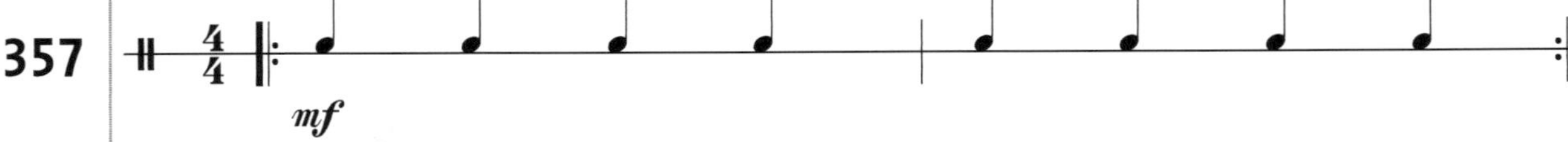

Und bei „**forte**" hörst du dann nichts mehr, außer deiner Snare Drum.

358

Spiele nun diese viertaktige Übung mit Achtelnoten. Innerhalb der Übung verändert sich die Lautstärke. Achte also auf die Buchstaben unterhalb des Notensystems!

359

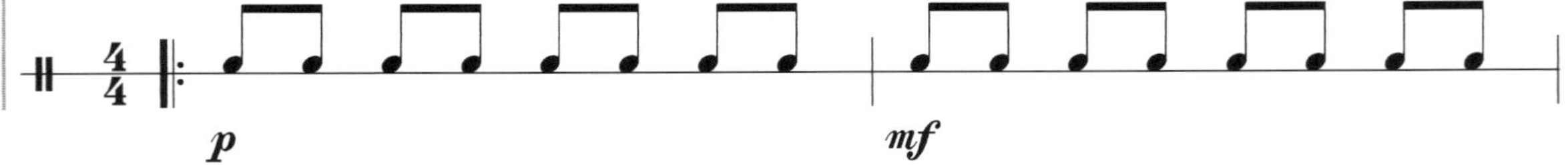

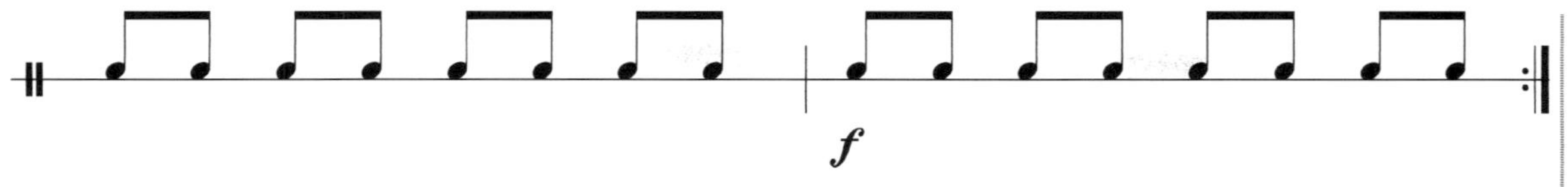

Nun eine Übung mit Sechzehntelnoten.

360

TT Sechzehntel
CD 1
52

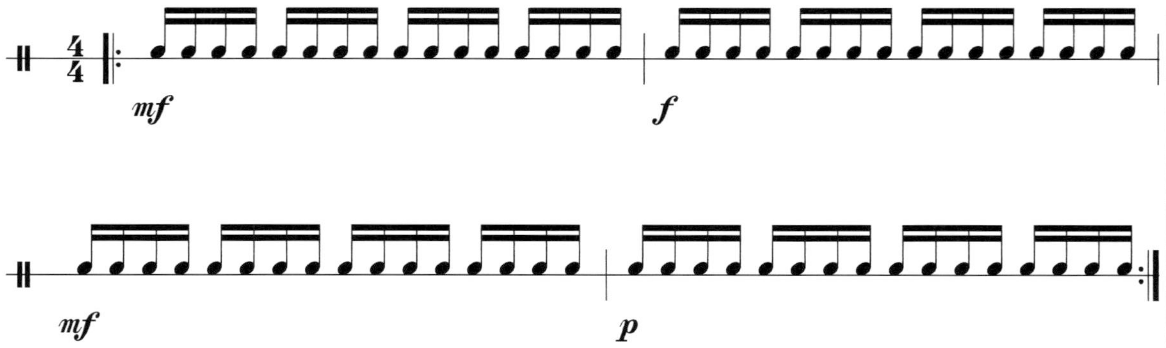

Nun mit verschiedenen Notenwerten innerhalb der Übung.

361

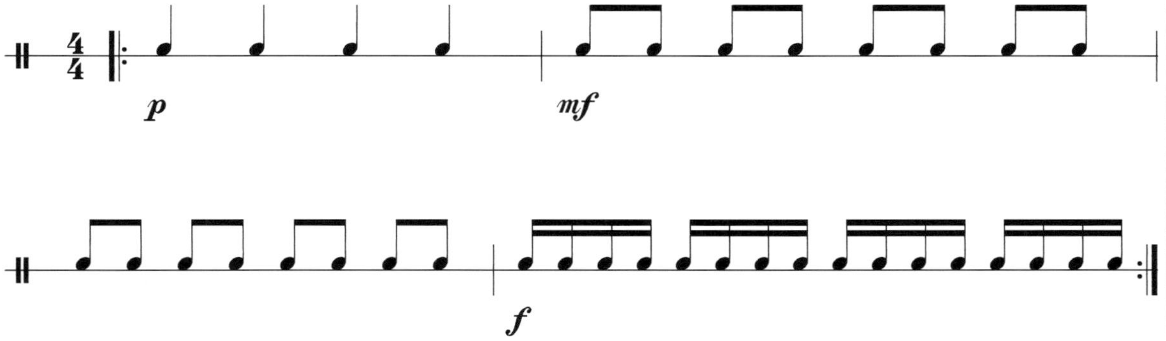

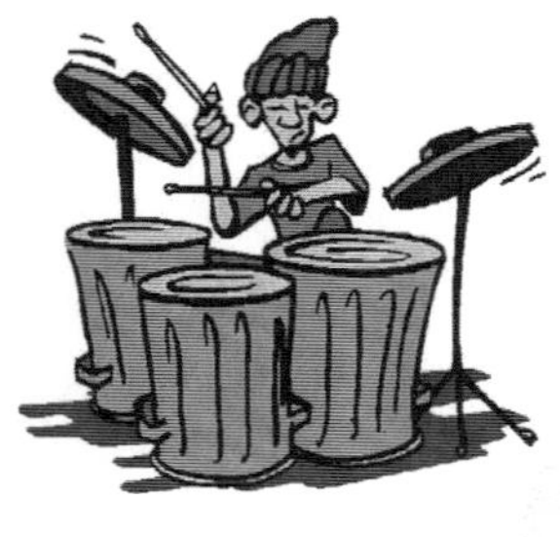

Tipp: *Unter Umständen passiert es dir am Anfang, dass du versehentlich leise Stellen langsamer und laute Stellen schneller spielst. Das kann leicht passieren, wenn man noch nicht so geübt ist. Wichtig aber ist, dass du dir merkst:* ***an leisen Stellen nicht langsamer und an lauten Stellen nicht schneller werden!*** *Das Tempo soll während einer Übung immer konstant bleiben. Nimm dir also zur Sicherheit dein Metronom zur Hilfe, um eventuelle Temposchwankungen zu erkennen und zu vermeiden.*

362

CD 1
65

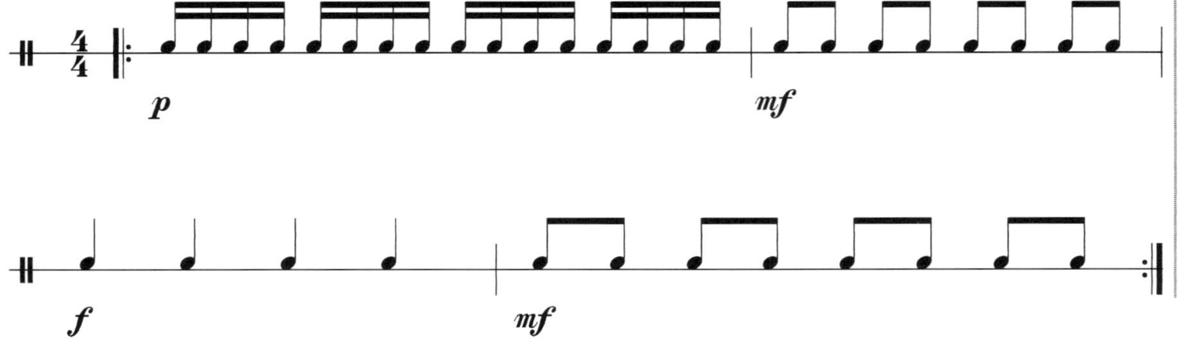

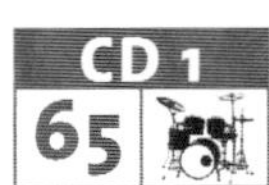

363

Spiele alle Übungen auch mit der „**Standardverteilung**".

Der nächsten Übung sollst du selber die nötige Dynamik verpassen. Die Noten habe ich dir vorgegeben. Trage nun nach deinen Vorstellungen die Lautstärkeunterschiede ein und spiele anschließend die Übung.

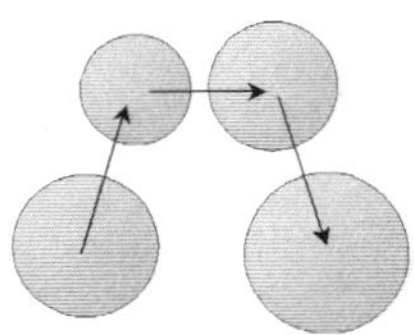

TT Sechzehntel

TRAGE EIN!

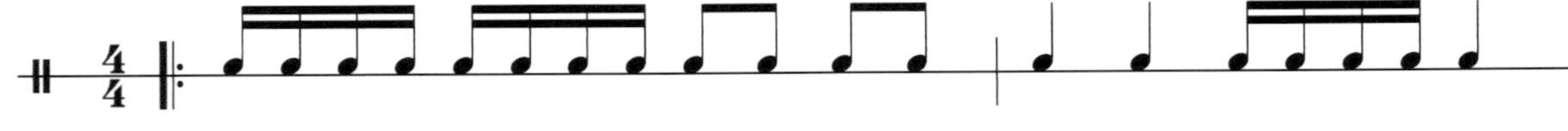

„Crescendo" - lauter werden

Neben der Möglichkeit, einzelne Akzente zu setzen oder die Lautstärke abrupt zu verändern, gibt es auch die Variante, die Lautstärke langsam zu erhöhen oder zu verringern.

Das langsame und gleichmäßige Steigern der Lautstärke wird durch das italienische „*crescendo*" bezeichnet. Es wird in den Noten auf zwei verschiedene Weisen geschrieben.

---

1. Durch die Abkürzung „*cresc.*" unterhalb des Notensystems:

Ab der Note, unter der das „cresc." notiert ist, soll die Lautstärke langsam und gleichmäßig erhöht werden. So lange, bis eine neue Lautstärkeangabe folgt.

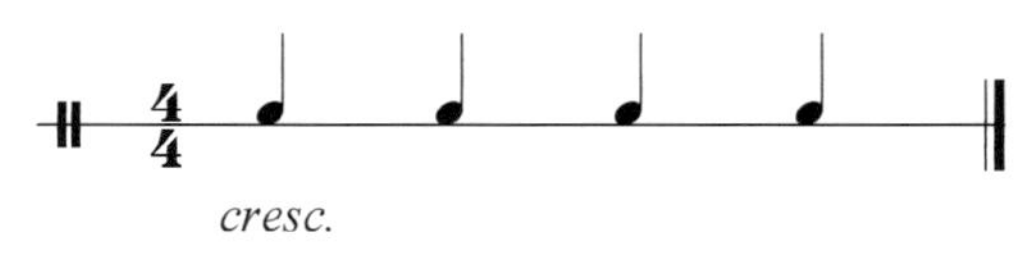

2. Durch das **Crescendo-Symbol** unterhalb der Noten:

Das Symbol wird häufiger verwandt, als die Abkürzung „cresc.", da es übersichtlicher ist und besser kenntlich macht, von welcher Note an und bis zu welcher Note die Lautstärke gesteigert werden soll. Daher ist auch in den folgenden Übungen das Crescendo-Symbol notiert.

In der ersten viertaktigen Übung sind verschiedene Lautstärkeangaben notiert. Als Hilfestellung für den Anfang habe ich dir für **Übung 364** und **365** einen kleinen „**Lautstärkeplan**" erstellt.

Übung 364	Dynamik
Takt 1	leise
Takt 2	langsam und gleichmäßig lauter werden, bis hin zu …
Takt 3	halblaut
Takt 4	halblaut
Takt 1 - 4	in gleicher Weise wiederholen

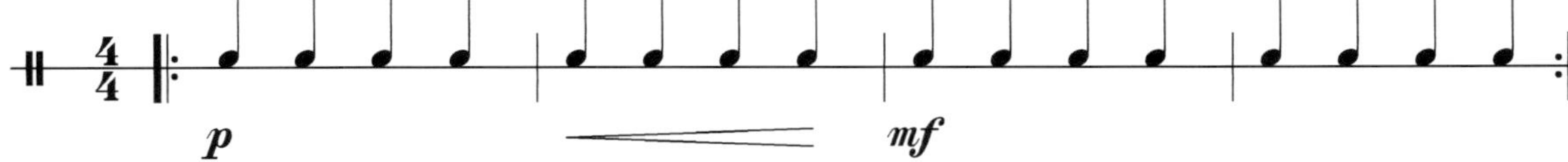

364

Übung 365	Dynamik
Takt 1	leise beginnen, ab Zählzeit „2" gleichmäßig lauter werden
Takt 2	weiterhin lauter werden, bis zu …
Takt 3	laut
Takt 4	laut
Takt 1 - 4	in gleicher Weise wiederholen

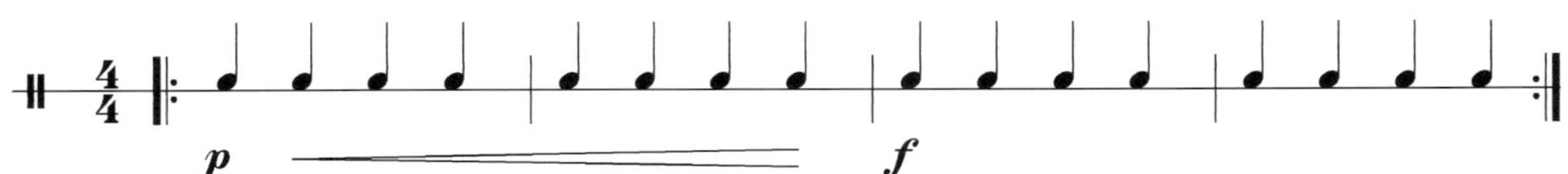

365

„Decrescendo" - leiser werden

Das italienische „**decrescendo**" bezeichnet das Verringern der Lautstärke. Auch hier gibt es zwei mögliche Notationsweisen:

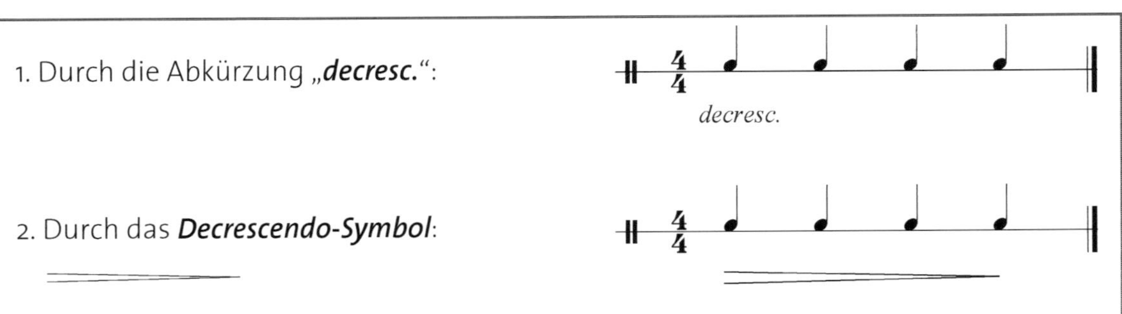

In den folgenden Übungen verringerst du die Lautstärke, an den mit dem **Decrescendo-Symbol** markierten Stellen.

366

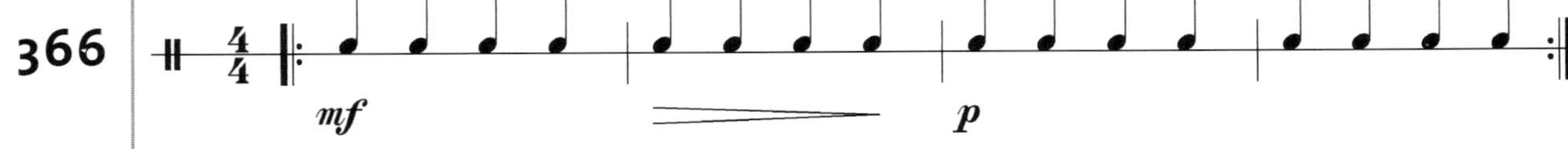

367

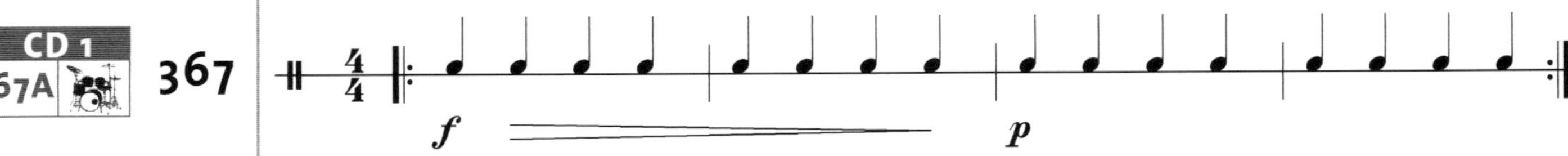

Übungen mit Achtelnoten. Außerdem mit „crescendo" und „decrescendo" innerhalb einer Übung.

368

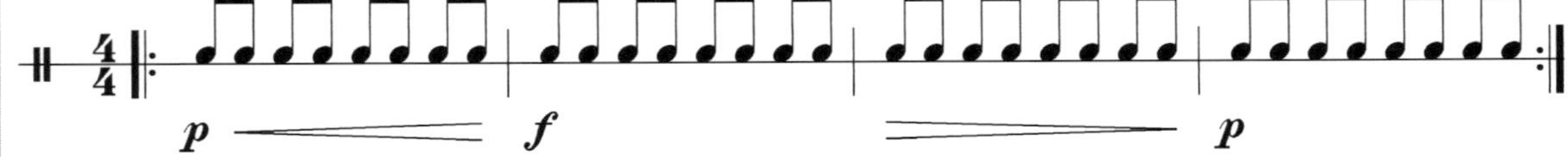

Und nun auch auf der Snare Drum und den Toms.

TT Achtel

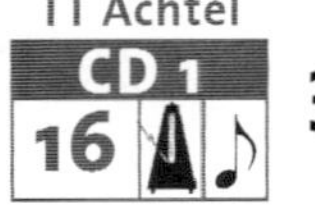

369

370

371

Der Rim Shot

Am Drumset lassen sich durch bestimmte Spieltechniken einige spezielle Sounds erzeugen. Der erste, den du kennen lernst ist der **Rim Shot**. „Rim" ist das englische Wort für den Spannreifen, mit dem das Fell auf die Trommel gespannt ist. „Shot" ist ebenfalls englisch und bedeutet „Schuss". Die Bezeichnung „Rim Shot" ist deshalb so treffend, weil durch diese Technik ein sehr lauter und „knalliger" Sound erzeugt wird, der fast wie ein Schuss klingt. Meistens wird der Rim Shot auf der Snare Drum gespielt, weil sich dort der lauteste Effekt erzielen lässt.

Beim Spielen des Rim Shots wird mit dem Drumstick gleichzeitig und kraftvoll auf den Spannreifen und das Fell geschlagen. Der Spannreifen wird dabei mit dem Schaft des Sticks, das Fell mit seiner Spitze angeschlagen.

Es erfordert ein wenig Übung, diesen Schlag immer so auszuführen, dass du sowohl den Spannreifen, als auch das Fell richtig triffst. Nach einigen Versuchen wird es dir aber sicher immer besser gelingen.

Der Rim Shot

Tipp: *Da der Rim Shot wirklich ein sehr lauter Schlag ist, solltest du beim Üben unbedingt einen Gehörschutz tragen, um Schädigungen zu vermeiden. Außerdem ist der Rim Shot ein echter „Stick-Fresser". Da man dabei immer wieder mit dem Schaft des Drumsticks auf den metallenen Spannreifen schlägt, wird der Stick an dieser Stelle schnell immer dünner und bricht schließlich entzwei. Wenn du also recht lange etwas von deinen Sticks haben möchtest, solltest du den Rim Shot sparsam einsetzen.*

Im **Notenbild** ist der Rim Shot hier durch einen **Akzent** (weil es ein sehr lauter Schlag ist) gekennzeichnet und außerdem noch durch die Abkürzung „**RS**", für Rim Shot, über der entsprechenden Note. Dadurch erkennst du, dass es sich nicht um einen normal akzentuierten Schlag, sondern um einen Rim Shot handelt.

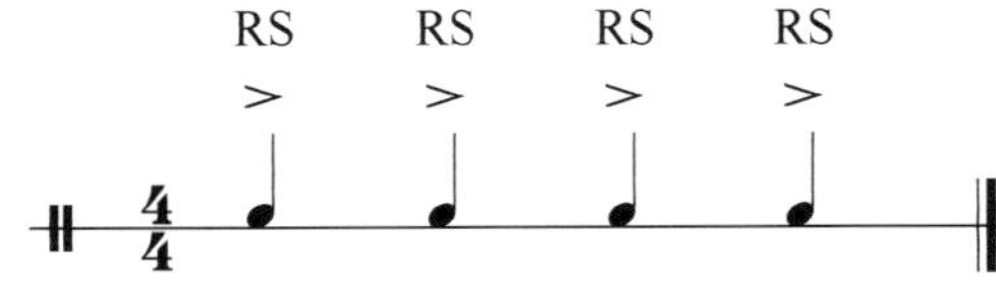

Spiele zunächst Viertelnoten mit einem Rim Shot auf der Zählzeit „**1**":

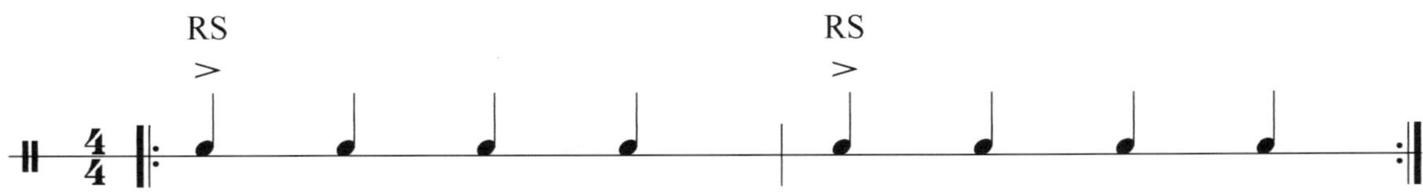

In der **Übung 373** liegt der Rim Shot auf der Zählzeit „**4**". Wenn du die RL-Schlagfolge einhältst, musst du diesen Schlag nun mit der linken Hand (Linkshänder mit der Rechten) ausführen. Auch das wird dir nach ein wenig Übung sicher gelingen.

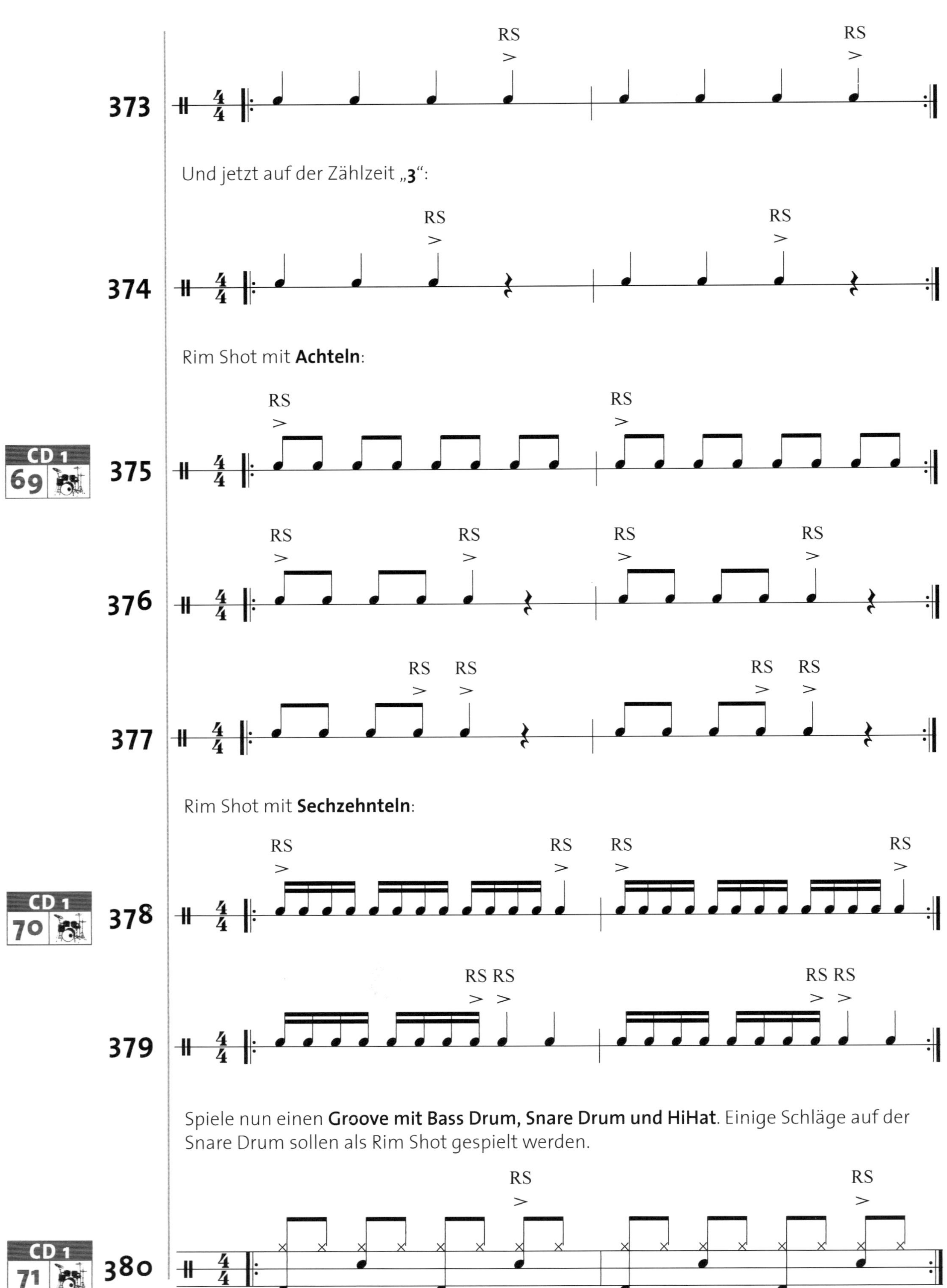

Und jetzt auf der Zählzeit „**3**":

Rim Shot mit **Achteln**:

Rim Shot mit **Sechzehnteln**:

Spiele nun einen **Groove mit Bass Drum, Snare Drum und HiHat**. Einige Schläge auf der Snare Drum sollen als Rim Shot gespielt werden.

Spiele hier die Rim Shots in einem **Fill -In**.

Hier unter anderem auch in einem **beidhändig** gespielten Sechzehntelgroove auf der Snare Drum.

Der Rim Click

Im Gegensatz zum Rim Shot ist der **Rim Click** ein leiser Soundeffekt. Er wird nicht auf dem Fell der Snare Drum, sondern nur auf ihrem Spannreifen gespielt.

Man nimmt dazu den Stick in die Hand und legt diese mit dem Handballen ungefähr in die Mitte des Snare Drum-Fells. Wenn man sich die Snare Drum als das Zifferblatt einer Uhr vorstellt, wird der Drumstick in die Nähe der „**Zwei-Uhr-Position**" gelegt.

Der Rim Click: 2-Uhr-Position

Der Rim Click: 2-Uhr-Position (Stick gedreht)

Wenn du nun zu spielen beginnst, sollte sich dein Handballen dabei nicht vom Fell abheben. Stattdessen behält er ständigen Kontakt zum Fell. Stütze dich dabei aber nicht mit deinem Körpergewicht auf der Snare Drum ab! Das könnte dein Snare Drum-Stativ überfordern.

Wie weit der Stick nun über den Spannreifen deiner Snare herausragen soll, damit du einen schönen Sound erzielst, solltest du einfach so lange ausprobieren, bis du zufrieden bist. Der Sound variiert je nach Beschaffenheit der Snare Drum (Holz- oder Metallsnare) und der Sticks (Stärke und Holzart). Um einen kräftigeren und lauteren Click zu erhalten, kannst du den Stick auch umdrehen und mit dem dickeren Ende auf den Spannreifen schlagen (vgl. Foto oben rechts).

Notenbild: Die Note für den Rim Click steht auf der Notenlinie für die Snare Drum, hat allerdings einen dreieckigen Notenkopf. 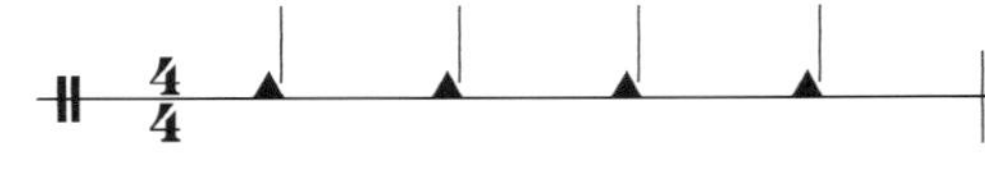

Probiere nun den Rim Click in den folgenden Groove-Übungen aus.

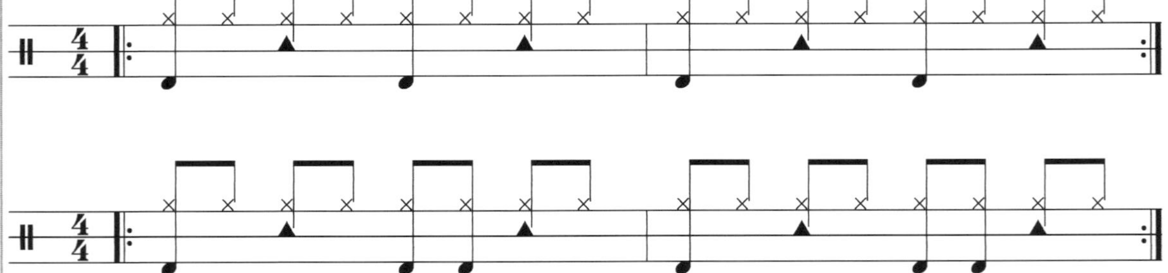

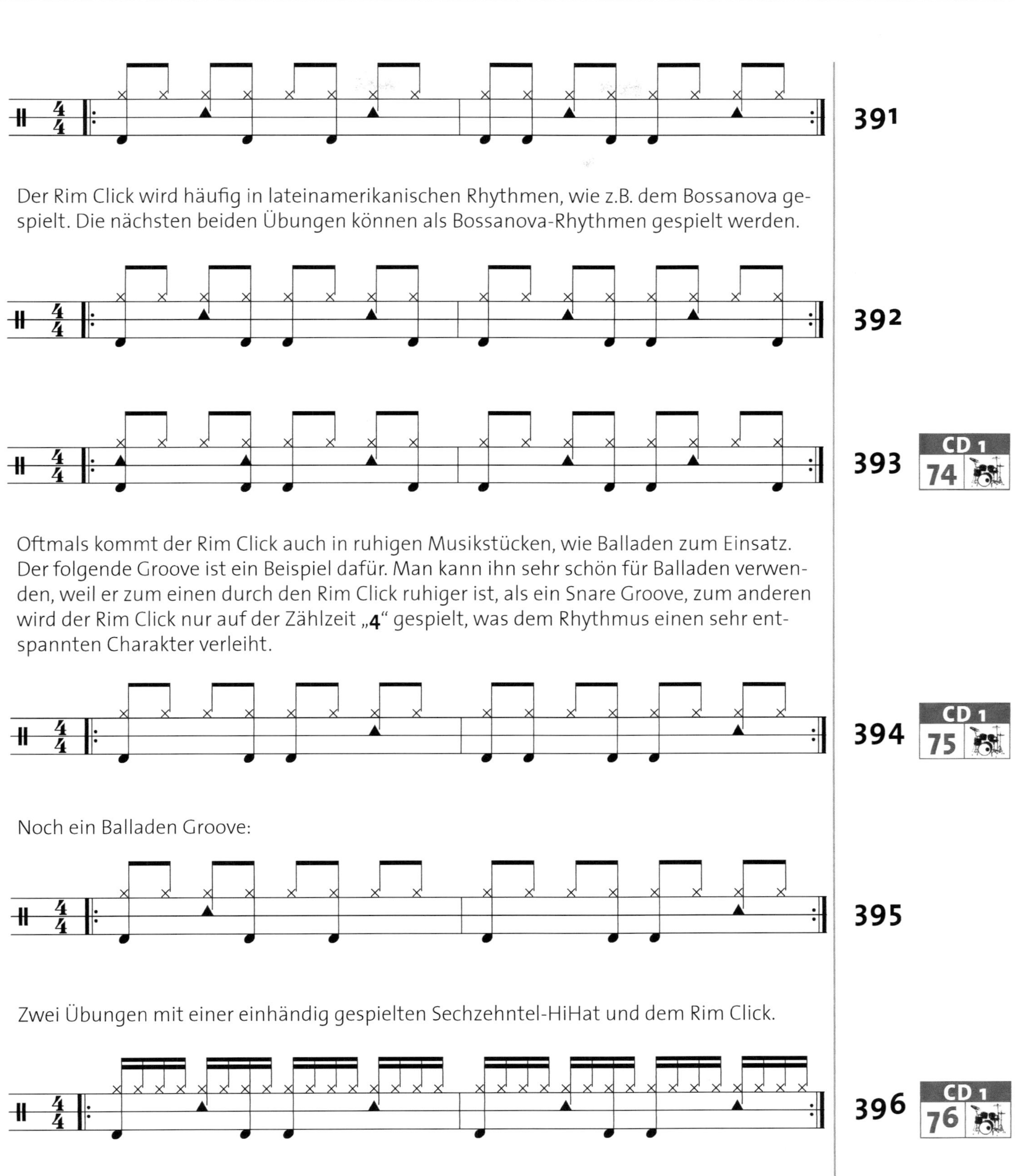

Der Rim Click wird häufig in lateinamerikanischen Rhythmen, wie z.B. dem Bossanova ge-spielt. Die nächsten beiden Übungen können als Bossanova-Rhythmen gespielt werden.

Oftmals kommt der Rim Click auch in ruhigen Musikstücken, wie Balladen zum Einsatz. Der folgende Groove ist ein Beispiel dafür. Man kann ihn sehr schön für Balladen verwen-den, weil er zum einen durch den Rim Click ruhiger ist, als ein Snare Groove, zum anderen wird der Rim Click nur auf der Zählzeit „**4**" gespielt, was dem Rhythmus einen sehr ent-spannten Charakter verleiht.

Noch ein Balladen Groove:

Zwei Übungen mit einer einhändig gespielten Sechzehntel-HiHat und dem Rim Click.

Überlege dir selber Grooves, in denen du dann den Rim Click spielst. Baue auch Fill-Ins, Crash- oder Ride Becken ein!

Der Flam

Der Flam ist eine Spieltechnik, die in der Pop- und Rockmusik sehr häufig vorkommt. Dabei geht es darum, unmittelbar vor einer Note eine Vorschlagnote zu spielen, so dass die beiden Schläge annähernd wie ein Schlag klingen.

Der Flam - Stickhaltung

Diese Vorschlagnote wird im **Notenbild** durch eine kleine Achtelnote dargestellt, deren Hals und Fähnchen durchgestrichen sind. Das bedeutet, dass diese Note keinen eigenen Wert hat,

also auch nicht mitgezählt werden muss, weil sie sehr nah an dem eigentlichen Schlag gespielt wird. Die Vorschlagnote ist mit der folgenden Note durch einen Haltebogen verbunden. Spiele den Vorschlag sowohl mit Links, als auch mit Rechts.

Es erfordert ein wenig Übung, den Flam optimal zu spielen. Wenn du dich mit ihm beschäftigst, wird es dir aber bald gelingen, schöne Flams zu spielen, die besonders auf den Toms einen „fetten" und „schmatzigen" Sound erzeugen.

Höre dir zunächst dazu die entsprechenden Soundbeispiele auf der CD an, um einen akustischen Eindruck vom Flam zu bekommen. Wenn du es dann selber versuchst, merke dir: ein Flam hat einen ganz typischen Sound, der sich eben nur durch die richtige Spieltechnik erzielen lässt. Klingt er wie ein Schlag, hast du die beiden Schläge vermutlich gleichzeitig gespielt und sie waren „zu dicht beieinander". Hörst du beim Spielen ganz deutlich zwei einzelne Schläge, waren sie zu „weit auseinander".

In der ersten Übung sollst du den Flam vor einer Ganzen Note spielen. Übungen mit Ganzen Noten scheinen dir sicher mittlerweile sehr einfach. Nimm dir trotzdem Zeit für diese Übung. Durch die langen Pausen zwischen den Ganzen Noten hast du ausreichend Zeit, dich auf den nächsten Flam zu konzentrieren.

Spiele die Übungen auch zum Klick deines Metronoms und zähle mit, um rhythmisch präzise zu bleiben.

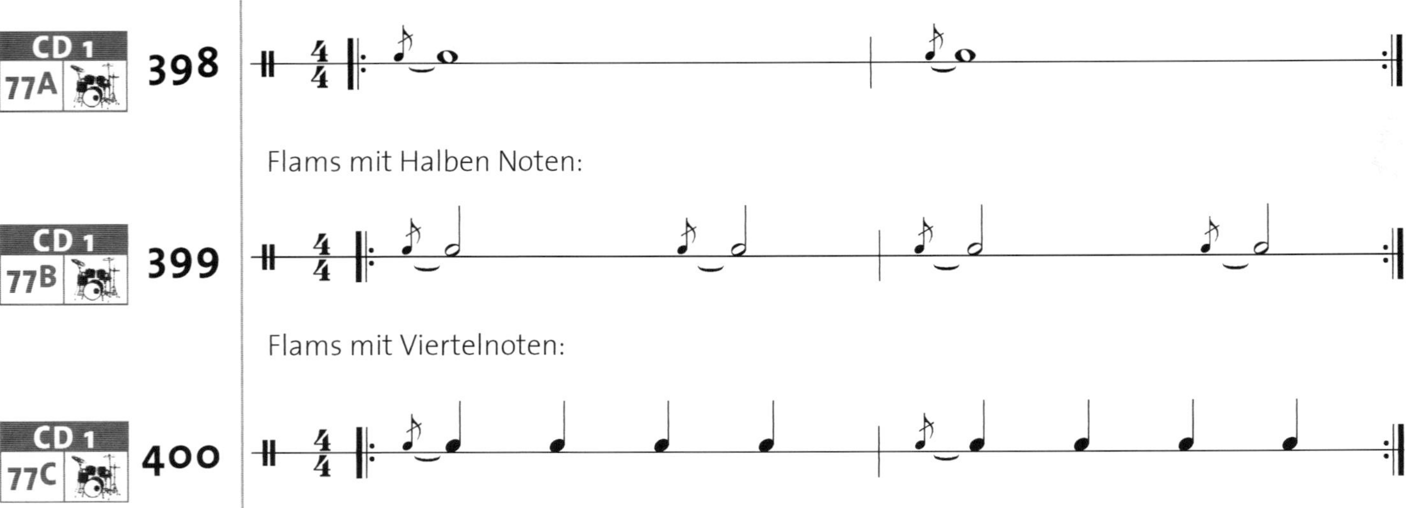

Flams mit Halben Noten:

Flams mit Viertelnoten:

SPEZIELLE SOUNDS I

Flams mit Achtelnoten:

Flams mit Sechzehntelnoten:

Übertrage die Flams nun auch auf die Snare Drum und die Toms.

Hilfe:

Hilfe:

Hilfe:

Spiele die Flams nun auch in einem Fill-In.

Versuche bereits an dieser Stelle, den **Play-along Rock** (*vgl. S. 130ff*) zu spielen. Ein paar Details fehlen dir vielleicht noch, aber mit dem was du bisher gelernt hast, kannst du bereits eine leicht „abgespeckte" Version des Songs spielen. Orientiere dich dazu auch an der Formskizze des Playalongs, da in dieser nur die wesentlichsten Informationen über den Song enthalten sind.

Schlagzeugsolo #5

Im fünften Schlagzeugsolo taucht ein neues Wiederholungszeichen auf:

Der zweitaktige Faulenzer:

Er besagt, dass die zwei vorangegangenen Takte einmal wiederholt werden müssen.

Neue Sechzehntelfiguren

HEAVY METAL

Zusätzlich zu der bekannten Sechzehntelfigur (zähle und spiele: „1 e + a" oder sprich „*Heavy Metal*"), bei der alle Sechzehntelzählzeiten gespielt werden, lernst du nun noch drei weitere Figuren kennen.

Höre dir zu Beginn die MP3's auf **www.garantiert-drums.de** an, damit du einen Eindruck von der rhythmischen Sprache bekommst. Danach kannst du dann selber mitsprechen oder natürlich auch mitzählen.

Zu Beginn noch einmal die bekannte erste Sechzehntelfigur mit einem Viertelpuls auf der Bass Drum:

TT Sechzehntel

414

Um das Mitsprechen der rhythmischen Wörter zu üben, spiele zunächst nur die Bass Drum-Figur und sprich dazu die Snare Drum-Figur („*Heavy Metal*").

Download

414B

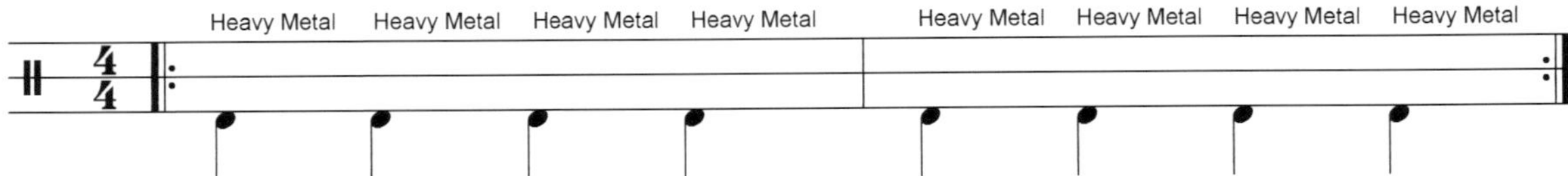

ROCK 'N' ROLL

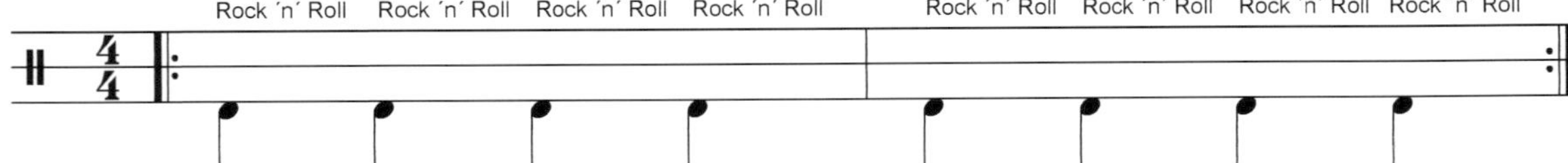 Bei dieser Figur wird die Zählzeit „a" zwar mitgezählt, aber nicht gespielt. Du kannst, anstatt zu zählen auch die Wörter „*Rock 'n' Roll*" mitsprechen.

Übe die erste neue Figur auf die gleiche Weise, indem du den Viertelpuls auf die Bass Drum spielst und die Snare-Figur mitsprichst.

Download

415B

Spiele nun die Snare Drum dazu.

415

In dieser Übung spielst du nun beide Figuren zusammen.

416

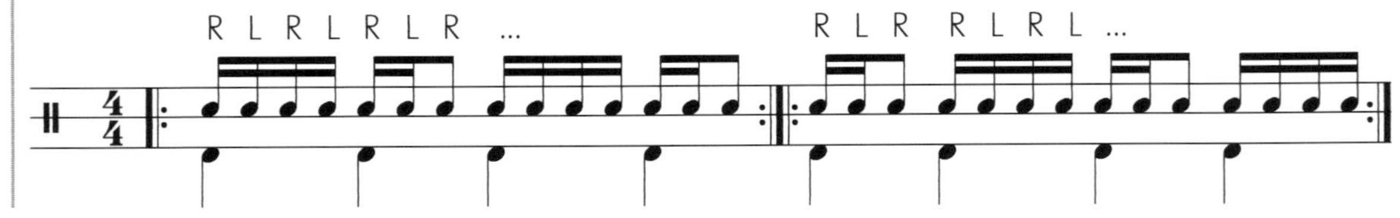

NOTEN- UND PAUSENWERTE V

Hier wird die Zählzeit „e" nicht gespielt. Falls du lieber mitsprichst, verwende die Wörter *„Soul Music"*. Übe in zwei Schritten:

Bei der dritten neuen Sechzehntelfigur wird die Zählzeit „und" (+) nicht mitgespielt. Verwende zum Mitsprechen die Wörter *„Funkybeat"*.

Zwei Übungen mit Kombinationen der drei neuen Sechzehntelfiguren:

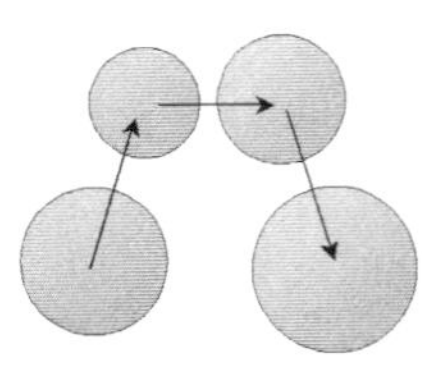

Verwende für die **Übungen 414 bis 422** auch wieder die bekannte „**Standardverteilung**" auf Snare Drum und den Toms. Verteile die Figuren anschließend auch nach deinen Vorstellungen auf deinem Drumset.

In den folgenden Übungen spielst du die neuen Figuren in **Fill-Ins**.

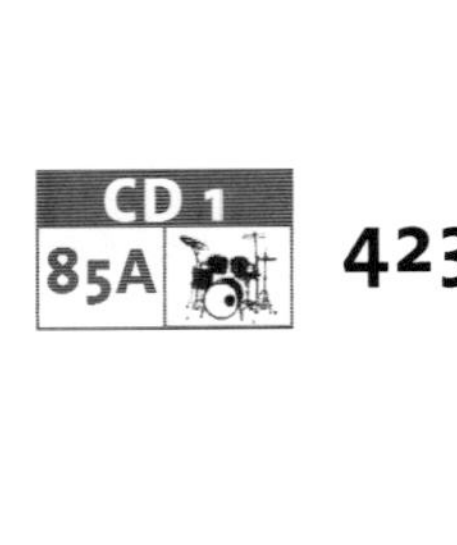

CD 1 / 85A — **423**

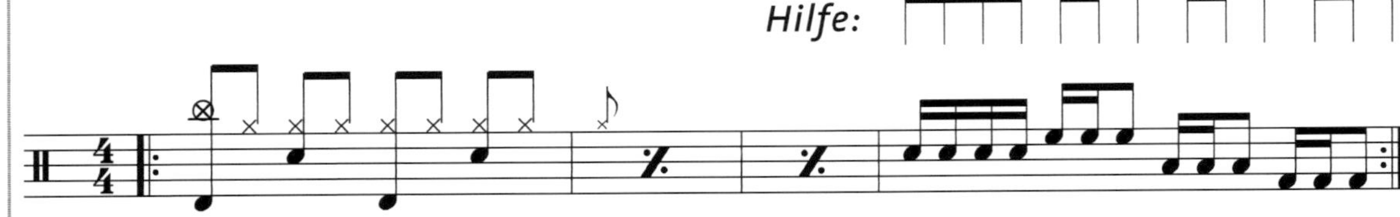

CD 1 / 85B — **424**

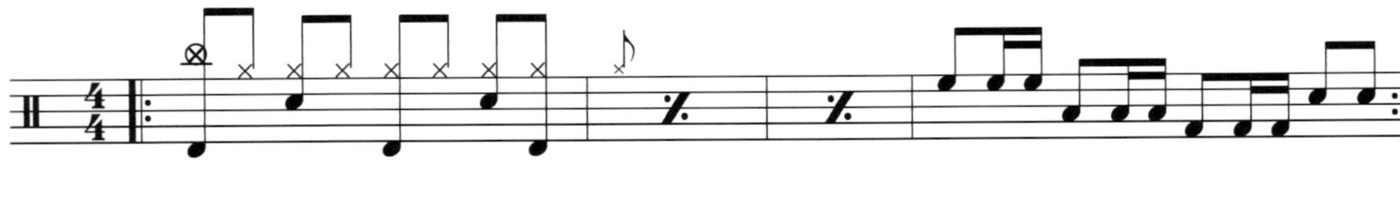

CD 1 / 85C — **425**

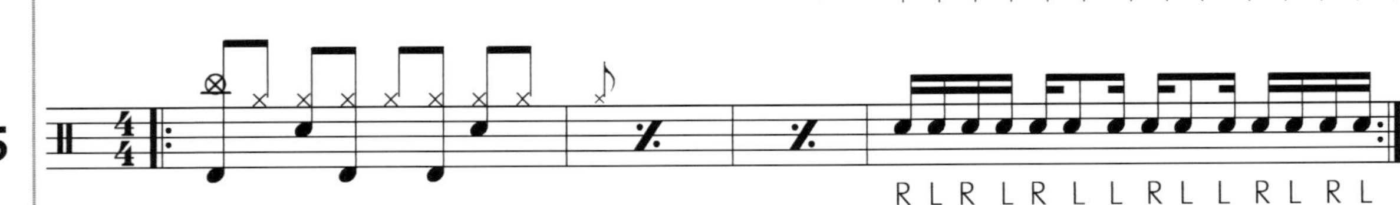

Spiele im Groove den **Rim Click**!

CD 1 / 86 — **426**

In den nächsten beiden Grooves das **Ride Becken** und die **getretene HiHat**.

TT Achtel

CD 1 / 16 — **427**

CD 1 / 87 — **428**

Hier eine **einhändig** gespielte HiHat:

Hilfe:

429 CD 1 88A

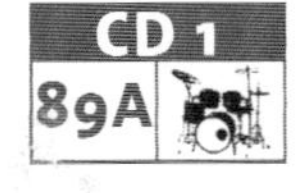

Und hier eine **beidhändig** gespielte HiHat.

Hilfe:

430 CD 1 88B

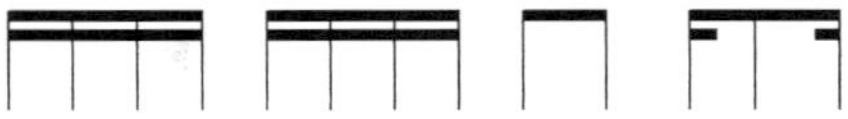

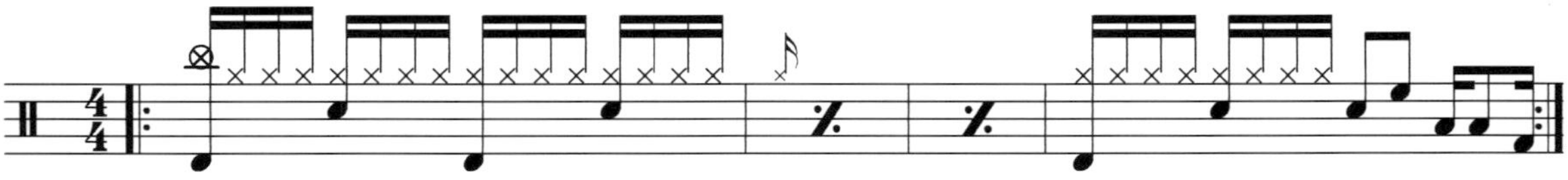

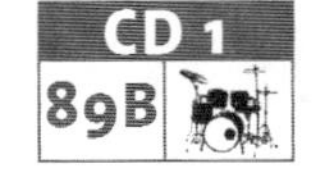

Neue Sechzehntelgrooves

SOUL MUSIC

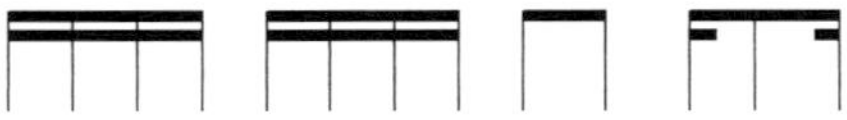

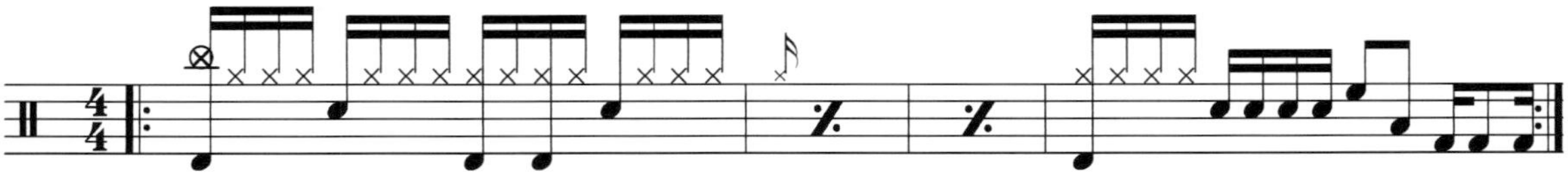

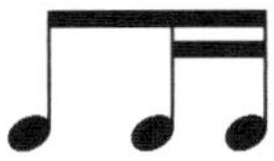

Die neuen Sechzehntelfiguren lassen sich auch in Grooves verwenden. Die erste Figur, aus der du nun einen Groove entwickeln sollst, ist die *„Soul Music“*-Figur.

In **Übung 431** spielst du durchgehende Achtelnoten auf der HiHat. Zusätzlich auf der Zählzeit „**2 a**“ die Snare Drum. Der Schlag auf der Snare Drum wird von Rechtshändern mit der linken Hand ausgeführt, bei Linkshändern mit der Rechten. Der Bewegungsablauf ist also der gleiche wie zuvor, als du sie nur auf der Snare Drum gespielt hast. Der Unterschied besteht lediglich darin, dass eine Hand nun auf der HiHat spielt.

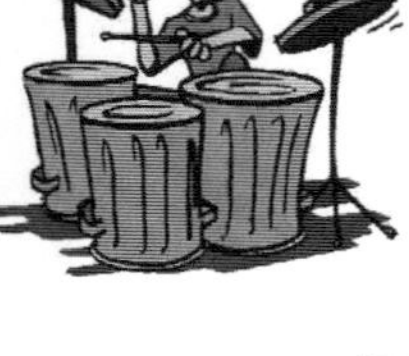

Tipp: Verwende nötigenfalls auch bei den Grooves die bekannte Hilfe, indem du die untere Hälfte der Noten verdeckst und dich zunächst nur an den Hälsen und Balken orientierst. Spiel sie dann zunächst nur auf der Snare Drum und erst anschließend so wie notiert.

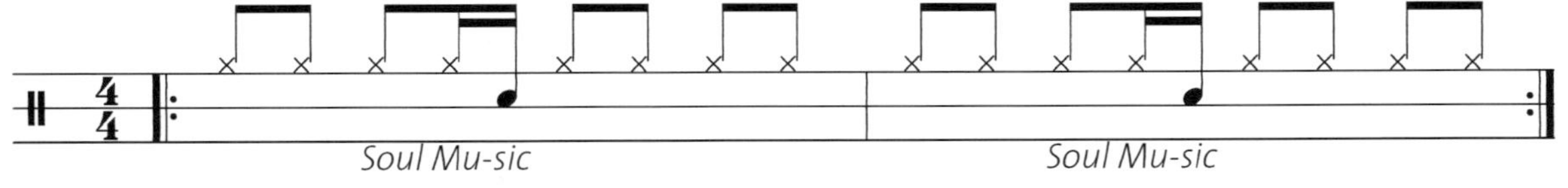

431 CD 1 89A

Ein weiterer Schlag auf der Snare Drum auf der Zählzeit „**2**“.

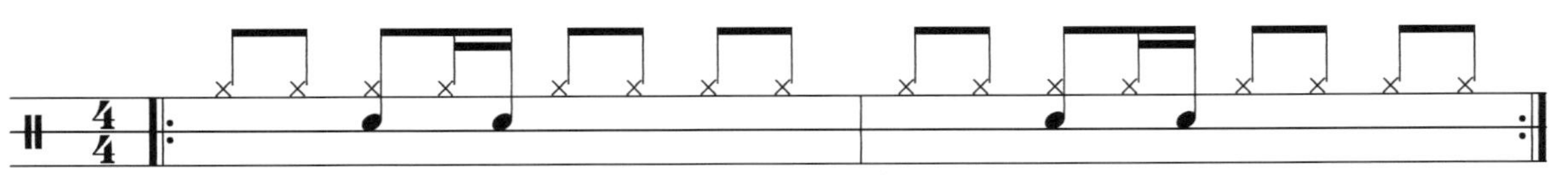

432 CD 1 89B

Und zusätzlich auch noch auf der Zählzeit „**4**“.

433 TT Sechzehntel CD 1 52

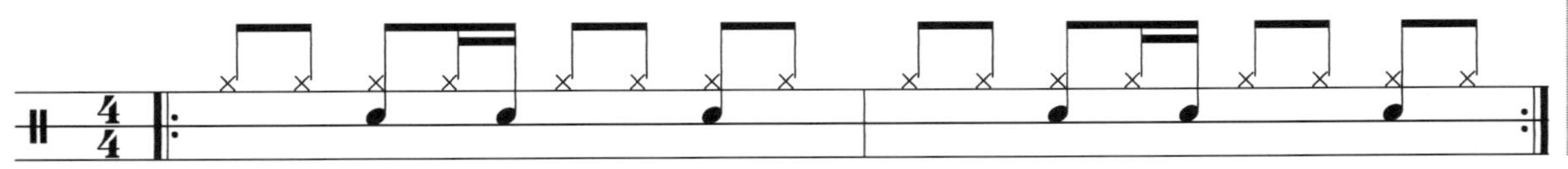

Jetzt noch die Bass Drum auf den Zählzeiten „**1**" und „**3**" und fertig ist der neue Sechzehntelgroove.

Verfahre nun auf die gleiche Weise mit der Bass Drum, die nun auf der Zählzeit „**1 a**" gespielt wird.

Einige Groove-Variationen mit der -Figur.

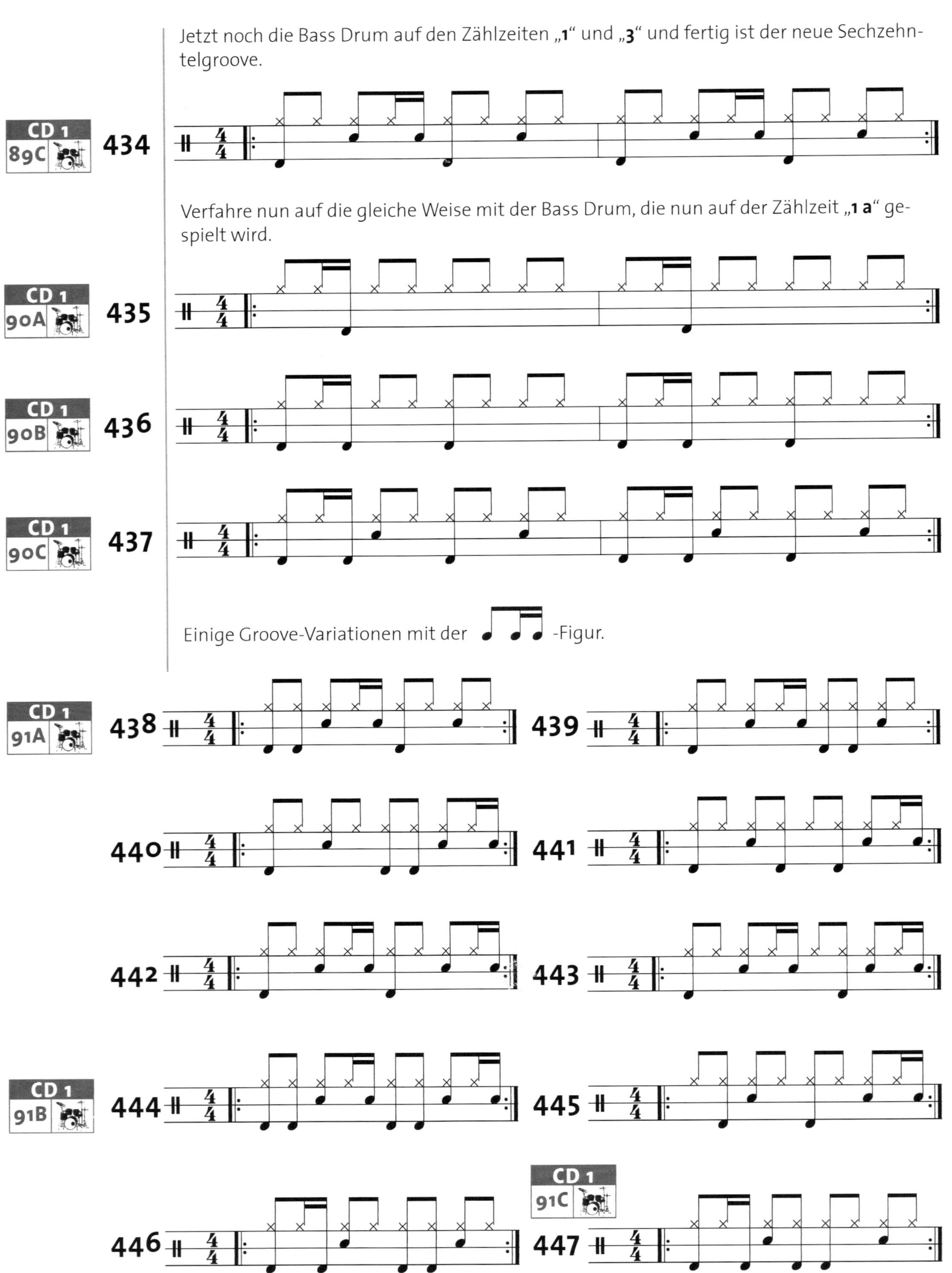

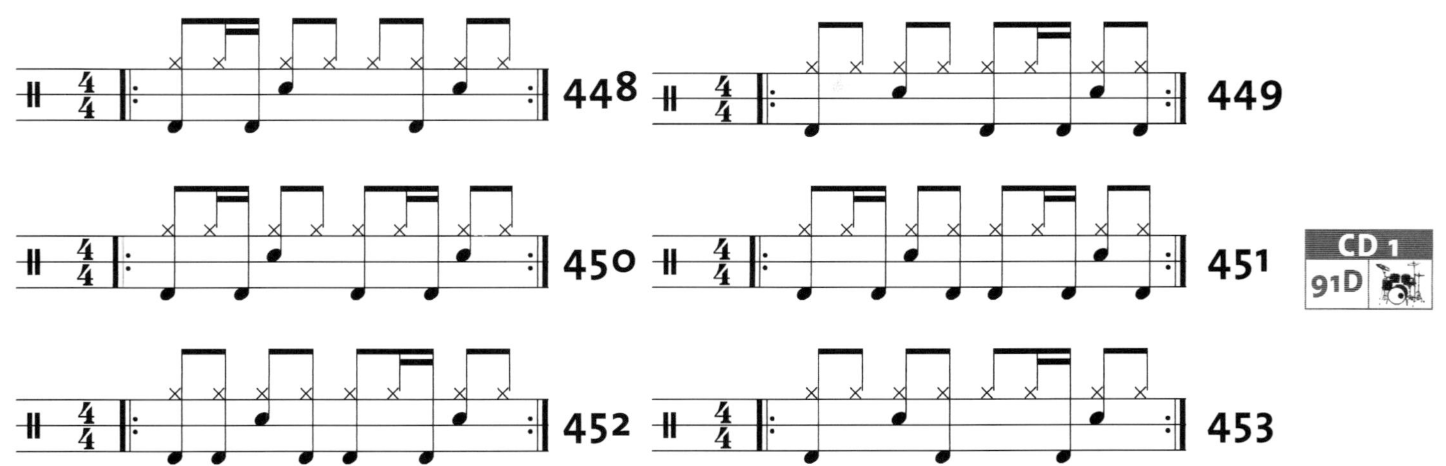

Spiele die **Übungen 438 bis 453** auch auf dem Ride Becken und mit einer getretenen HiHat auf den Zählzeiten „**2**" und „**4**".

Hier noch ein paar zweitaktige Übungen mit der -Figur.

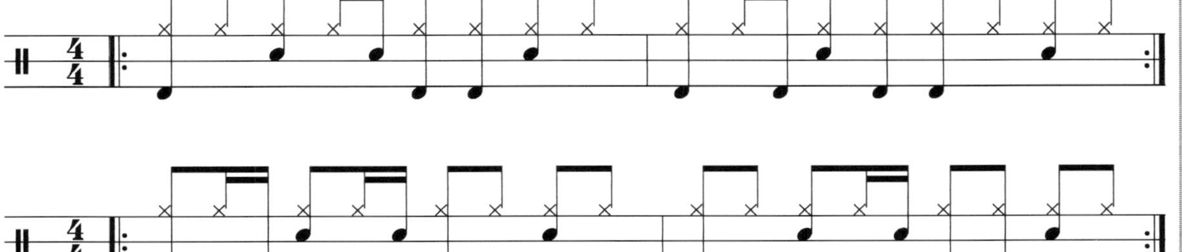

Mit Rim Click:

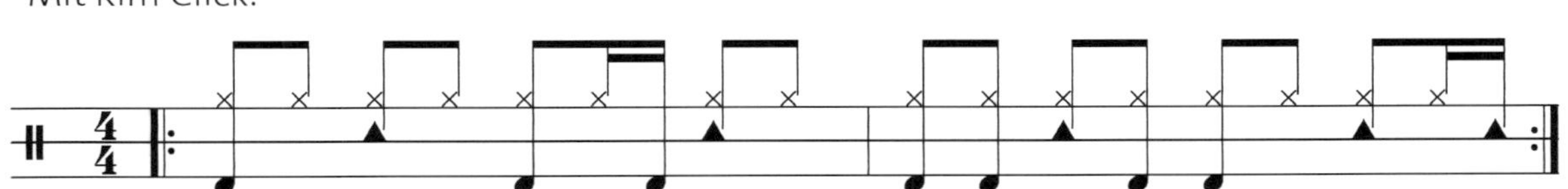

Versuche bereits an dieser Stelle, den **Play-along Reggae** (*vgl. S. 138ff*) zu spielen. Ein paar Details fehlen dir vielleicht noch, aber mit dem was du bisher gelernt hast, kannst du bereits eine leicht „abgespeckte" Version des Songs spielen.

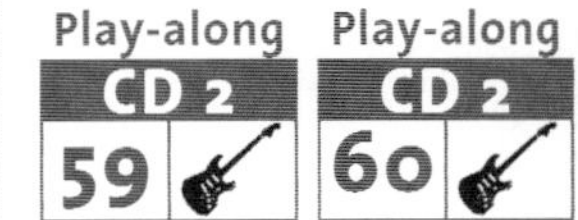

Mit Rim Shot:

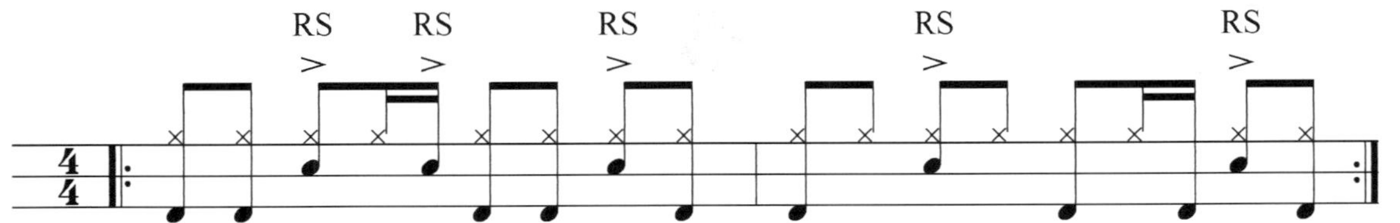

Und auf dem Ride Becken und der getretenen HiHat:

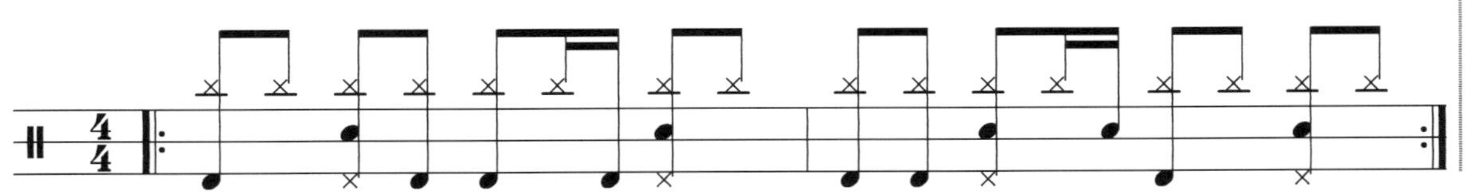

ROCK 'N' ROLL | Jetzt die Entwicklung von Grooves mit der ♪♪♪ -Figur (*sprich: Rock 'n' Roll*)

Hier entstehen Grooves mit der ♪♪♪-Figur. Die Zählzeit „**und**" wird bei diesen Übungen durch die **HiHat** „aufgefüllt"

FUNKYBEAT

Wieder einige zweitaktige Sechzehntelgrooves mit den verschiedenen Sechzehntelfiguren.

Versuche bereits an dieser Stelle, den **Play-along Hip Hop** (*vgl. S. 133ff*) zu spielen. Ein paar Details fehlen dir vielleicht noch, aber mit dem was du bisher gelernt hast, kannst du bereits eine leicht „abgespeckte" Version des Songs spielen.

Play-along **Play-along**
CD 2 **CD 2**
55 **56**

Mit dem Rim Click.

Und auf dem Ride Becken und der getretenen HiHat.

Neue Sechzehntelgrooves mit **einhändig** gespielter HiHat.

Mit **Rim Click**.

Mit **Ride Becken** und **getretener HiHat**.

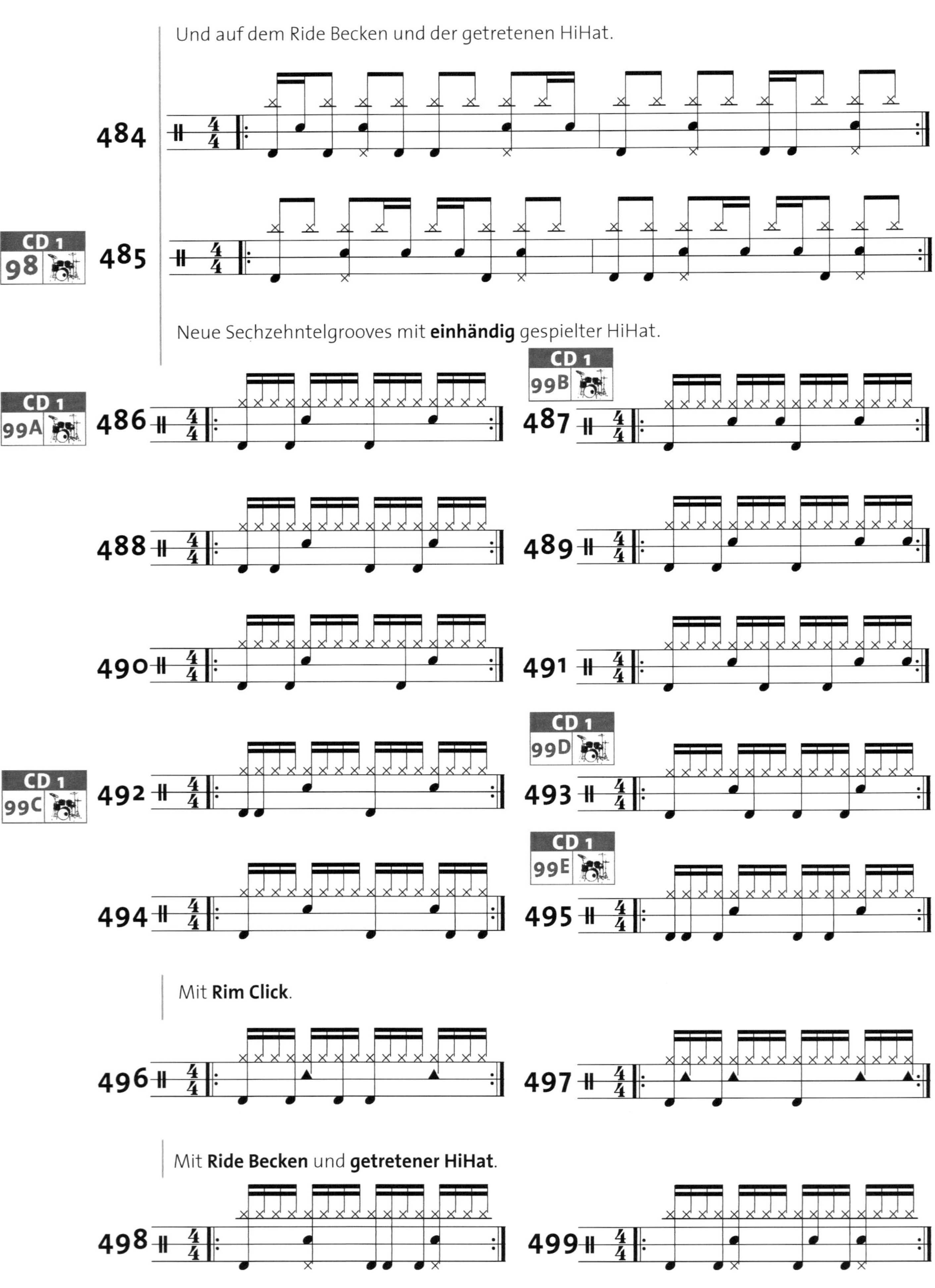

Wenn in den Grooves mit der beidhändig gespielten Sehzehntel HiHat die Bass Drum auf den Zählzeiten „**e**“ oder „**a**“ gespielt wird, ist das zu Beginn ein wenig ungewohnt. Das liegt daran, dass der rechte Fuß (Bass Drum) gleichzeitig mit der linken Hand (HiHat auf „**e**“ oder „**a**“) gespielt wird. Beschäftige dich zunächst also mit den folgenden drei Übungen, damit du dich an diesen neuen Bewegungsablauf gewöhnen kannst.

Spiele hier eine durchgehende **beidhändige** Sechzehntel HiHat. Im ersten Takt zusätzlich eine **Bass Drum** auf der Zählzeit „**a**“, im zweiten Takt auf „**e**“.

500 CD 2 01A

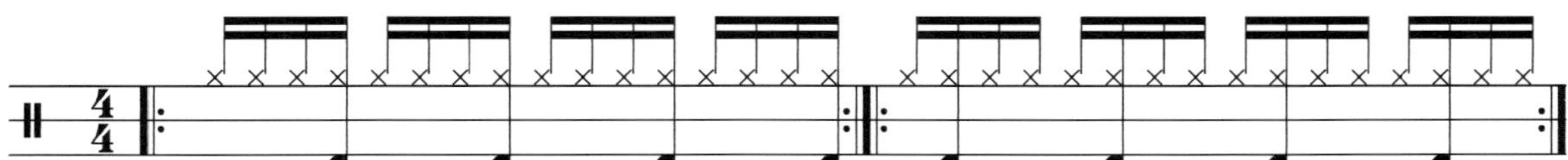

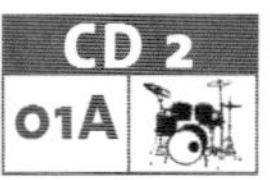

Eine Variation mit **Bass Drum**-Schlägen auch auf den Zählzeiten „1“ und „3“.

501 CD 2 01B

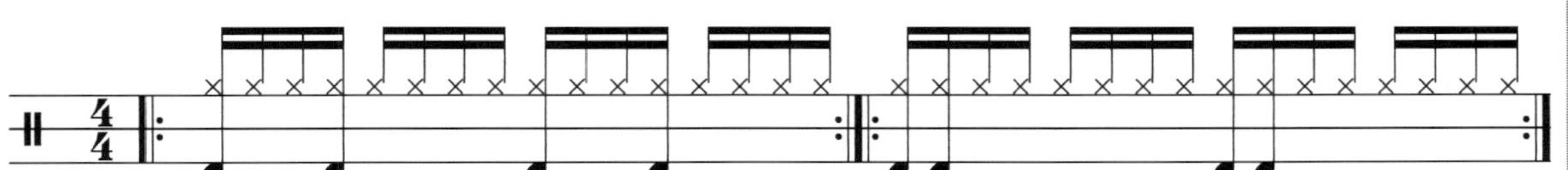

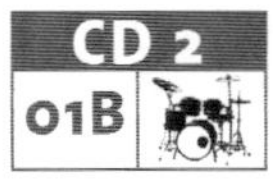

Und schließlich noch die **Snare Drum** auf „2“ und „4“.

Wenn du dich ein wenig mit diesen drei Übungen beschäftigt hast, werden dir die danach folgenden Grooves sicher leichter fallen.

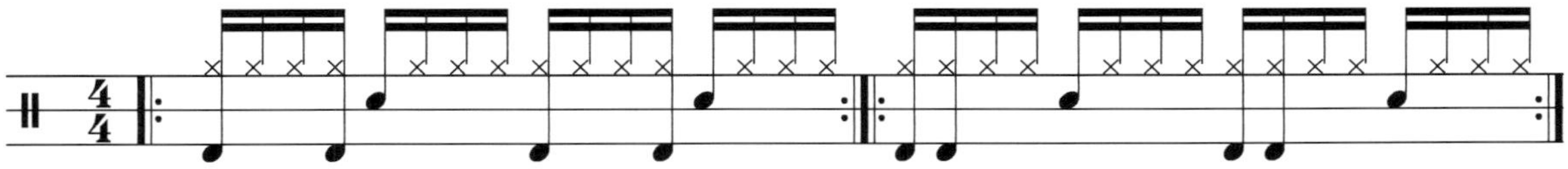

502 CD 2 02

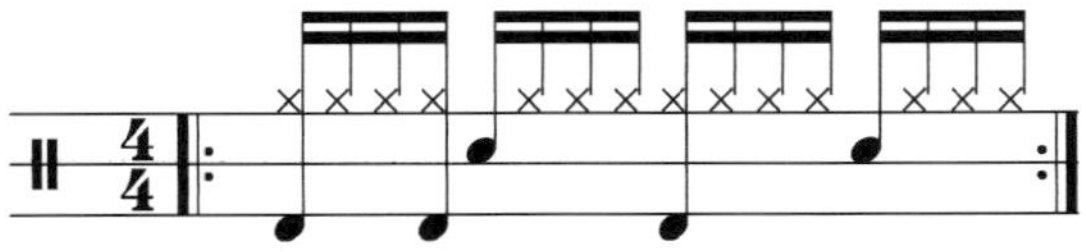

503

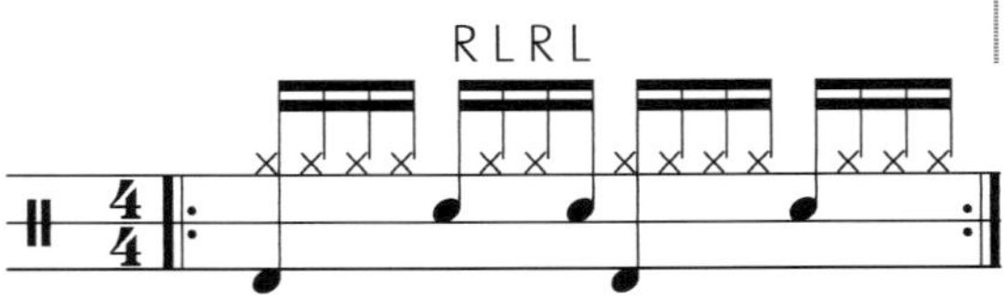

504

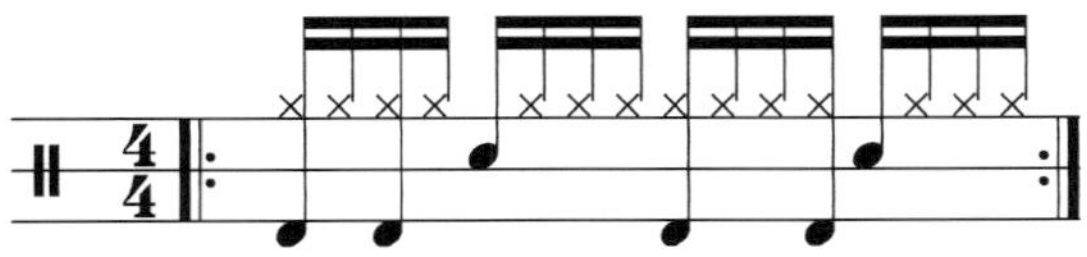

505

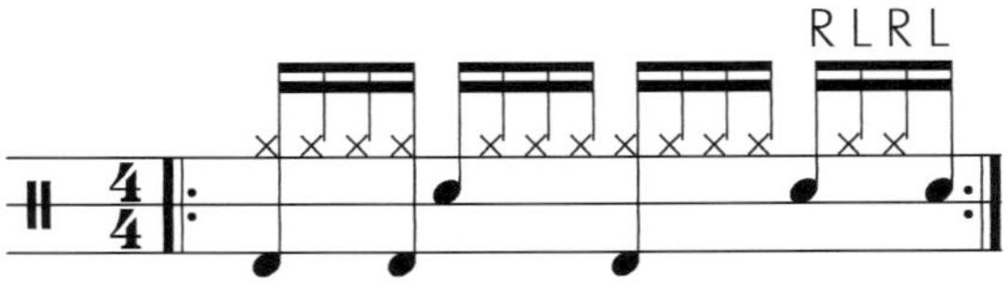

506

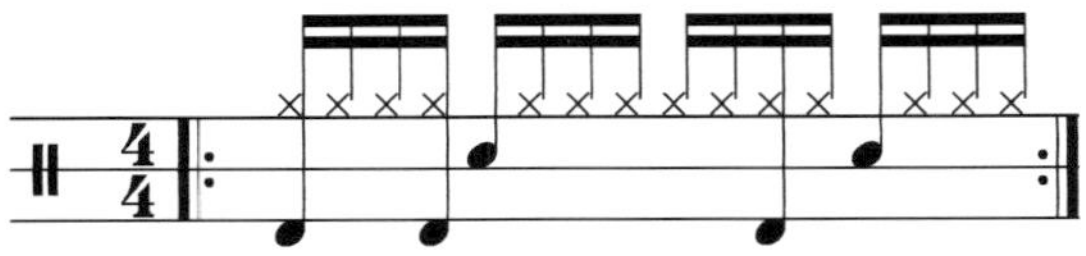

507

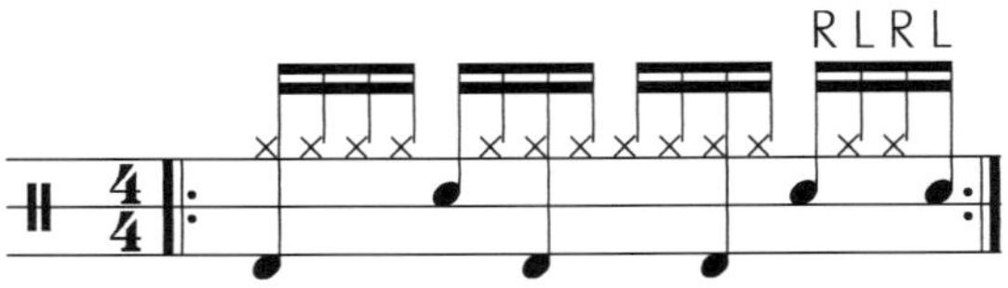

508

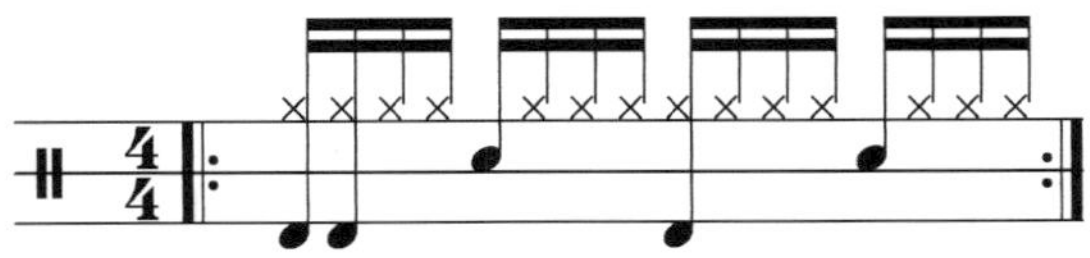

509

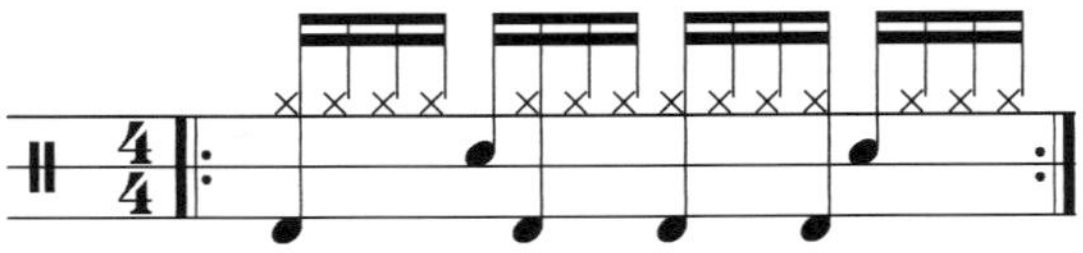

510

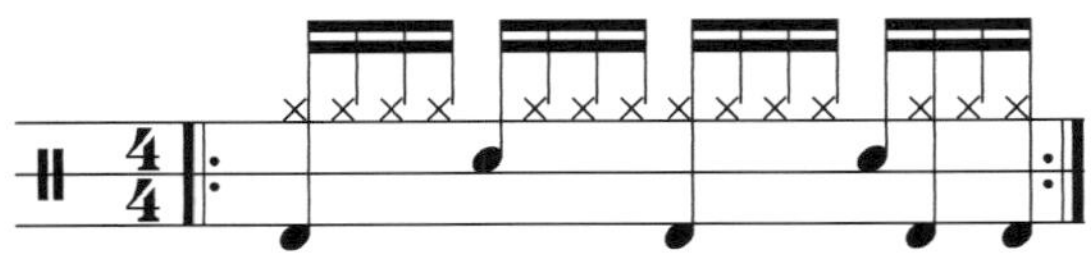

511

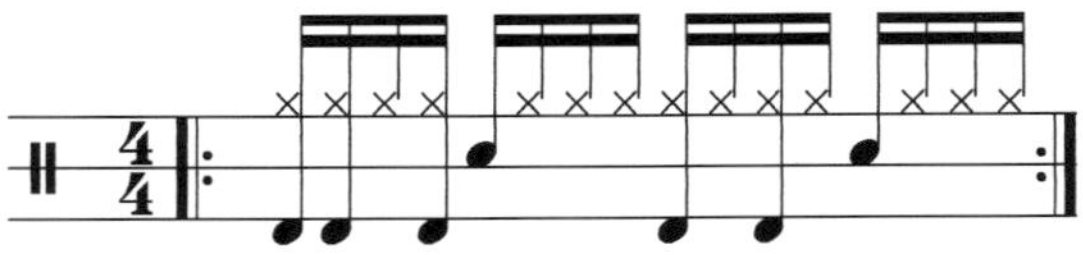

512 CD 2 03A

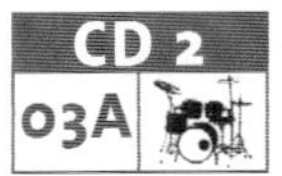

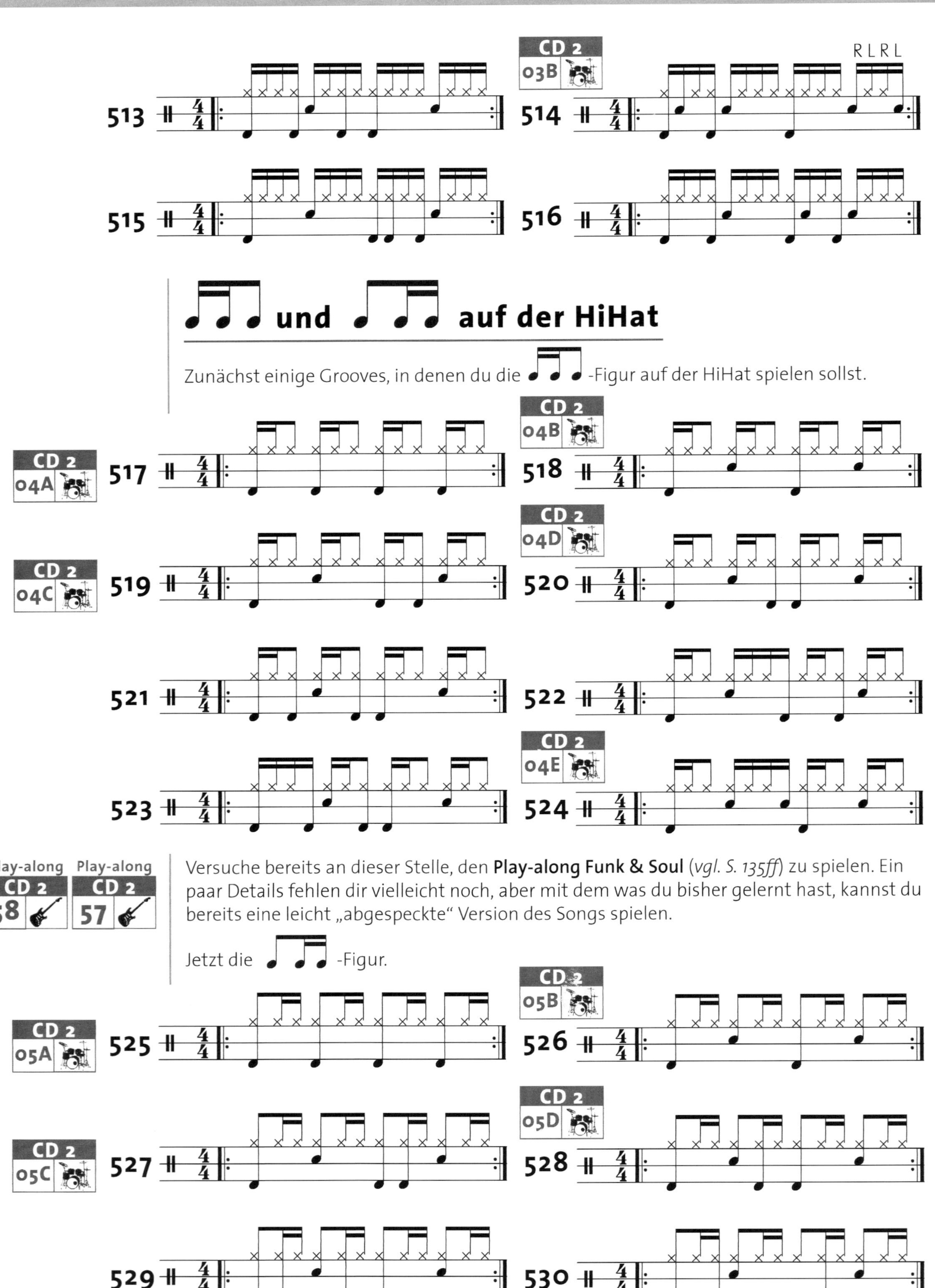

CD 2
03B
RLRL
513
514
515
516

♪♪♩ und ♩♪♪ auf der HiHat

Zunächst einige Grooves, in denen du die ♩♪♪-Figur auf der HiHat spielen sollst.

CD 2
04A
517
CD 2
04B
518
CD 2
04C
519
CD 2
04D
520
521
522
523
CD 2
04E
524

Play-along
CD 2
58
Play-along
CD 2
57

Versuche bereits an dieser Stelle, den Play-along Funk & Soul (vgl. S. 135ff) zu spielen. Ein paar Details fehlen dir vielleicht noch, aber mit dem was du bisher gelernt hast, kannst du bereits eine leicht „abgespeckte" Version des Songs spielen.

Jetzt die ♩♪♪-Figur.

CD 2
05A
525
CD 2
05B
526
CD 2
05C
527
CD 2
05D
528
529
530

Spielpause: Kreuzworträtsel

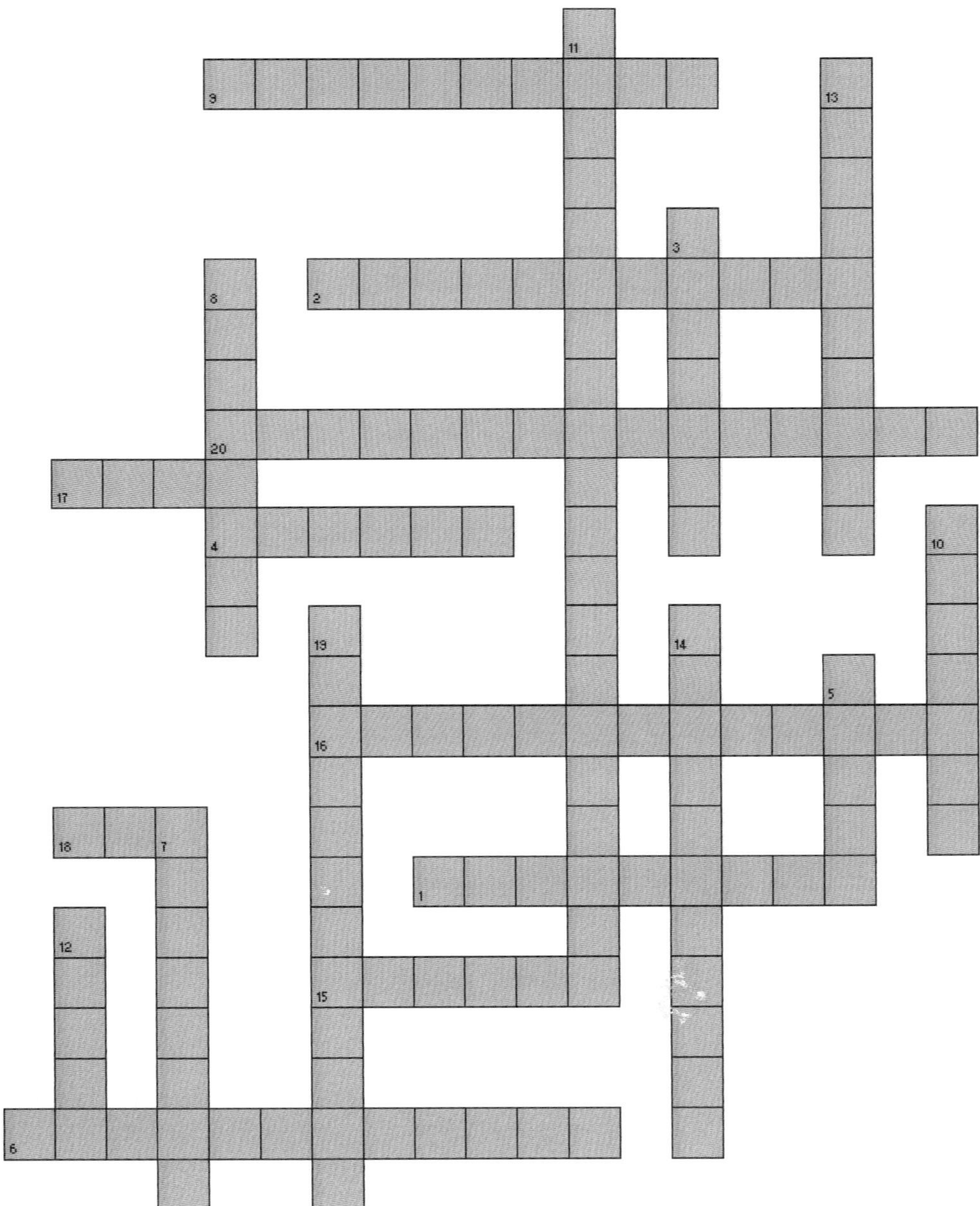

1 Gleichmäßig lauter werden

2 Gleichmäßig leiser werden

3 Anderes Wort für „Chorus"

4 Betonungszeichen

5 Leise

6 Fell an der Unterseite einer Trommel

7 Anderes Wort für „Taktell"

8 Dieses Maß legt die Taktart fest

9 Das Fell an der Oberseite einer Trommel

10 Spieltechnik auf Spannreifen und Fell

11 Notenschlüssel für Schlaginstrumente

12 Englisch für „Ahorn"

13 Halblaut, mittellaut

14 Notenwert zwischen Halber Note und Achtelnote

15 Englisch für „Becken"

16 Der Teppich am Resonanzfell der Snare Drum

17 Vorschlag

18 Abkürzung für „beats per minute"

19 Mit dieser Maschine spielt man die Bass Drum

20 Traditionelle Stockhaltung

Hinweise:

- Begriffe, die aus zwei Wörtern bestehen, werden zusammen geschrieben.
- „ß" wird zu „ss"
- Die Umlaute werden so geschrieben: „ä", „ö" oder „ü"

LÖSUNG AUF:
www.garantiert-drums.de

Groove-Fill Puzzle 3

Spiele hier wieder jeden der Grooves (3x) mit jedem der Fill ins (1x). Übe die Grooves und Fill ins zunächst einzeln, da ein paar schwierigere Takte dabei sind. Füge später auch das Crash Becken jeweils auf der Zählzeit „1" des ersten Groove-Taktes ein.

Weitere Rhythmusfiguren

Die Sechzehntelfiguren, die du bisher kennen gelernt hast bestanden immer aus mindestens drei Noten.

Das heißt, dass höchstens eine Sechzehntelzählzeit nicht gespielt, sondern nur gezählt wird.

Es gibt aber natürlich auch die Möglichkeit, noch weitere Sechzehntelzählzeiten beim Spielen auszulassen und sie nur zu zählen.

Die punktierte Note 

Die punktierte Note verlängert den jeweiligen Notenwert um die Hälfte seines Wertes.

 **Die punktierte Halbe Note:**
1 Halbe plus 1 Viertel

 **Die punktierte Viertelnote:**
1 Viertel plus 1 Achtel

Die punktierte Achtelnote:
1 Achtel plus 1 Sechzehntel

 **Die punktierte Sechzehntelnote:**
1 Sechzehntel plus 1 Zweiunddreißigstel

Figur 1:

Bei Figur 1 werden nur die Zählzeiten „**1**" und „**e**" gespielt. Die zweite Note ist eine punktierte Achtelnote (s.o.). Der Punkt verlängert sie um die Hälfte ihres Wertes. Das bedeutet, dass bei dieser Figur der nächste Schlag erst wieder auf der folgenden Viertelzählzeit („1", „2", „3" bzw. „4") folgen muss. Bei einer „normalen" Achtelnote auf der Zählzeit „e", käme der nächste Schlag bereits auf „a".

Spiele nun im ersten Takt die Figur 1. Im zweiten Takt dann auch zusammen mit der „kompletten" Sechzehntelfigur. Beide mit dem Viertelpuls auf der Bass Drum.

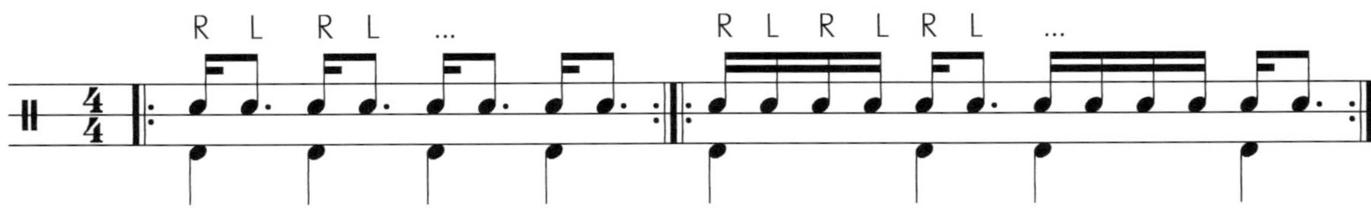

542

Figur 2:

Hier werden die Zählzeiten „**1**" und „**a**" gespielt. Beachte die punktierte Achtelnote. Diesmal steht sie vorn.

543

Figur 3 beginnt mit einer Sechzehntelpause auf der Zählzeit „**1**". Dann jeweils ein Schlag auf den Zählzeiten „**e**" und „**und**".

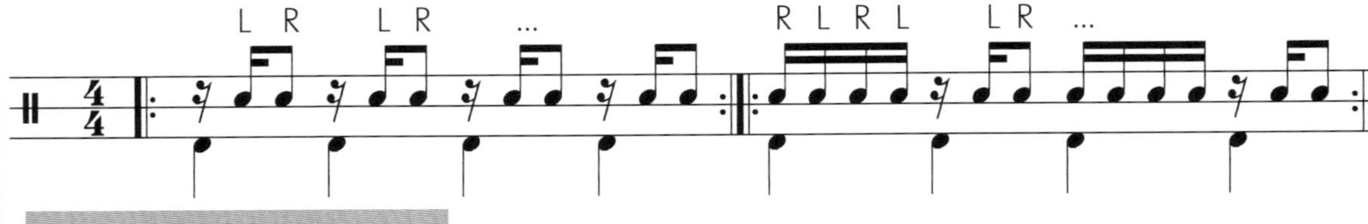

Wieder eine Sechzehntelpause zu Beginn. Dann je ein Schlag auf „**e**" und „**a**".

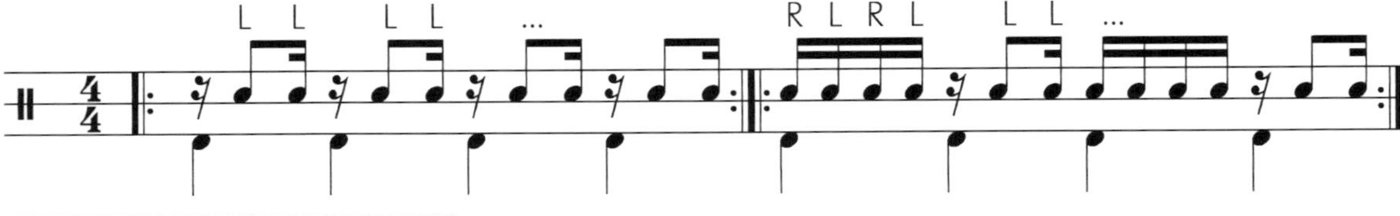

Zu Beginn eine Achtelpause. Die beiden folgenden Schlägen liegen auf den Zählzeiten „**und**" und „**a**".

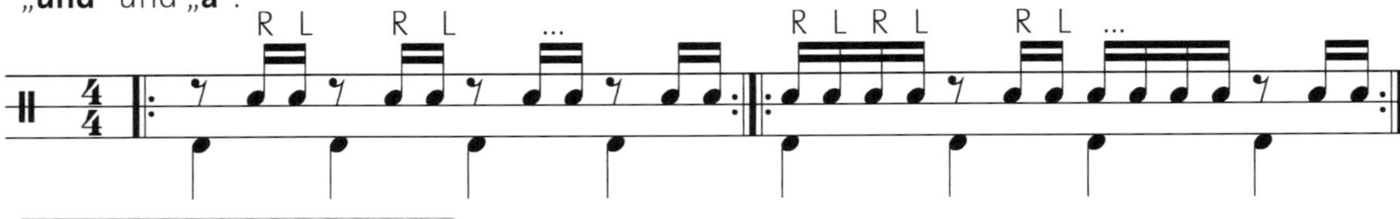

Figur 6 besteht nur noch aus einem Schlag, der auf der Zählzeit „**e**" gespielt wird.

Figur 7 besteht ebenfalls aus nur einem Schlag, der diesmal auf der Zählzeit „**a**" gespielt wird.

In der nächsten Übung werden nun alle neuen Figuren gespielt. Zusätzlich ein Viertelpuls auf der Bass Drum. Lass dich durch die große Anzahl von Noten und Pausen nicht verunsichern. Beginne diese Übung schön langsam und zähle gleichmäßig mit. Außerdem wird der Bass Drum Viertelpuls dir helfen, dich zu orientieren. Spiele diese Übung auch zum Klick deines Metronoms! Wenn du sie dann beherrschst, darfst du dich mit Fug und Recht einen guten „Notenleser" nennen. Nur Mut!

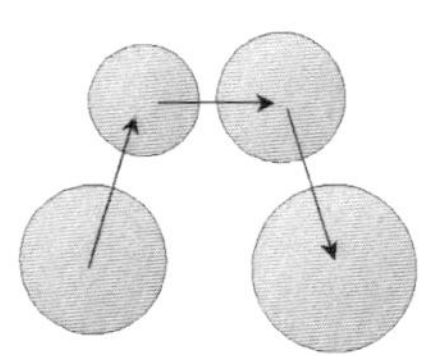

Spiele den Viertelpuls auch mit der getretenen HiHat und verteile die Übung später auch auf der Snare Drum und den Toms mittels der „**Standardverteilung**".

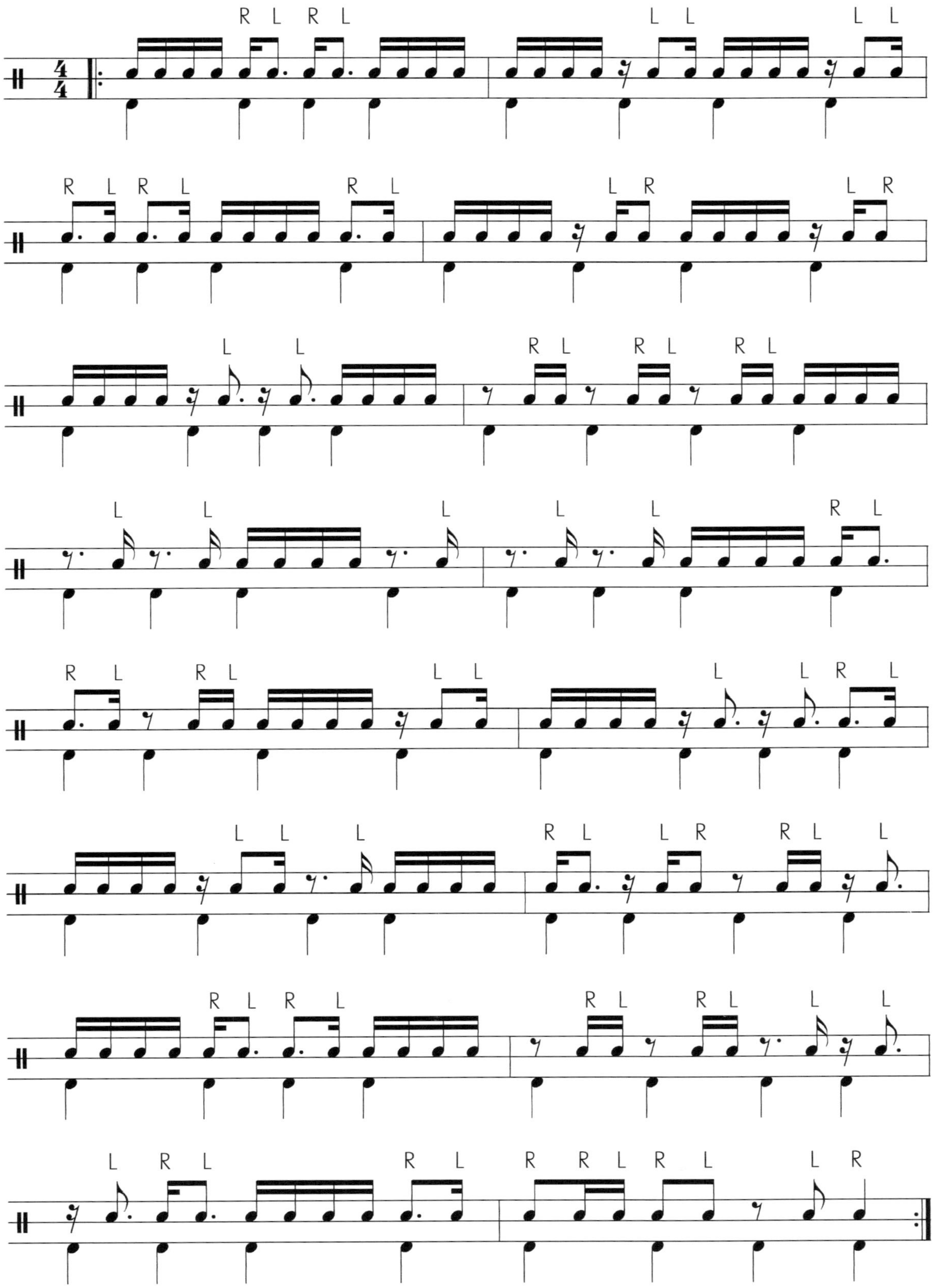

549

Schlagzeugsolo #6

Ghostnotes

Ghostnotes sind sehr leise gespielte Schläge, die häufig und in den verschiedensten Grooves zum Einsatz kommen. Den Namen „Ghostnotes" (dt.: „Geisternoten") tragen sie deshalb, weil sie in den Grooves so leise gespielt werden, dass sie eigentlich mehr an ein leises Hintergrundrascheln, als an richtige Schläge erinnern.

Die Ghostnotes haben den Effekt, dass Grooves durch sie einen sehr schönen fließenden, rollenden Charakter bekommen. Das macht die Grooves dynamischer und interessanter.

Im nebenstehenden Beispieltakt stehen die Ghostnotes auf den Zählzeiten „**2 a**" und „**4 a**". Sie unterscheiden sich durch **zwei Merkmale** von den anderen Noten.

1. Sie haben einen kleineren Notenkopf.
2. Sie stehen in Klammern.

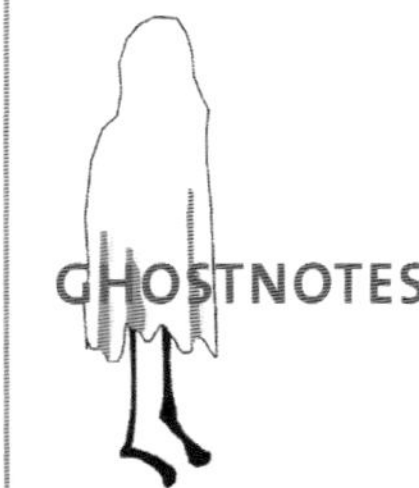

In der ersten Übung spielst du nun Ghostnotes. Denke dabei immer daran, dass sie wie ein „gespenstisches Rascheln" klingen sollen. Deine Schlagbewegung sollte also beim Spielen von Ghostnotes wirklich nur sehr klein sein. Ähnlich wie bei Schlägen, die „piano", also sehr leise gespielt werden. Versuche die Ghostnotes zunächst höchstens halb so laut zu spielen, wie die „normalen" Schläge. Später kannst du ihre Lautstärke noch weiter reduzieren.

Tipp: Um einen schönen Ghostnote-Sound zu erreichen, ist es außerdem wichtig, dass der Spiralteppich deiner Snare Drum nicht zu fest angezogen ist. Lockere ihn gegebenenfalls ein wenig. Im Gegensatz dazu, sollte das Resonanzfell deiner Snare Drum nicht zu tief gestimmt sein. Ein hoch gestimmtes Resonanzfell überträgt die Schwingungen des Snare-Kessels besser auf den Spiralteppich.
Merke: Ein hoch gestimmtes Resonanzfell und ein lockerer Spiralteppich erleichtern dir das Spielen der Ghostnotes.

Spiele hier die Ghostnotes auf der Zählzeit „**2 a**".

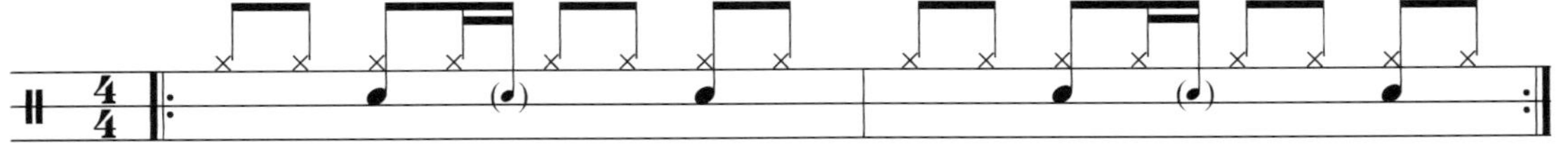

551

Zusätzlich die **Bass Drum** auf den Zählzeiten „**1**" und „**3**".

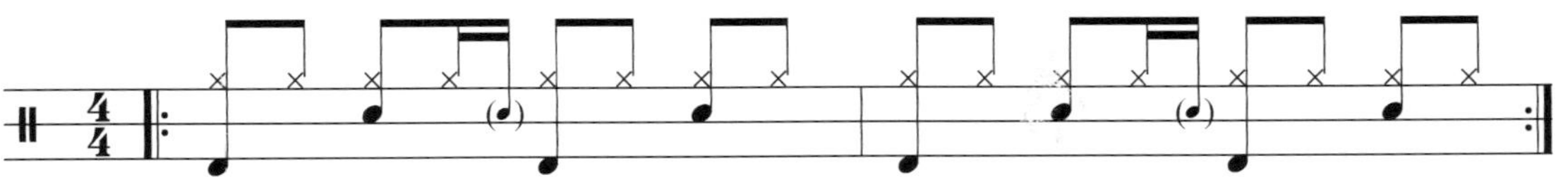

552

Ghostnote-Variationen:

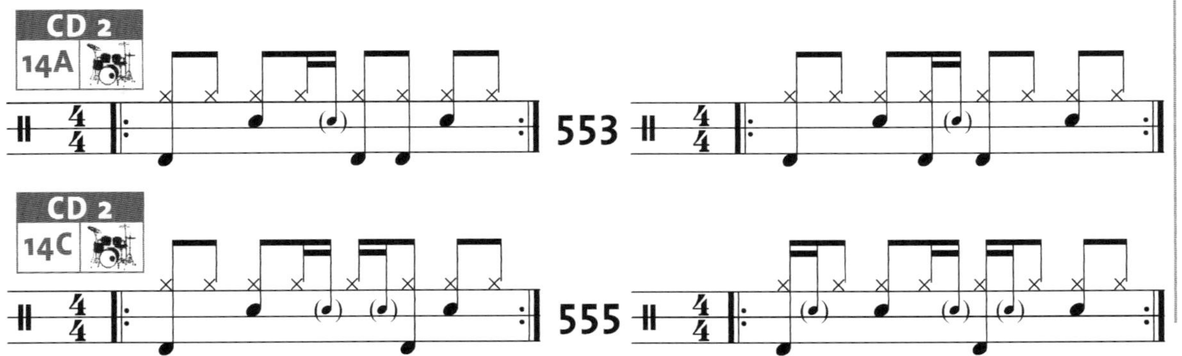

553

554

555

556

Zwei Grooves mit dem Ride Becken.

Zweitaktige Grooves mit Ghostnotes.

Paradiddle und Double Stroke Roll in Anwendung

Im Abschnitt „*Warm ups*" hast du den **Double Stroke Roll (RRLL)** und den **Paradiddle (RLRRLRLL)** kennen gelernt. Diese sogenannten Rudiments lassen sich auch in Grooves und Fill-Ins verwenden.

Zunächst erarbeitest du aus dem Paradiddle Grooves und anschließend Fill-Ins.

PARADIDDLE

Spiele die erste Übung zunächst nur auf der **Snare Drum**, um dich an die Schlagfolge zu gewöhnen.

565

Spiele nun zusätzlich einen Viertelpuls auf der **Bass Drum**.

566

Füge nun den Viertelpuls auf der HiHat dazu.

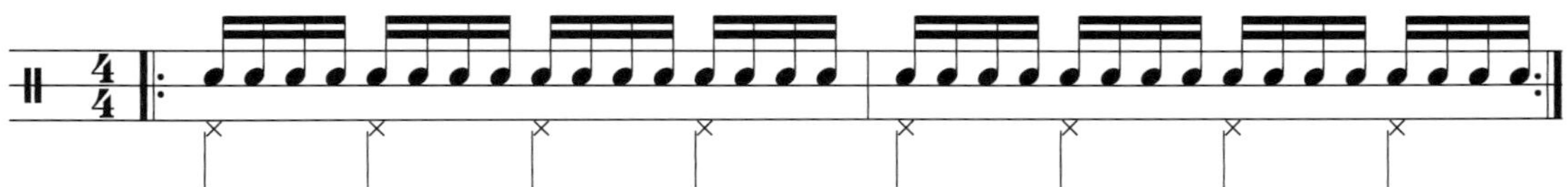

567

Spiele nun alle Schläge, die du mit der rechten Hand machst, auf der HiHat. Die linke Hand spielt weiterhin auf der Snare Drum. Für Linkshänder gilt dies entsprechend andersherum.

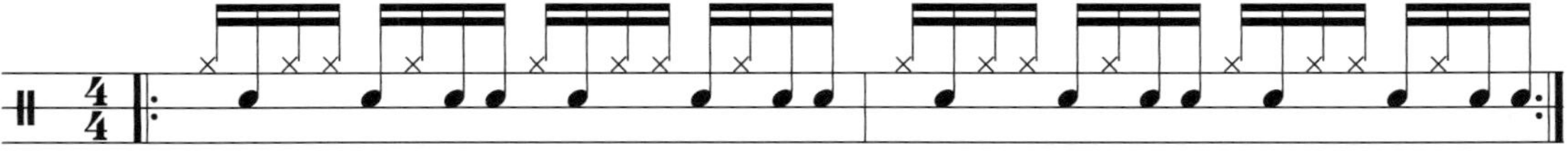

568

Jetzt fügst du die Bass Drum auf den Zählzeiten „1" und „3" hinzu und spielst einige Schläge als Ghostnotes. Dein erster **„Paradiddle-Groove"** ist fertig.

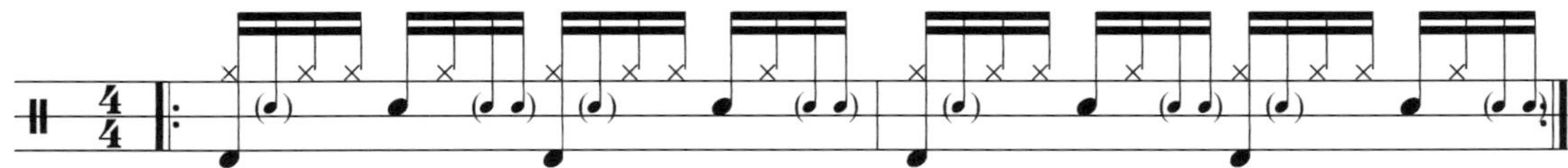

569

Spiele den gleichen Groove nun auch auf dem **Ride Becken**.

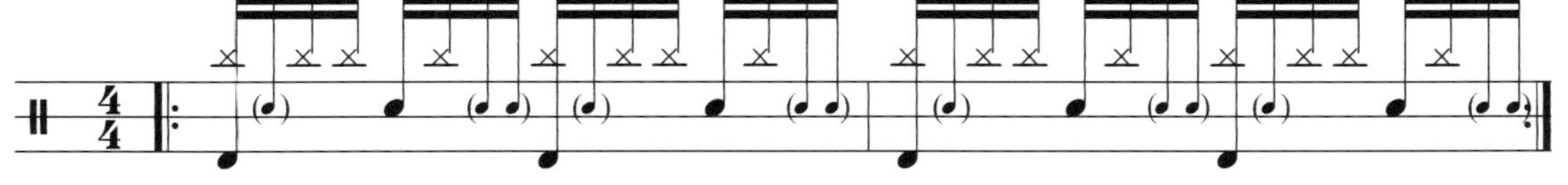

570

In der **Variation der Übung 570** spielst du nun die Zählzeiten „**2 und**", „**2 a**", „**4 und**" und „**4 a**" auf der HiHat. Diese Schläge werden mit der linken Hand ausgeführt. Du kannst die rechte Hand also dabei in der Nähe des Ride Becken belassen. Für Linkshänder wieder andersherum.

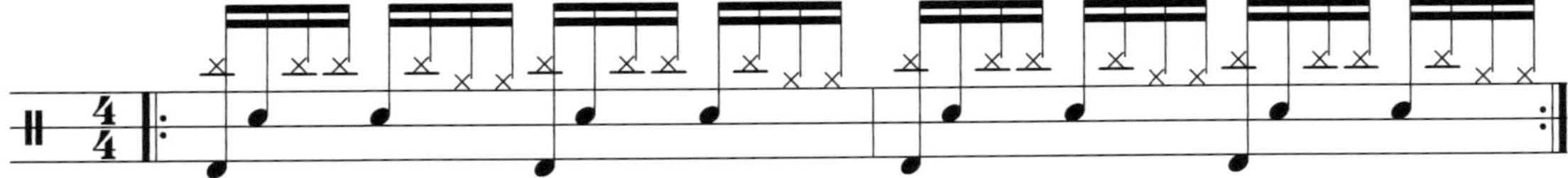

In der nächsten Groove-Variation werden diese Schläge nun auf dem ersten, bzw. zweiten **Tom** gespielt.

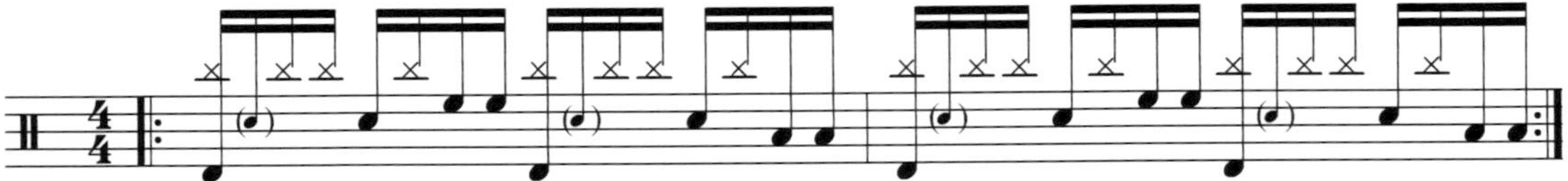

In den folgenden Übungen sollst du den **Paradiddle in Fill-Ins** spielen.

Tipp: Diese Fill-Ins kann man natürlich auch in der üblichen R-L Schlagfolge spielen. Allerdings ist der Bewegungsablauf flüssiger, wenn man den Paradiddle verwendet. Probiere am besten beide Schlagfolgen aus (R-L und dann den Paradiddle). Du wirst feststellen, dass der Paradiddle besser geeignet ist.

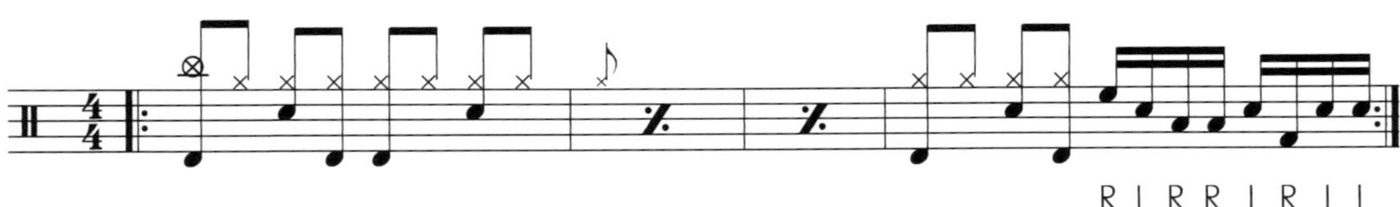

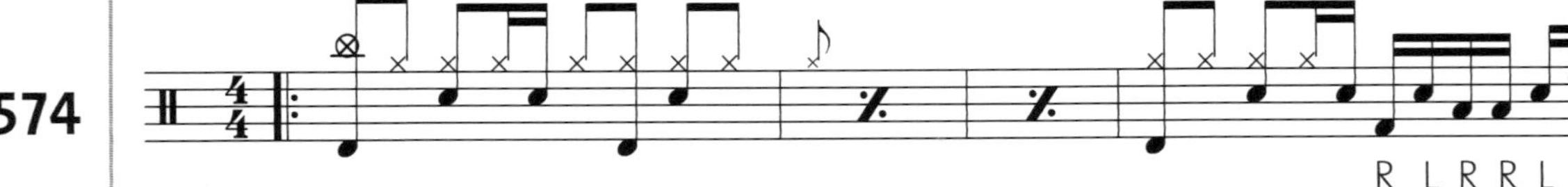

In den nächsten Übungen sollst du nun den **Double Stroke Roll (RRLL)** in den Fill-Ins verwenden.

DOUBLE STROKE ROLL

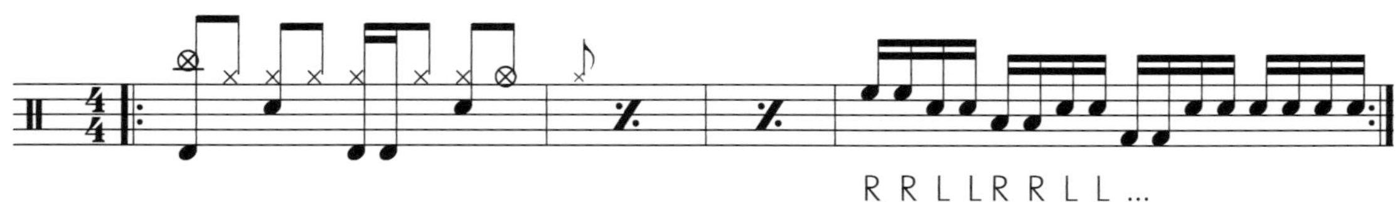

576

Mache auch in der nächsten Übung wieder den Vergleichstest. Spiele den Fill-In einmal in der üblichen R-L-Schlagfolge und dann mit dem Double Stroke Roll. Auch hier wirst du merken, dass der Bewegungsaufwand durch den Double Stroke Roll wesentlich geringer gehalten wird.

577

Das Gleiche gilt auch für **Übung 578**.

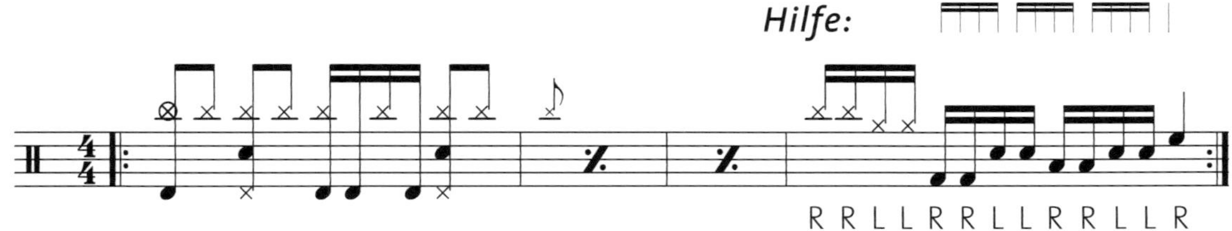

578 

In **Übung 579** ist der Unterschied hinsichtlich des Bewegungsaufwandes zwischen RL und RRLL-Schlagfolge noch extremer. Du siehst also: es lohnt sich, den Paradiddle und den Double Stroke Roll zu üben. Nicht zuletzt, weil man im Spielbetrieb durch sie eine Menge Kraft sparen kann, da die Bewegungen durch das Verwenden dieser Rudiments oftmals viel sparsamer ausfallen.

Hilfe:

579

Triolen

**BINÄR
TERNÄR**

Grundsätzlich unterscheidet man zwischen binären (auf 2er-Einheiten aufgebauten) und ternären (auf 3er-Einheiten aufgebauten) Rhythmen.

Binärer, auf 2er Einheiten aufgebauter Rhythmus

Ternärer, auf 3er Einheiten aufgebauter Rhythmus

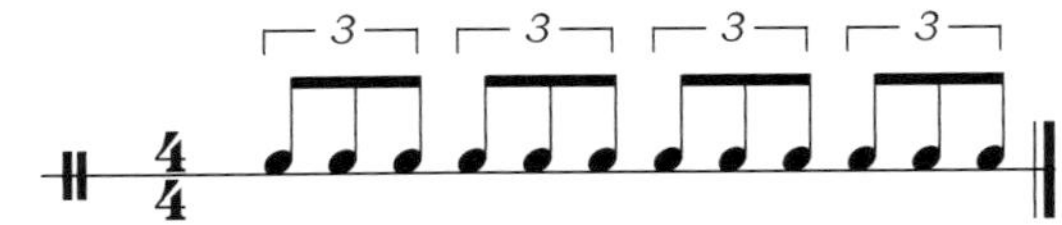

Die Rhythmen, die du bisher kennen gelernt hast, waren allesamt binäre (2er) Rhythmen. Nun sollst du dich mit ternären (3er) Rhythmen befassen.

In diesen ternären Rhythmen kommen häufig die Triolen zum Einsatz. Im nebenstehenden Beispiel handelt es sich um **Achteltriolen**, die man daran erkennt, dass über jeder 3er-Gruppe eine Klammer und eine kleine „3" steht. Triolen kannst du auf zwei Weisen zählen:

ACHTELTRIOLEN

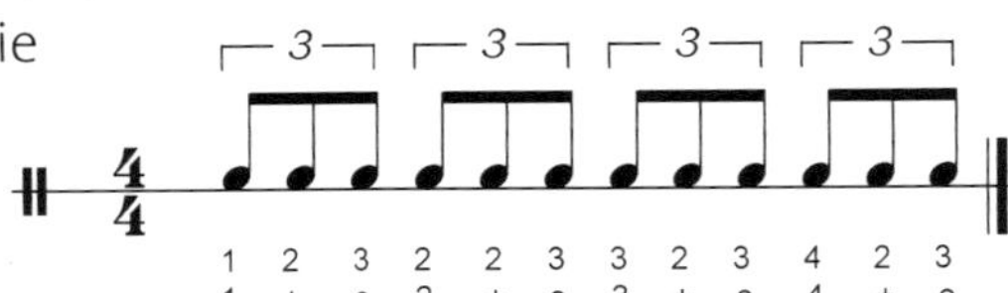

STICKINGS

Verwende für die folgenden Übungen diese drei verschiedenen „Stickings" (*dt.: „Schlagfolgen"*):

Du solltest jede einzelne Übung mit jeder Schlagfolge spielen, um am Ende alle Stickings sicher zu beherrschen. Beginne zunächst mit der RLR- Schlagfolge.

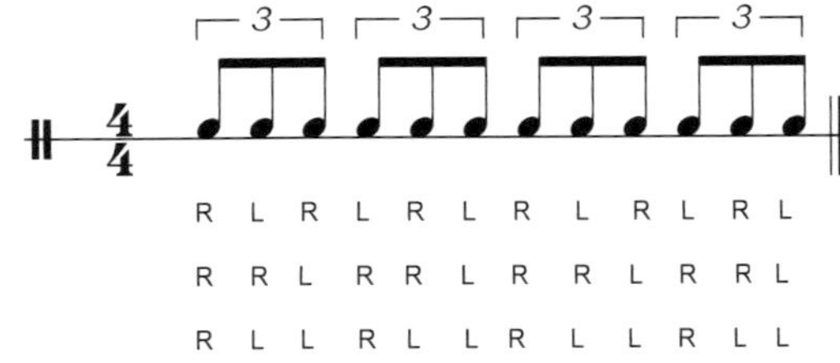

*Tipp: Wenn du lieber mitsprichst, anstatt zu zählen, verwende für die Triolen die Wörter „**Punk Metal**" (MP3-Download 11). Sprich sie zunächst zu der durchgehenden Viertelnoten-Bass Drum-Figur, ohne zu spielen:*

PUNK METAL

Download

MP3

11 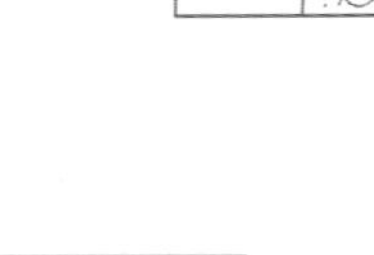

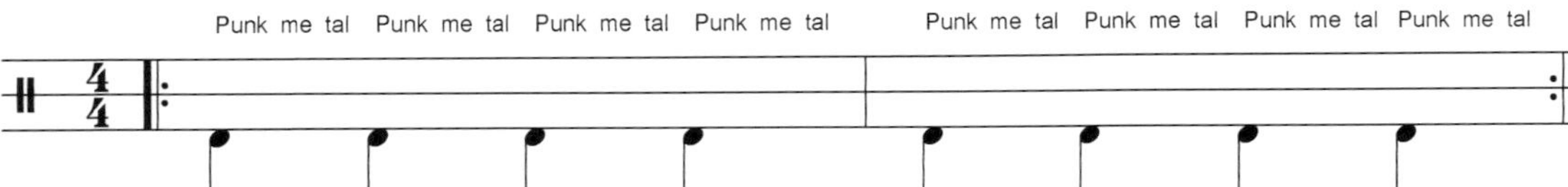

Spiele die Triolen nun auf der Snare Drum.

CD 2

22   **580**

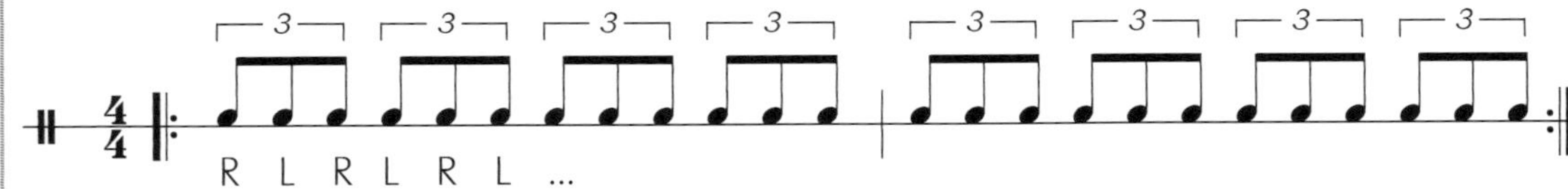

Es besteht auch die Möglichkeit, diese Übung als 12/8 Takt zu notieren. In diesem Fall handelt es sich allerdings nicht mehr um Triolen, sondern um „normale" Achtelnoten. Die Notation sieht hier zwar anders aus; wenn du sie spielst, klingt sie allerdings genauso, wie die Triolen-Version. Probier einfach aus.

581

12/8-TAKT

Tipp: *Um das richtige „Triolen-Feeling" zu bekommen, kannst du die Zähl-*
zeiten „1", „2", „3" und „4" ganz leicht betonen. Zum einen ist es dadurch für
dich besser spürbar, wo du dich gerade im jeweiligen Takt befindest, zum
anderen bekommen die Triolen dadurch einen schönen „rollenden" Charakter.

Nun auch Übungen mit Triolen und Viertelnoten. Beachte die Zählweise! Nach dem Spielen der Viertelnote musst du die Triole noch zu Ende zählen.

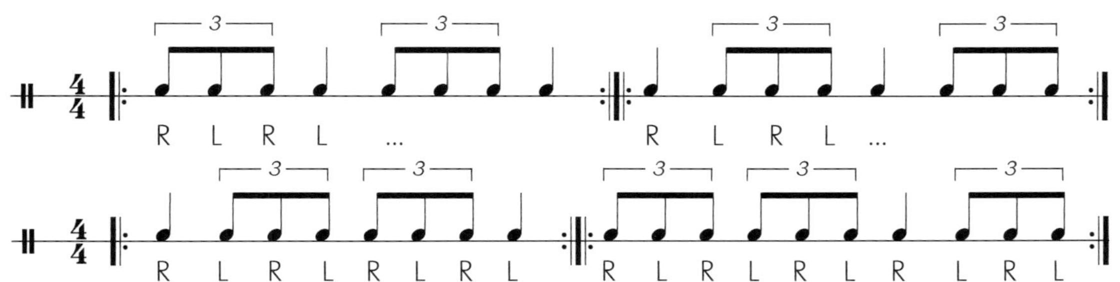

582

583

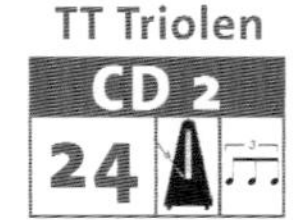

In dieser Übung wird nun jeweils die mittlere Triole der 3er Gruppe nicht gespielt. Stattdessen ist dort nun eine Achtelpause notiert. Spiele zunächst schön langsam und zähle
gleichmäßig mit.

Tipp: *Verwende für diese Triolen-Figur das Wort „**Shuffle**" (MP3-Download 12).*
Zunächst wieder nur zum Mitsprechen, zusammen mit dem Viertelpuls auf
der Bass Drum.

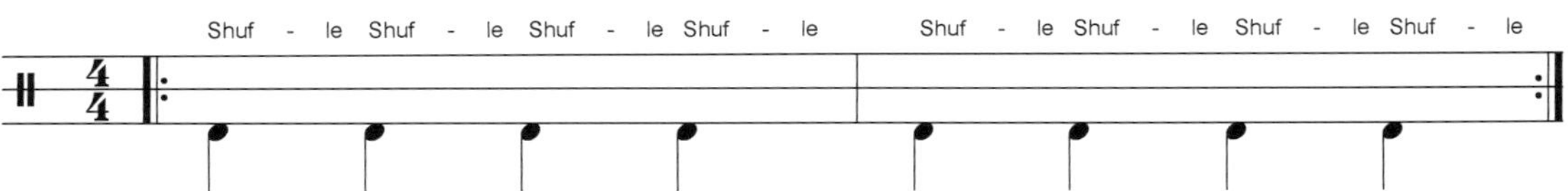

SHUFFLE

Download

12

Nun auf der Snare Drum.

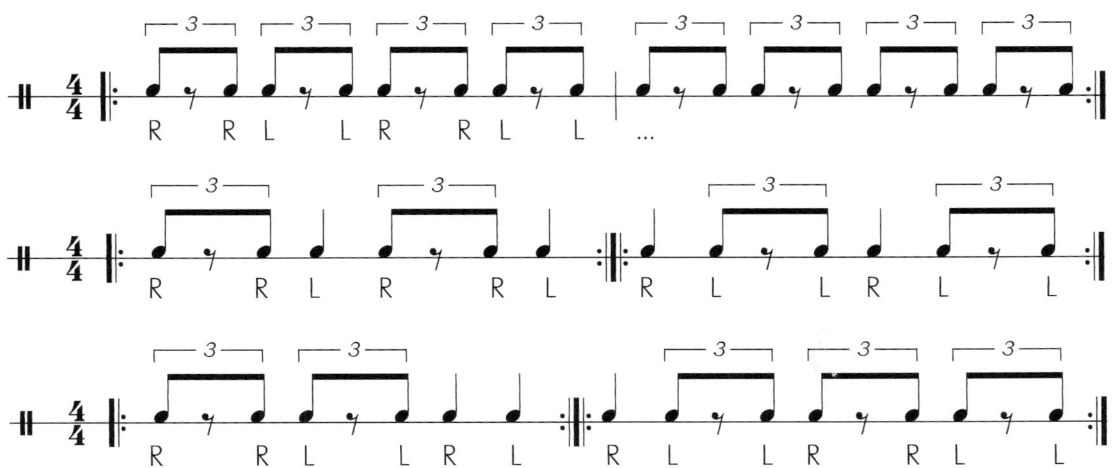

584

585

586

Eine viertaktige Übung. Spiele diese und alle vorangegangenen auch mit der „**Standard-**
verteilung".

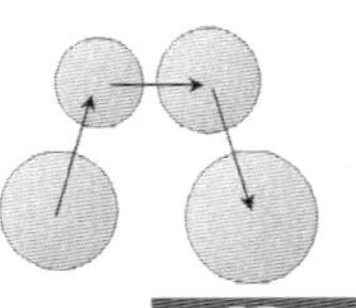

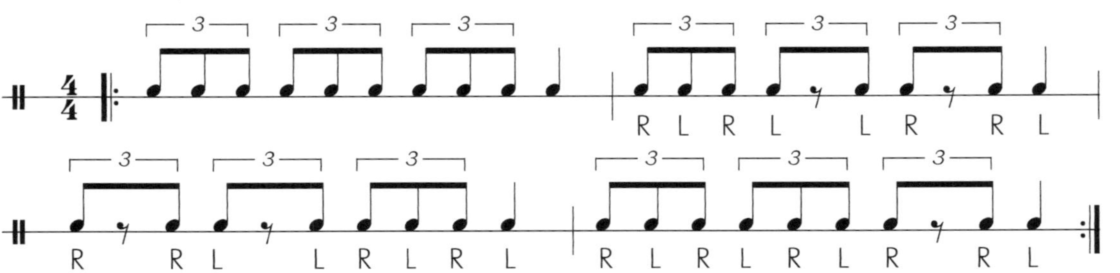

587

Übertrage die Triolen nun auf die HiHat. Rechtshänder spielen alle Schläge mit Rechts, Linkshänder mit Links.

Mit Bass Drum und Snare Drum.

Verschiedene **Variationen**:

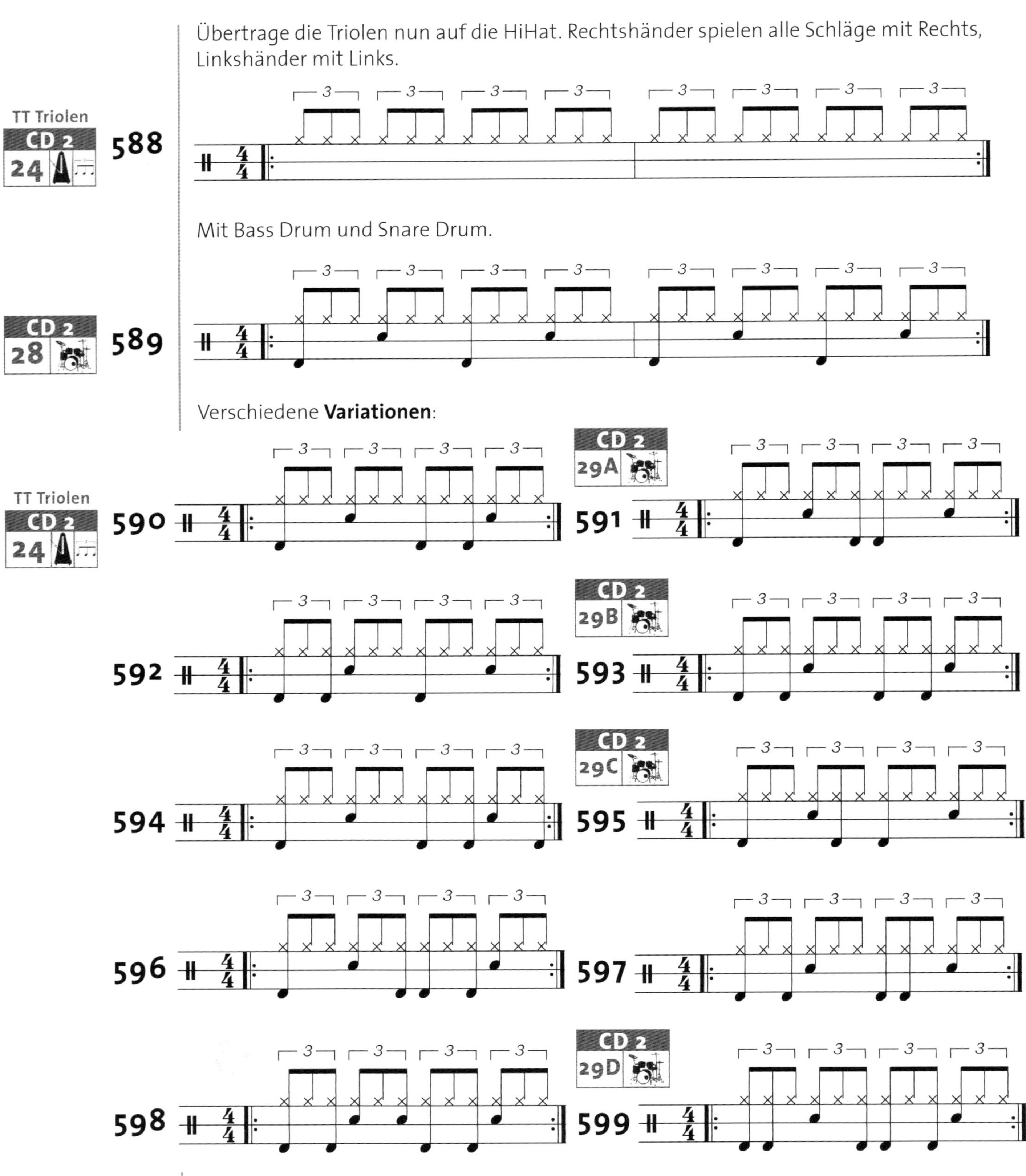

Versuche bereits an dieser Stelle, den **Play-along Blues** (*vgl. S. 141ff*) zu spielen. Ein paar Details fehlen dir vielleicht noch, aber mit dem was du bisher gelernt hast, kannst du bereits eine leicht „abgespeckte" Version des Songs spielen.

Spiele nun auf der HiHat auch die Figur, bei der statt der mittleren Triole eine Pause notiert ist. Den Groove, der dabei entsteht, nennt man auch „**Shuffle**". Er kommt z.B. häufig im Blues vor, wird aber auch immer wieder in vielen anderen Musikstilen verwandt. Versuche, die Shuffle HiHat schön locker zu spielen, damit ein fließender und leicht schwingender Groove entsteht.

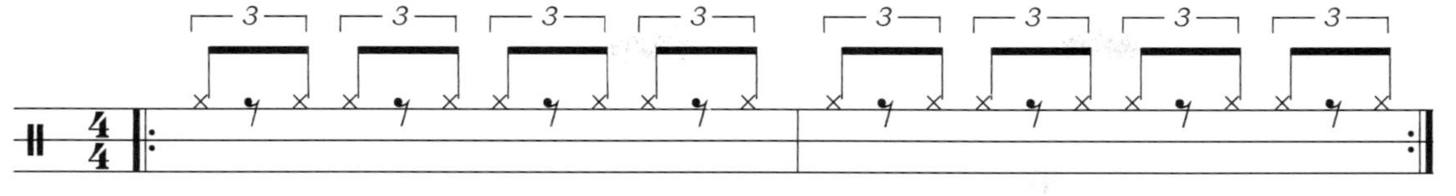

600 · CD 2 · 30A

Mit der **Bass Drum** auf den Zählzeiten „1" und „3".

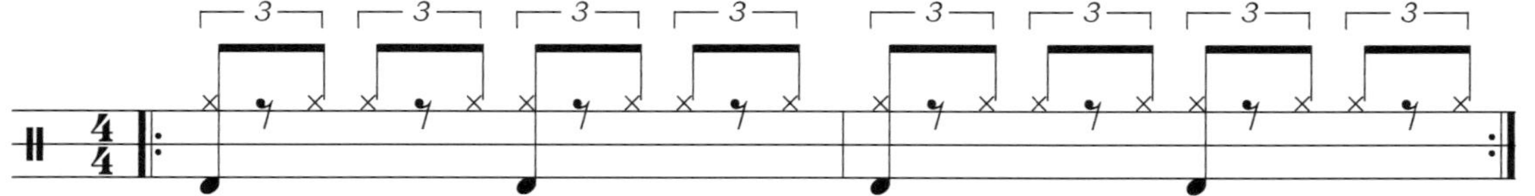

601 · CD 2 · 30B

Und schließlich noch mit der **Snare** auf den Zählzeiten „2" und „4". Fertig ist der Shuffle-Groove!

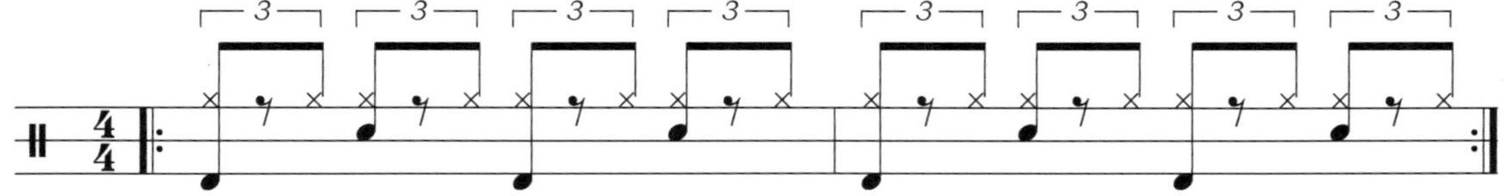

602 · CD 2 · 30C

Variationen des Shuffle-Grooves:

CD 2 · 31A

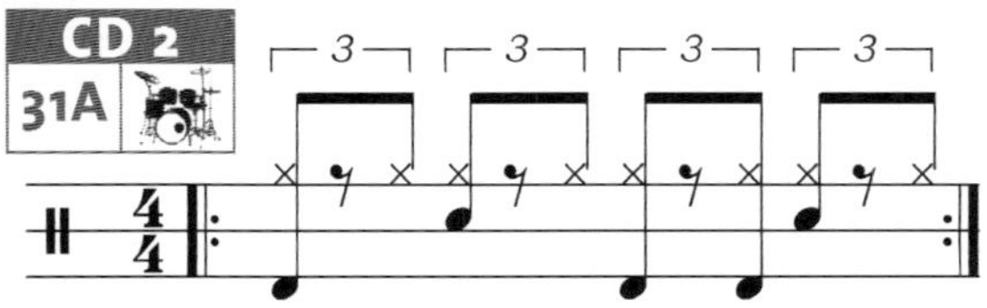

603 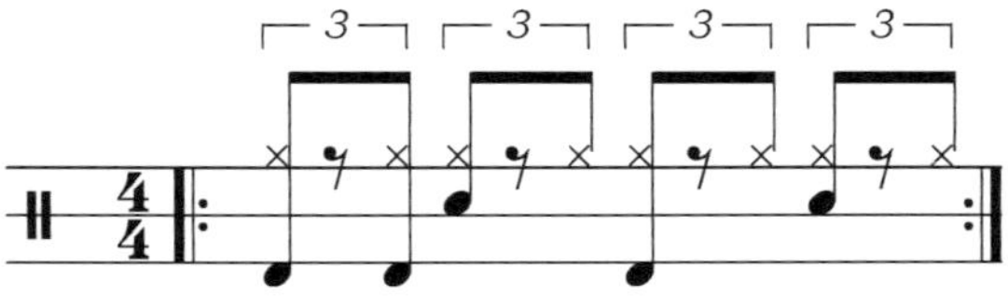 · **604**

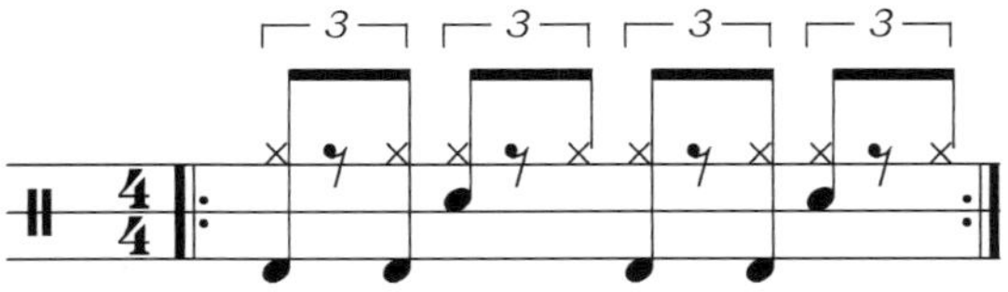

605 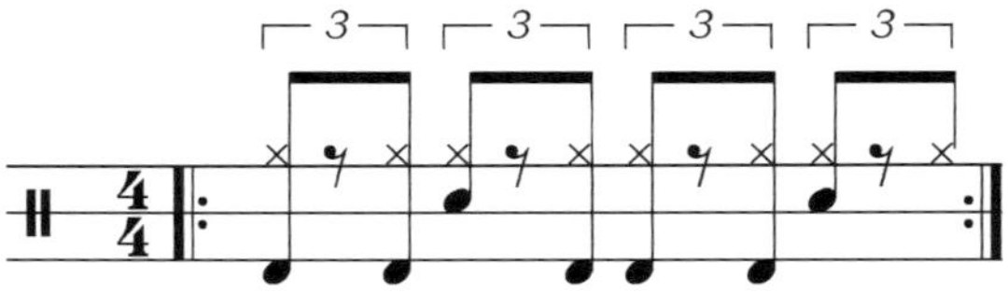 · **606**

CD 2 · 31B

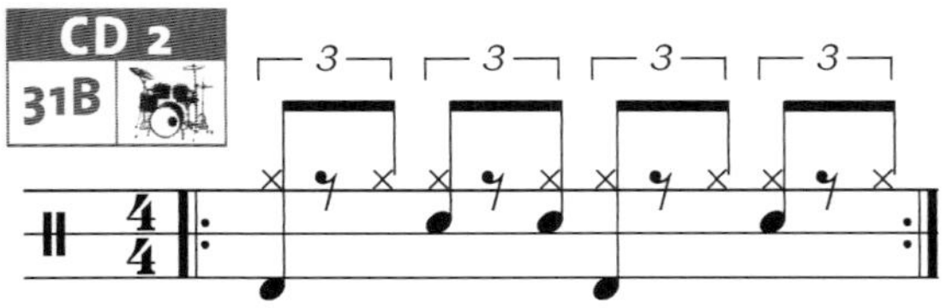

607 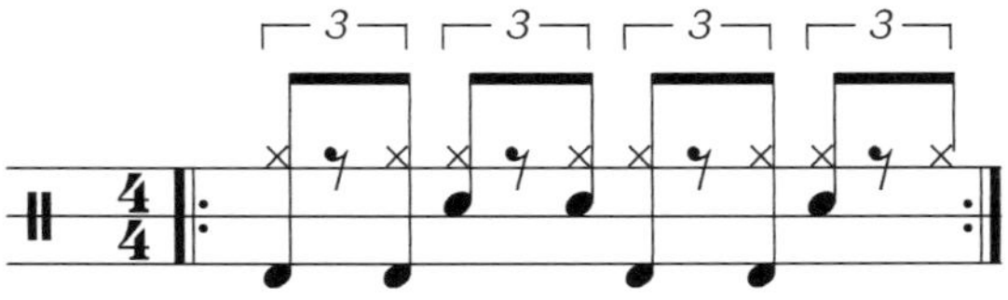 · **608**

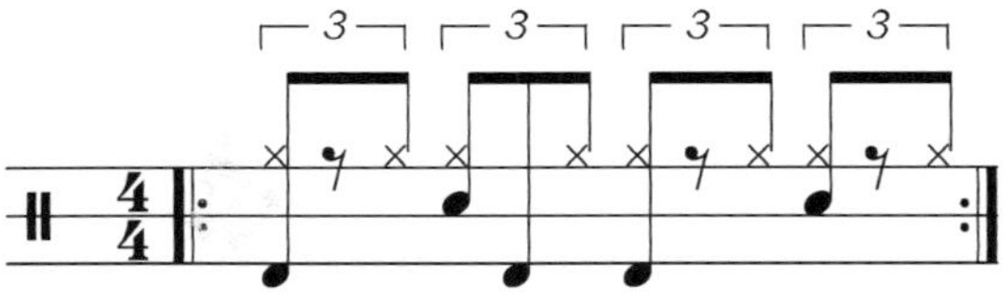

609 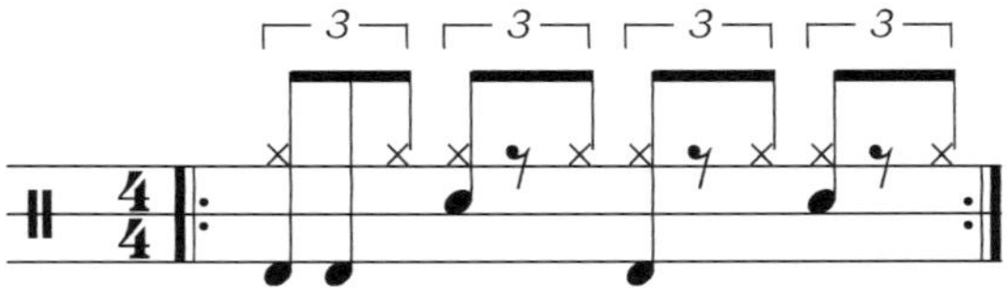 · **610** · CD 2 · 31C

Versuche bereits an dieser Stelle, den **Play-along Jazz** (*vgl. S. 144ff*) zu spielen. Ein paar Details fehlen dir vielleicht noch, aber mit dem was du bisher gelernt hast, kannst du bereits eine leicht „abgespeckte" Version des Songs spielen.

Play-along · CD 2 · **63**   Play-along · CD 2 · **64**

Nun kommen im Shuffle-Groove die **Ghostnotes** zum Einsatz. Spiele sie schön leise und versuche, das fließende, rollende Feeling des Grooves zu erhalten.

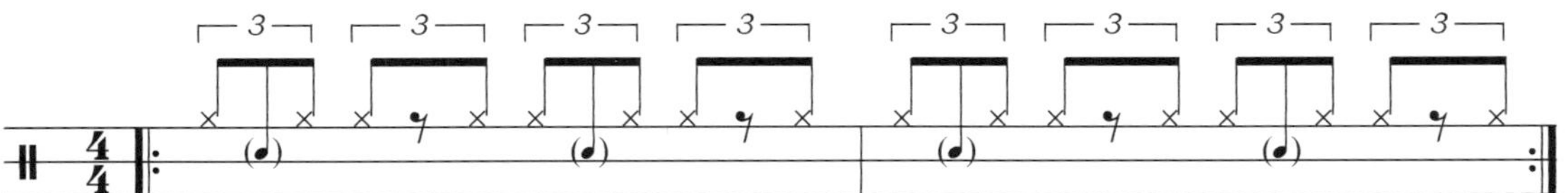

611 · CD 2 · 32A

Mit **Bass Drum** auf den Zählzeiten „1" und „3".

CD 2 32B   612

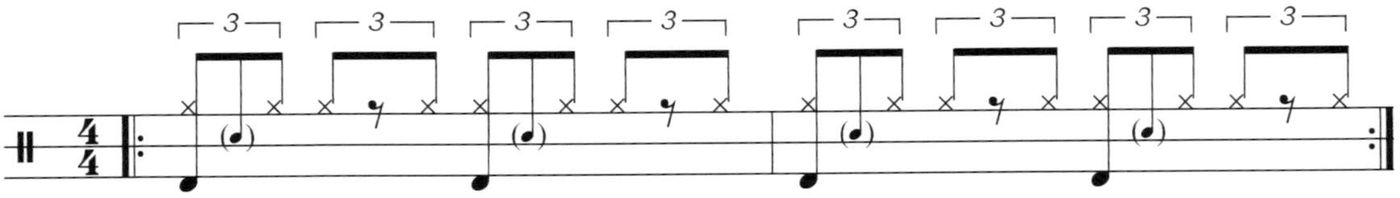

Und nun mit der **Snare Drum** auf den Zählzeiten „2" und „4".

CD 2 32C   613

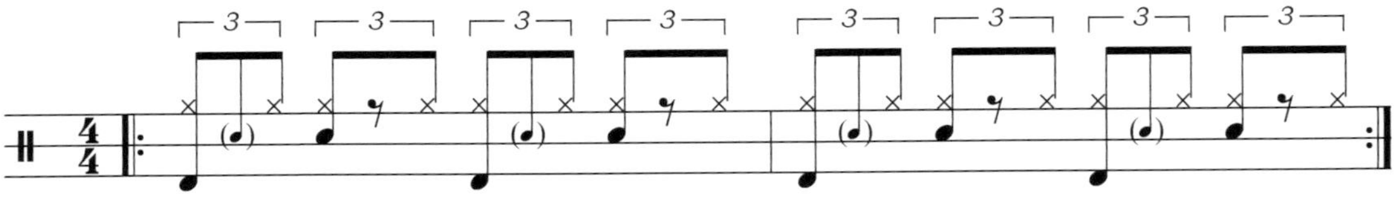

Variationen:

CD 2 33A   614

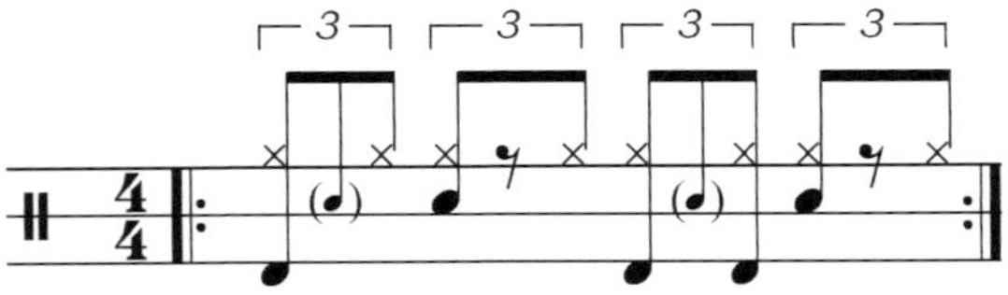

615

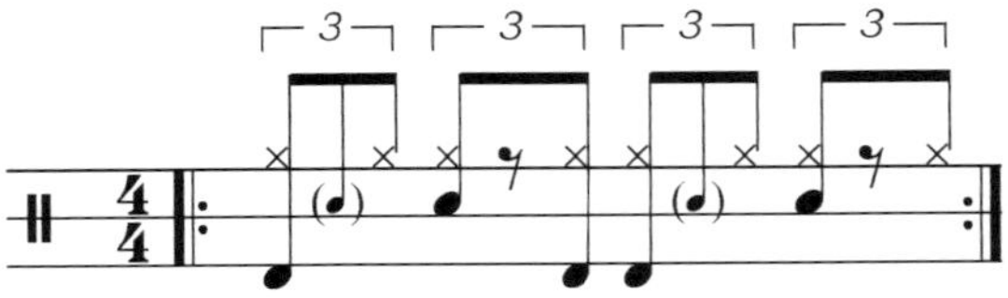

616

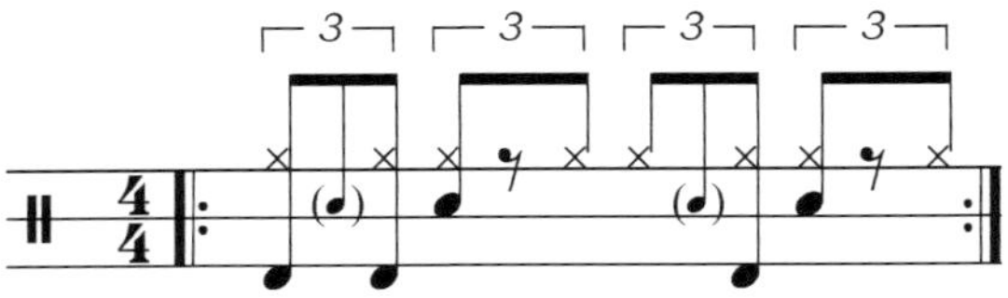

CD 2 33B   617

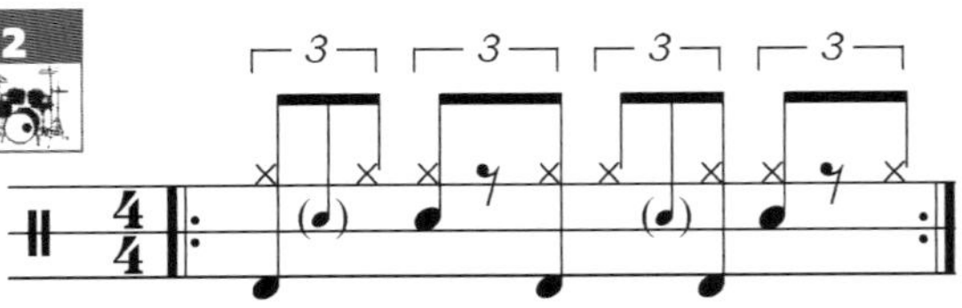

In den folgenden Übungen wird die **Snare Drum** nicht mehr auf den Zählzeiten „2" und „4", sondern nur noch auf der Zählzeit „3" gespielt. Dadurch entsteht beim Hören des Grooves der Eindruck, als sei er nur noch halb so schnell. Darum nennt man ihn auch „**Halftime Shuffle**".

HALFTIME SHUFFLE

Durch die zusätzlichen **Ghostnotes** bekommt der Halftime Shuffle einen schweren (aber nicht schwerfälligen) und groovy Charakter.

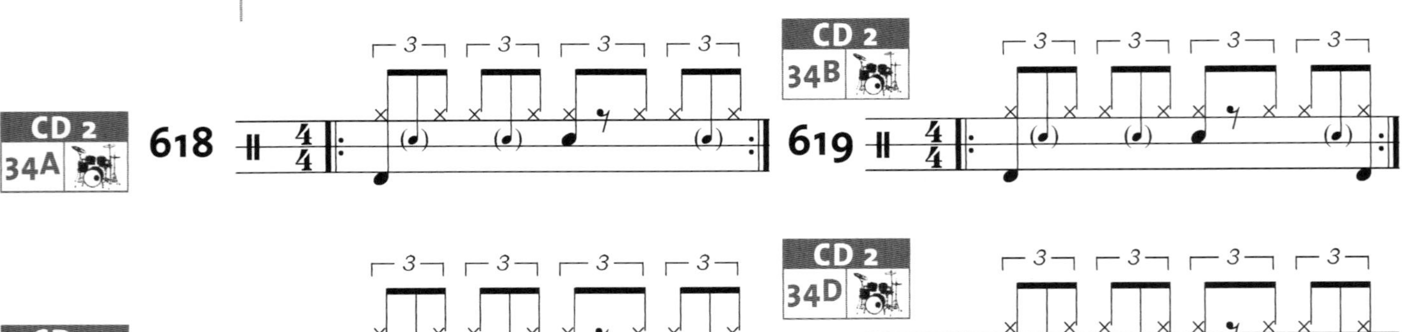

CD 2 34A   618

CD 2 34B   619

CD 2 34C   620

CD 2 34D   621

TRAGE EIN!   Trage hier deinen eigenen Shuffle Groove ein und spiele ihn dann anschließend durch.

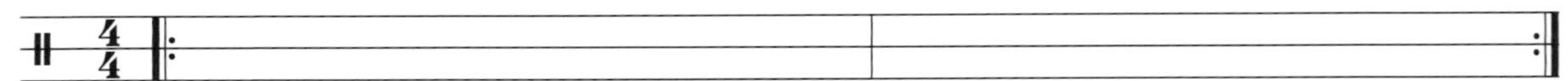

Groove-Fill Puzzle 4

TT Triolen
CD 2
24

TT Shuffle
CD 2
26

630

Schlagzeugsolo #7

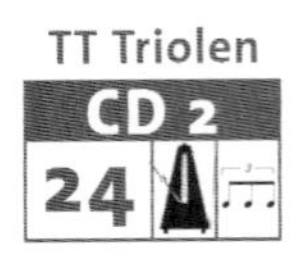

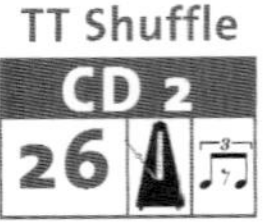

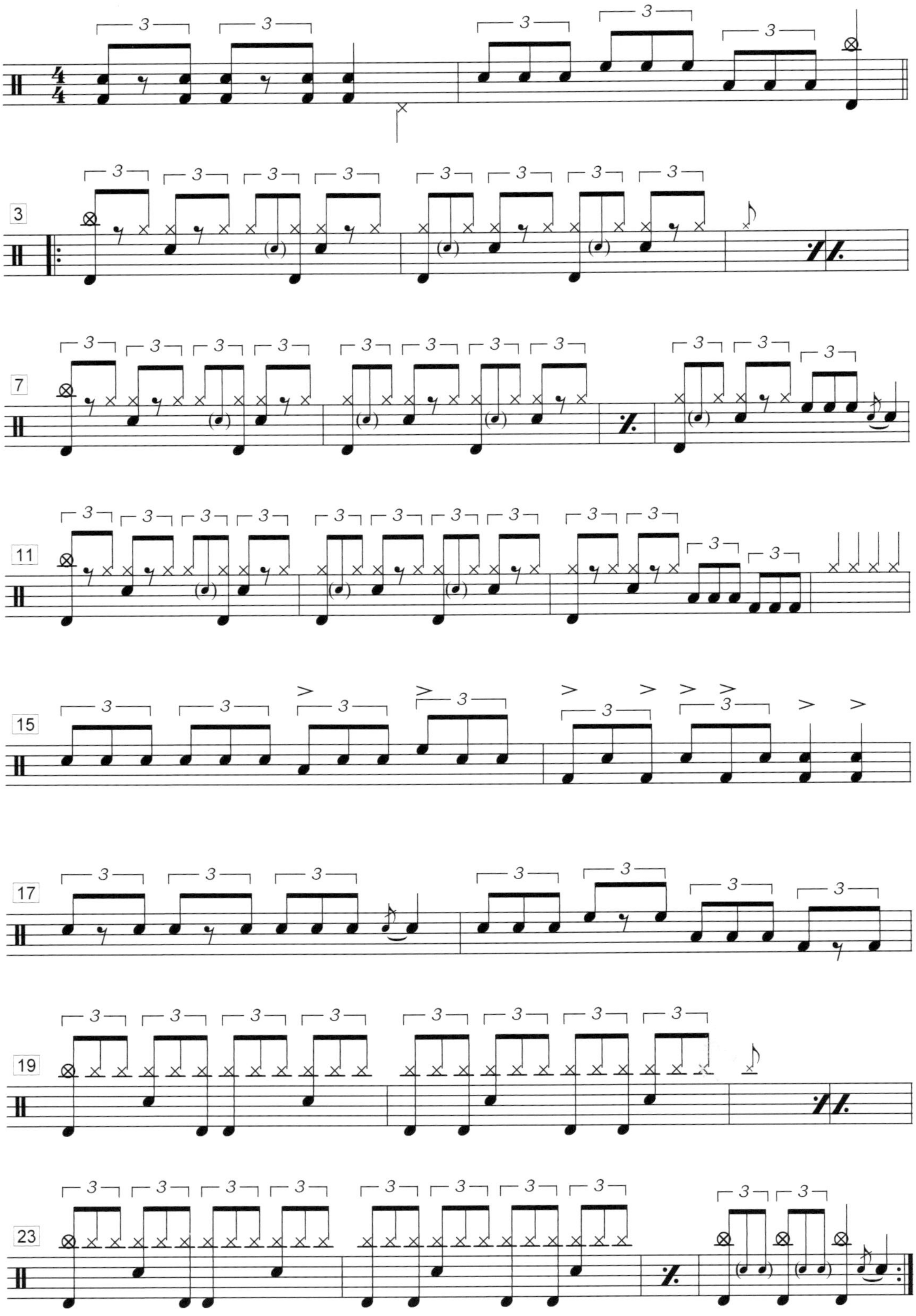

Die Einsteigergrooves

Auf den folgenden Seiten findest du die **Einsteigergrooves** und **-Fill-Ins**, die du zu den Play-alongs spielen kannst, **bevor** du dir die ausnotierten Schlagzeugstimmen vornimmst. Für jeden der einzelnen Musikstile habe ich dir einige Vorschläge zusammengestellt. Beachte dabei auch Folgendes:

- Wiederhole jeden einzelnen Groove so oft es geht.

- Kombiniere die Grooves und Fill-Ins miteinander. Spiele die Seite auch in einem Stück durch und beginne dann wieder von vorn.

- Variiere die Grooves selbstständig, indem du
    o *die offene HiHat,*
    o *das Ride Becken zusammen mit der getretenen HiHat,*
    o *das Crash Becken,*
    o *Flams,*
    o *Rim Shots,*
    o *Rim Clicks,*
    o *Ghostnotes,*
    o *sowie Akzente und Dynamik (p, mf, f, crescendo, decrescendo)*
    an verschiedenen Stellen nach deinen eigenen Vorstellungen einfügst.

- Versuche die Grooves und Fill-Ins nach einer Weile auch auswendig zu spielen.

- Spiele auch andere Grooves und Fill-Ins, die du schon gelernt hast und versuche schließlich, ganz eigene Ideen zu entwickeln und umzusetzen.

Rock Grooves

Im Stile von: Die Ärzte „Schrei nach Liebe"

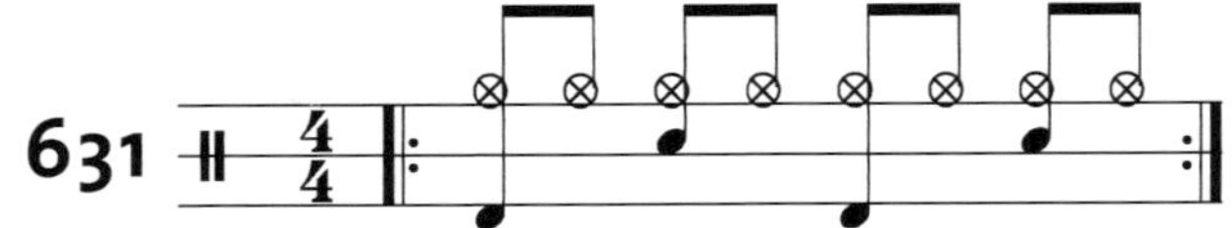

631

Im Stile von: AC/DC „Highway to Hell"

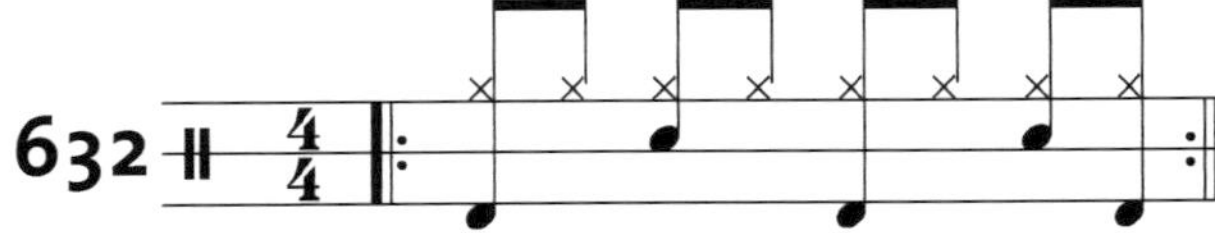

632

Im Stile von: Audioslave „Like a Stone"

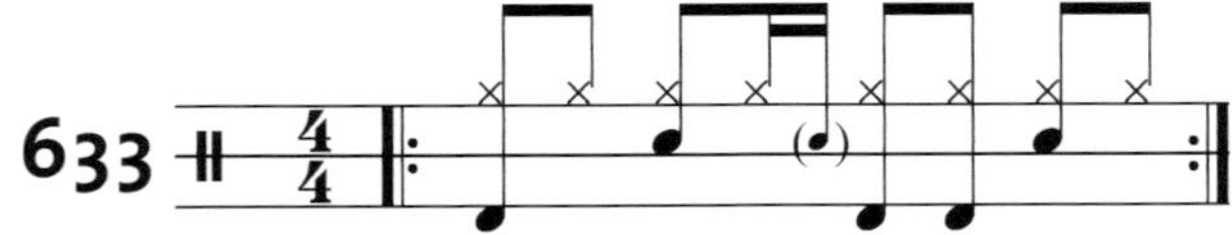

633

Im Stile von: Sepultura „Ratamahatta"

634

Im Stile von: Red Hot Chili Peppers „Give it away"

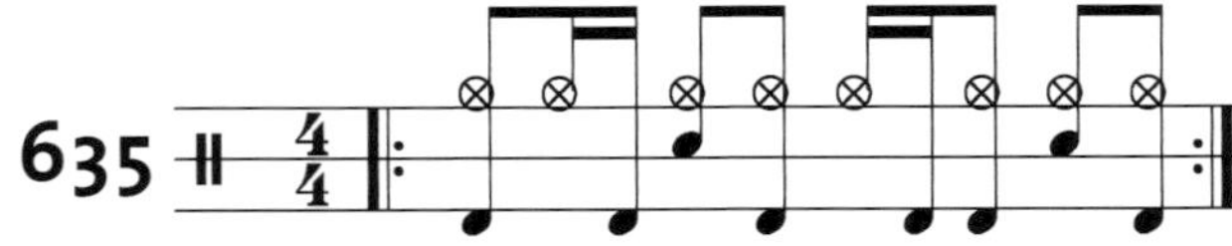

635

Im Stile von: Nirvana „Smells like Teen Spirit"

636

Im Stile von: Korn „Freak on a Leash"

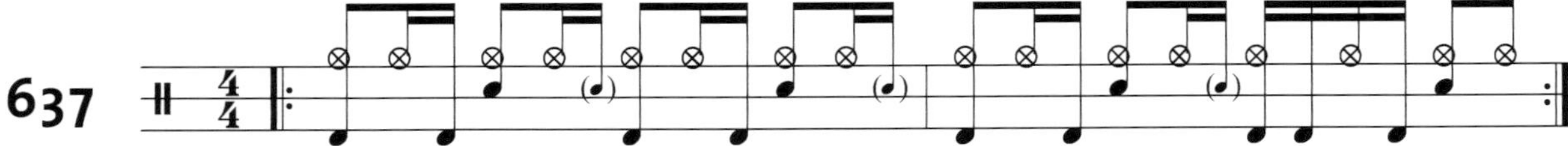

637

638

639

640

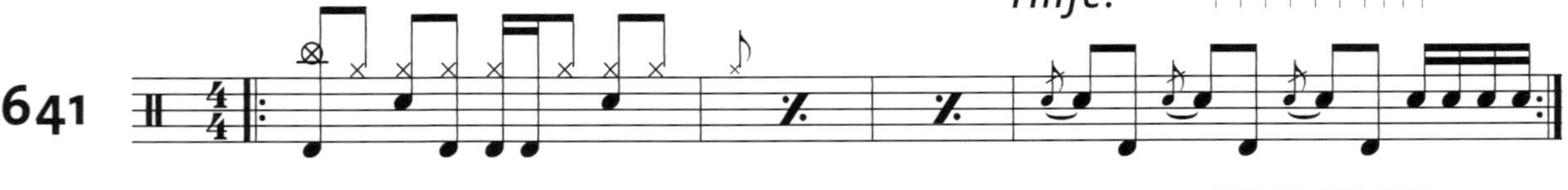

641

642

Tipp: *Bei einigen Grooves wird die HiHat halb offen gespielt. Dazu ist ein Kreis um die Note für die HiHat notiert. Schließe die HiHat dann nicht vollständig, sondern öffne sie ein wenig. Allerdings nur so weit, dass sich die Becken immer noch berühren. Das erzeugt beim Spielen einen rockigen, „schmutzigen" Sound.*

Hip Hop Grooves

Im Stile von: Dr. Dre „Keep their Heads ringin`"

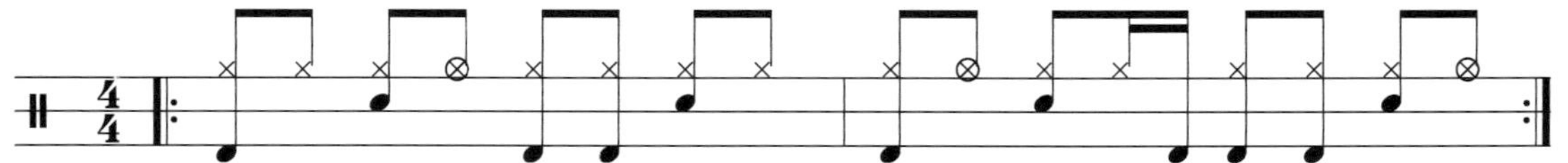

643

Im Stile von: Fettes Brot „Jein"

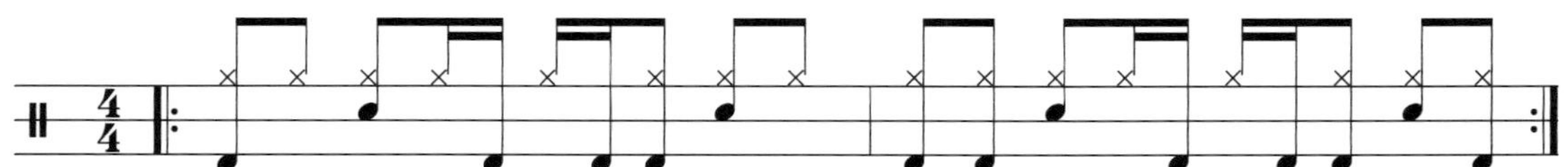

644

Im Stile von: Die Fantastischen Vier „Genug ist Genug"

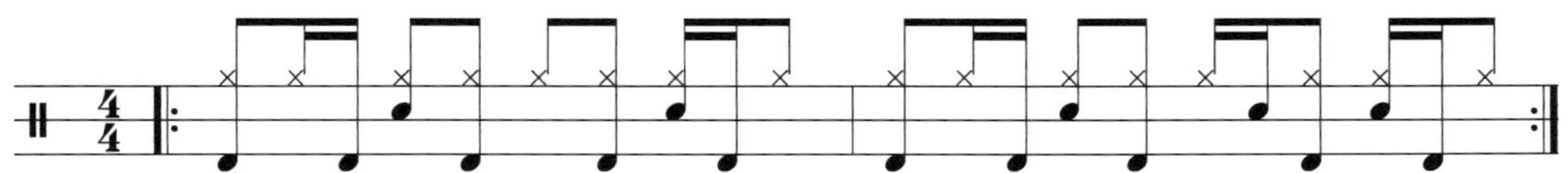

645

Im Stile von: 50 Cent „What up Gangsta"

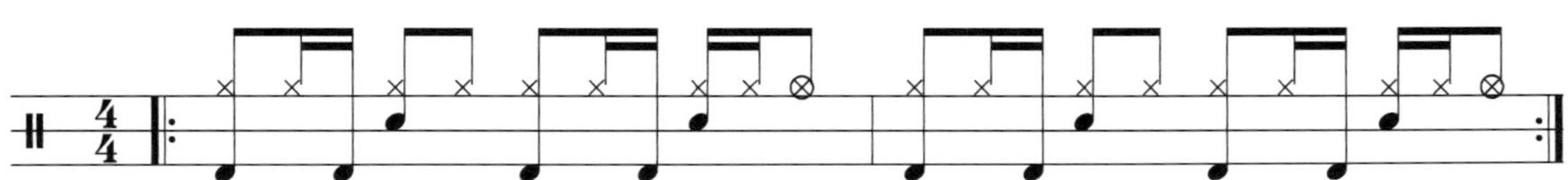

646

Im Stile von: Fettes Brot „An Tagen wie diesen"

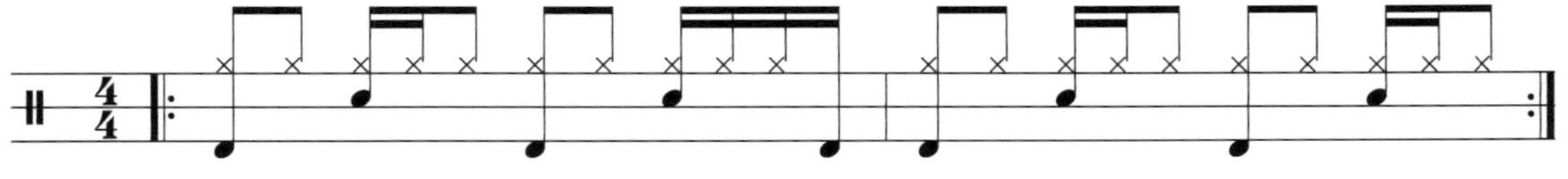

647

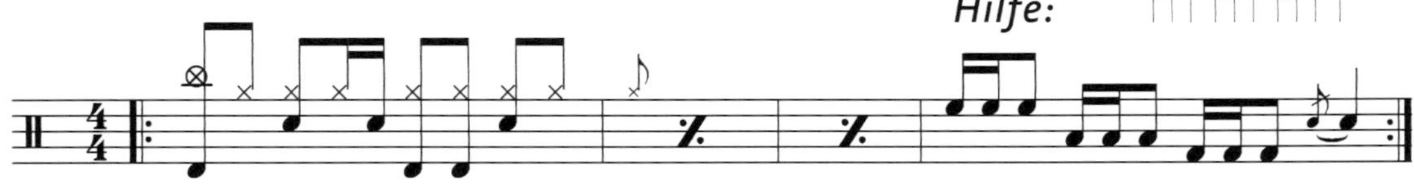

648

649

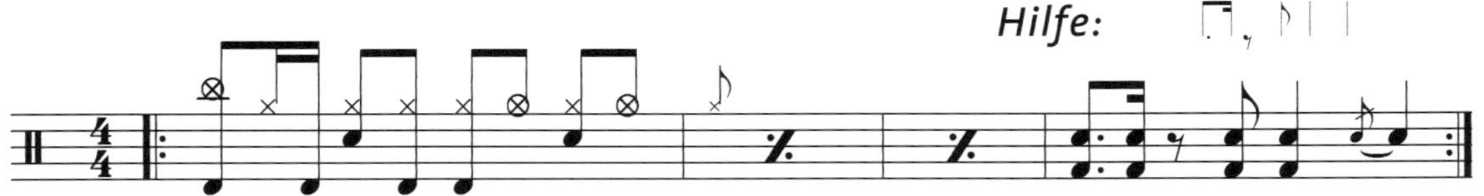

650

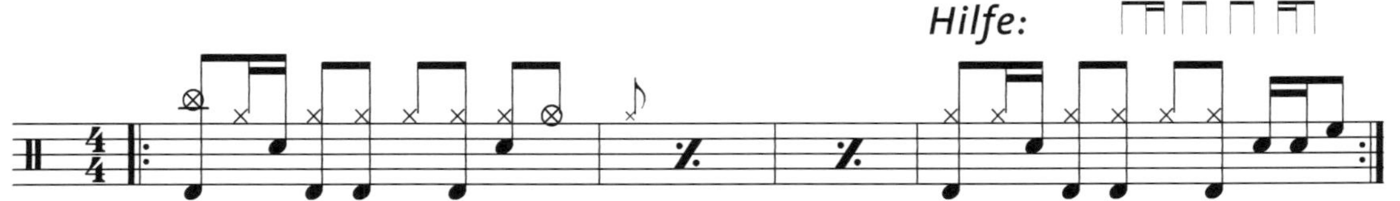

651

Funk & Soul Grooves

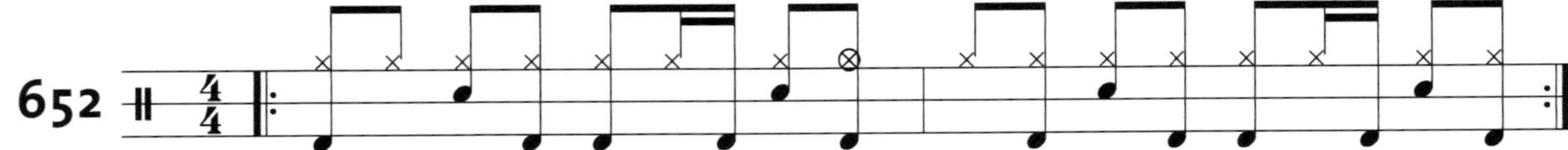

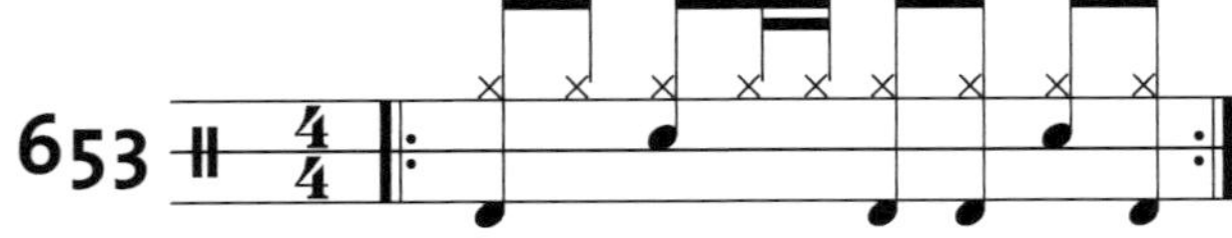

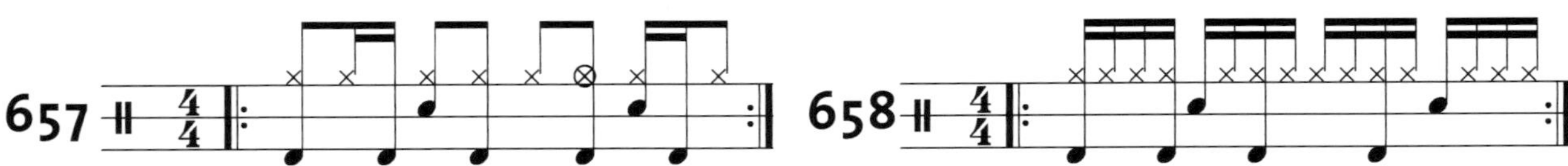

Reggae Grooves

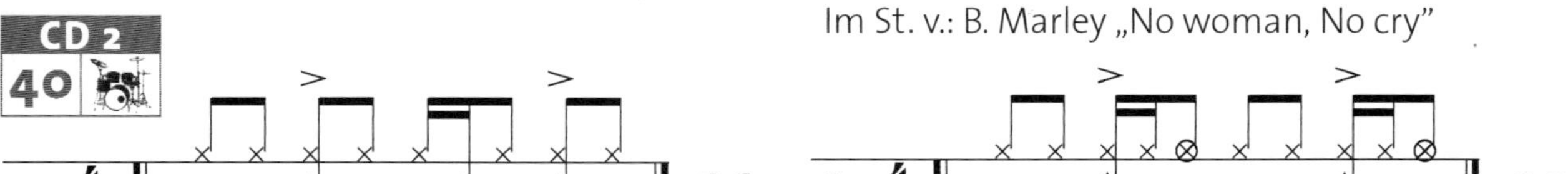

Im Stile von: Culture Club „Do you really want to hurt me"

Im St. v.: B. Marley „No woman, No cry"

665

666

Im Stile von: 10 CC "Dreadlock Holiday"

Im Stile von: Bob Marley „Could you be loved"

667

668

Im Stile von: Nina Hagen „Heiß"

Im Stile von: UB 40 „Kingston Town"

669

670

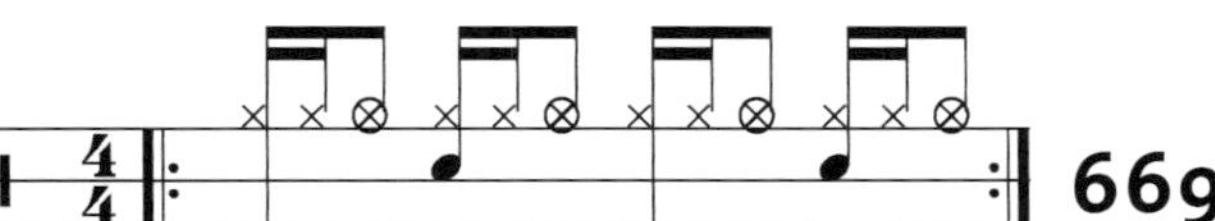

Im Stile von: Snäp „Elisabeth"

Im Stile von: J.B.O. „Ka Alde, ka G´schrei"

671

672

Hilfe:

673

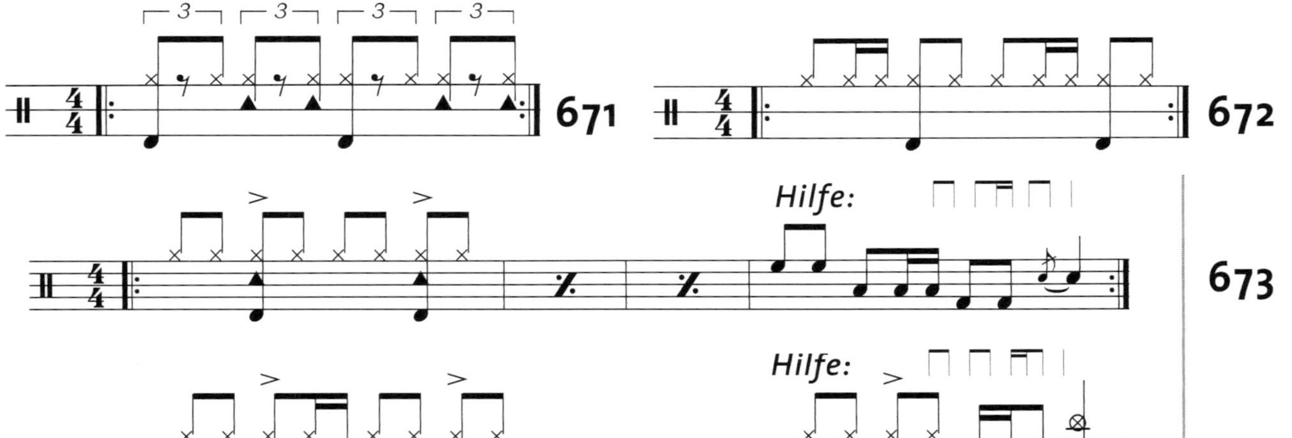

Hilfe:

674

Hilfe:

675

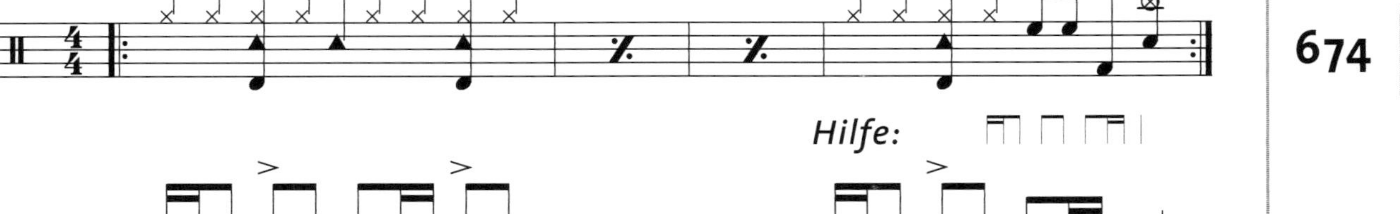

Hilfe:

676

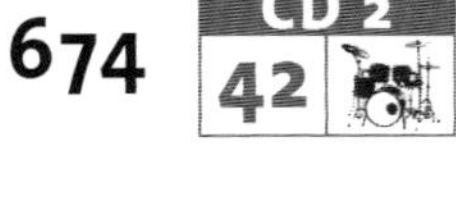

Hilfe:

677

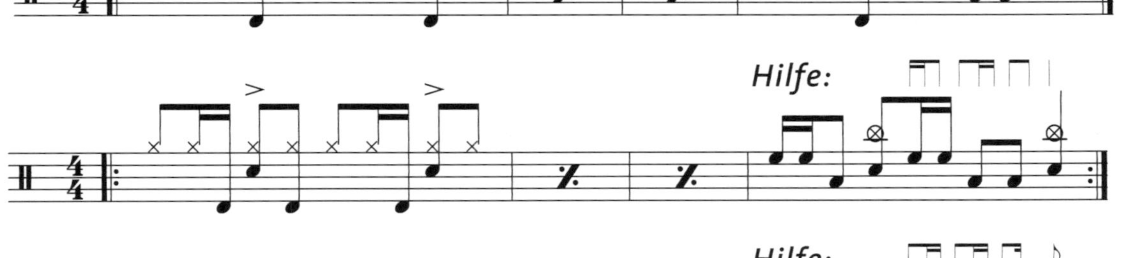

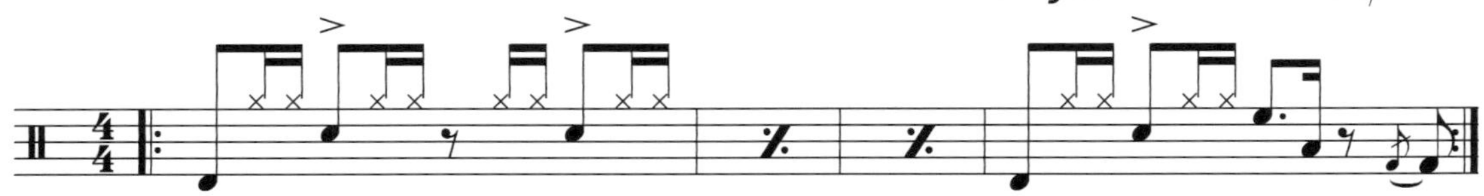

Blues & Shuffle Grooves

Jazz Grooves

Der Aufbau eines Songs

FORMTEILE

Der Aufbau der meisten Pop- oder Rocksongs besteht aus mehreren verschiedenen Formteilen. Wenn du also einen Song am Drumset begleiten willst, solltest du ihn genau kennen und wissen, wann und in welcher Reihenfolge die Formteile gespielt werden. Üblicherweise setzt sich ein Song aus folgenden Formteilen zusammen:

Intro (Einleitung)
Dabei handelt es sich meistens um ein instrumentales Vorspiel, das den Song eröffnet.

Strophe (Vers oder auch A-Teil)
In den Strophen wird der Text des Liedes vorgetragen. In der Regel handelt es sich dabei um mehrere verschiedene Strophen.

Refrain (Chorus oder B-Teil)
Der Refrain wird innerhalb eines Songs mehrmals wiederholt und bleibt dabei in der Regel musikalisch und textlich unverändert. Der Refrain ist meist der Formteil, an dem man den Song am besten wiedererkennt.

Bridge (Überleitung)
Die Bridge ist eine Überleitung zwischen zwei Formteilen, beispielsweise zwischen Strophe und Refrain.

Zwischenteil (C-Teil)
Im Zwischenteil passiert meist musikalisch etwas ganz Neues. Etwas, das innerhalb des Songs für Abwechslung sorgt.

Soloteil
Der Teil des Songs, in dem auf einem (oder mehreren) der Instrumente ein Solo gespielt wird (z.B. Gitarrensolo oder Keyboardsolo o.ä.)

Schlussteil (Coda)
Mit dem Schlussteil wird der Song beendet.

Zwei typische Beispiele für den Aufbau eines Pop- oder Rocksongs:

FORMABLAUF

Intro	Intro
Strophe - Bridge - Refrain	Strophe 1 - Strophe 2 - Refrain
Strophe - Bridge - Refrain	Strophe 3 - Refrain - Bridge
Zwischenteil - Solo - Refrain	Solo - Refrain - Refrain
Schlussteil	Outro

Es ist allerdings durchaus möglich, dass die Anzahl oder Reihenfolge einzelnen Formteile von Song zu Song variieren. Die genauen Details (z.B. Taktzahlen, Harmonien, textliche Besonderheiten u.ä.) werden im Arrangement festgelegt.

Tipp: Die sogenannte „Vier-Takt-Form" ist in der populären Musik sehr verbreitet. Das bedeutet, dass den meisten Formteilen ein viertaktiges Schema zugrunde liegt. So bestehen Strophe und Refrain häufig aus jeweils acht Takten, und eine viertaktige Intro kommt ebenso häufig vor, wie ein sechzehntaktiges Solo. Du solltest dich also von Beginn bemühen, dich an diese „Vier-Takt-Form" zu gewöhnen. Versuche, ein „Gespür" dafür zu entwickeln, wie lang vier Takte dauern. Der entscheidende Vorteil besteht darin, dass du die Takte nicht zählen musst, wenn du sie spüren kannst. Je mehr Musik du hörst und je mehr du zur Musik spielst, desto eher wird sich dieses „Vier-Takt-Gespür" einstellen.

Die Aufgabe des Drummers im Song

Deine Aufgabe als Schlagzeuger ist es, die Unterschiede zwischen den einzelnen Formteilen sowie deren Übergänge durch dein Spiel hervorzuheben und zu unterstützen.

Beispielsweise kann während der Strophen ein eher ruhiges und zurückhaltendes Spiel erforderlich sein, während in den Refrains dann etwas mehr Lautstärke oder auch eine Variation des Grooves angebracht ist. Genauso verhält es sich bei der Bridge, dem Solo oder dem Zwischenteil. Wichtig ist also, dass du dir genau anhörst, was in den einzelnen Formteilen musikalisch passiert und dass du dies später durch einen entsprechenden Groove mitträgst.

Auch die Fill-Ins spielen dabei eine Rolle. Versuche stets, eine geschmackvolle und musikalisch passende Lösung für die Fill-Ins zu finden. Ein lauter, dreitaktiger Fill aus Sechzehntelnoten wäre z.B. in einer ruhigen Ballade eher unangebracht.

Dein Ziel muss es sein, die Stimmung des Songs zu erfassen und diese Stimmung auch in dein Spiel einzubringen. Um dies zu erreichen, solltest du auch ein Gehör für die Harmonien und Melodien des Songs entwickeln. Beschränke deine Aufmerksamkeit also nicht nur auf den Rhythmus. Du bist Teil einer Band, in der jedem Instrument die gleiche Wichtigkeit zukommt. Denke beim Spielen also immer an das Ganze!

Wie du die Übergänge von einem Formteil zum nächsten interessant gestalten kannst, habe ich für dich in ein paar Beispielen zusammengestellt.

Diese viertaktigen Systeme stellen jeweils das Ende eines Formteils dar. Jeweils im vierten Takt soll mit Hilfe verschiedener Stilmittel der darauf folgende Formteil „vorbereitet" werden. Zum einen erhöht das für den Zuhörer die Spannung, zum anderen hilft es deinen Bandkollegen bei der Orientierung innerhalb des Songs und inspiriert sie eventuell sogar, durch eigene Varianten in ihrem Spiel zum folgenden Formteil „hinzuführen".

Variante 1: Der Fill-In

Diese Variante wird am häufigsten verwandt. Dabei wird im letzten Takt des Formteils ein Fill-In gespielt. Hierbei sind deiner Phantasie im Prinzip keine Grenzen gesetzt. Du solltest jedoch stets darauf achten, dass du einen musikalischen und geschmackvollen Fill-In einsetzt.

FILL-IN

703   CD 2   47

Variante 2: Die Mehrinformation

„Mehrinformation" bedeutet, dass du im letzten Takt des Formteils den gleichen Groove wie zuvor spielst, ihn jedoch durch zusätzliche Noten bzw. Schläge „auffüllst". In diesem Beispiel ist es die Snare Drum, auf der im letzten Takt Viertel-, anstatt wie zuvor, Achtelnoten gespielt werden. Die „Mehrinformation" erhöht für den Zuhörer die Spannung und bereitet den nächsten Formteil sehr schön vor.

MEHR-INFORMATION

704   CD 2   48

HIHAT

Variante 3: Die halb geöffnet HiHat

Im letzten Takt soll die HiHat halb geöffnet werden. Achte darauf, dass die Becken sich dabei immer noch berühren. Auf diese Weise erhältst du einen schönen rockigen und dynamischen Effekt.

705

CRESCENDO

Variante 4: Crescendo

Bei dieser Variante wird ein Fill-In mit einem crescendo gespielt. Dieses Stilmittel bietet sich vor allem bei einem Wechsel von leisen zu lauteren Formteilen an.

706

DECRESCENDO

Variante 5: Decrescendo

Das decrescendo lässt sich dementsprechend gut bei dem Übergang von einem lauten in einen leiseren Formteil einsetzen. Die Viertelnote am Ende des vierten Taktes sorgt dabei für einen „Stopp-Effekt", der die beiden Formteile zusätzlich voneinander abhebt.

707

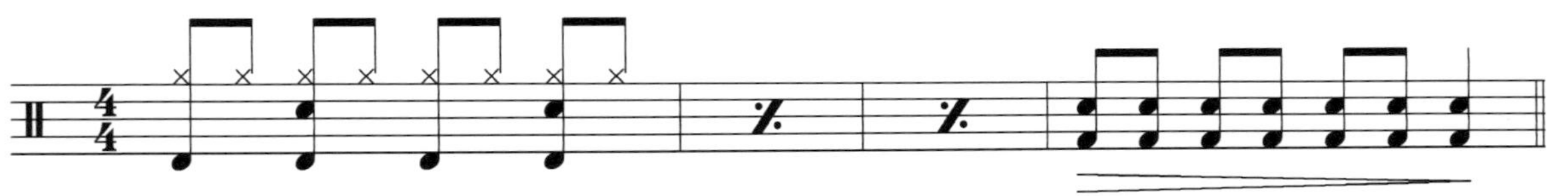

„RAUM"
SCHAFFEN

Variante 6: „Raum" schaffen

„Raum" zu schaffen bedeutet in diesem Fall, einen Fill-In mit relativ wenigen Noten zu spielen, um den Song an dieser Stelle gewissermaßen zu „beruhigen". Diese Variante bietet sich vor allem für Übergänge von lauten oder schnellen Formteilen, hin zu leiseren, bzw. ruhigeren Teilen an.

708

Tipp: Diese Varianten sind als Hilfe gedacht, die dich zu eigenen Ideen inspirieren soll. Sie lassen sich selbstverständlich auch kombinieren oder auf anderen Trommeln oder Becken spielen, als hier aufgeführt. Probiere selber aus und entscheide dann zusammen mit deinen Bandkollegen, welche Varianten sich für eure Songs am besten eignen.

Die Play-alongs - Tipps zum Üben

Die Play-alongs auf der beiliegenden CD sind Musikstücke, in denen die Schlagzeugspur ausgeblendet ist. Stattdessen ist lediglich ein Klick zu hören, der dir als Orientierung für das Tempo dienen soll. Play-alongs sind gewissermaßen die Zwischenstufe zwischen dem Üben allein und dem Proben mit einer Band. Sie geben dir die Möglichkeit das Schlagzeugspiel zur Musik zu üben, dein Timing zu verbessern, das Spiel nach Noten („vom Blatt spielen") zu festigen, eigene Ideen und auch dein Gehör für die Musik zu entwickeln. Zum Üben mit den Play-alongs benötigst du entweder eine Anlage, die allerdings recht laut eingestellt werden muss, damit du die Musik beim Spielen noch hören kannst oder ein tragbares Wiedergabegerät, an das du einen Kopfhörer anschließen kannst (CD- oder MP3 Player).

Wichtig: *Achte beim Üben mit Kopfhörer unbedingt darauf, die Lautstärke der Musik in Grenzen zu halten. Zu langes und lautes Hören mit dem Kopfhörer kann das Gehör schädigen. Spiele also lieber etwas leiser, anstatt das Gerät auf „volle Lautstärke" zu drehen.*

Um sinnvoll mit einem Play-along zu üben, solltest du zu Beginn folgendermaßen vorgehen:

* Höre dir zunächst das Play-along an, ohne dazu zu spielen und ohne die Noten mitzulesen. Achte auf die Grundauffassung des Songs. Ist er z.B. schnell und rockig oder langsam und melodiös. Gewöhne dich an die Melodie und das Tempo. „Summe" die Melodie und klatsche im Tempo des Viertelpulses des Songs mit. Achte außerdem darauf, was die anderen Instrumente spielen. Vielleicht hast du ja auch schon eigene Ideen für Grooves oder Fill-Ins.

HÖREN

SUMMEN

KLATSCHEN

* Wähle nun einen der „Einsteigergrooves" (S. 119-125) für das jeweilige Play-along aus und spiele ihn zur Musik. Die „Einsteigergrooves" sind ein- bis viertaktige Patterns, mit denen du dich an das Spielen zur Musik gewöhnen kannst. Versuche nach einer Weile auch, nicht mehr auf die Noten zu schauen und den Groove auswendig zu spielen.

EINSTEIGER-GROOVE

* Falls dir beim Spielen eigene Ideen für Grooves oder Fill-Ins kommen sollten, versuche, sie bereits umzusetzen. Löse dich langsam von dem vorgegebenen Rhythmus und beginne damit, deinen eigenen Groove einfließen zu lassen. Lasse dich nicht verunsichern, falls du „aus dem Tempo kommst", also nicht mehr synchron mit dem Klick spielen solltest. Das kann zu Beginn leicht passieren und ist völlig normal. Höre in diesem Fall kurz auf zu spielen, versuche das Tempo des Play-alongs erneut „aufzunehmen" und fahre dann fort. Orientiere dich bezüglich des Tempos nicht nur am Klick, sondern auch an den anderen Instrumenten.

ENTWICKLE EIGENE GROOVE-IDEEN

* Nachdem du eine Weile mit dem Play-along experimentiert hast, kannst du dich den Noten (S. 130ff.) zuwenden. Versuche nicht gleich, sie zum Song zu spielen, sondern höre dir die Musik an und lies die Noten zunächst nur mit. Du kannst auch mitlesen und währenddessen zur Musik „Luftschlagzeug" spielen. Das ist eine gute Möglichkeit, dich an die Bewegungsabläufe zu gewöhnen.

LESEN

LUFTSCHLAG-ZEUG

* Der nächste Schritt ist dann, die Noten dann auch tatsächlich zur Musik zu spielen. Orientiere dich dabei zunächst an der vorgegebenen Notation, versuche aber nach und nach auch immer wieder deine eigenen Ideen einfließen zu lassen, also zu improvisieren.

BLATTSPIEL

IMPROVISIEREN

Wichtig: *Die Noten, die ich dir vorgegeben habe sind lediglich Vorschläge. Zögere also nicht, immer wieder deine eigenen Vorstellungen umzusetzen. Variiere dabei Grooves und Fill-Ins und probiere immer wieder Neues aus.*

Play-along Rock: Nightflight to Siberia

Details zum Song:

- Tempo 116 bpm
- Die HiHat kann geschlossen oder auch halb offen gespielt werden

Formteil	Basis-Pattern	Taktanzahl
Intro	*(Notenbeispiel)*	8
Strophe	*(Notenbeispiel)*	8
Bridge	*(Notenbeispiel)*	4
Refrain	*(Notenbeispiel)*	8
Strophe	*(Notenbeispiel)*	8
Bridge	*(Notenbeispiel)*	4
Zwischenteil	*(Notenbeispiel)*	4
Gitarrensolo	*(Notenbeispiel)*	8
Refrain	*(Notenbeispiel)*	8

Nightflight to Siberia

♩ = 116

VOLLPLAYBACK
ROCK
Play-along
709 CD 2
53

HALBPLAYBACK
ROCK
Play-along
CD 2
54

HiHat halb offen

Play-along Hip Hop: The Drummer in the Band

Details zum Song:

- Tempo 90 bpm
- Die HiHat kann geschlossen oder auch halb offen gespielt werden
- Im Refrain wird das Ride Becken gespielt.

Formteil	Basis-Pattern	Taktanzahl
Intro	*(Notenbeispiel)*	4
Strophe	*(Notenbeispiel)*	8
Strophe	*(Notenbeispiel)*	4
Refrain	*(Notenbeispiel)*	8
Strophe	*(Notenbeispiel)*	8
Refrain	*(Notenbeispiel)*	8

The Drummer in the Band

Play-along Funk & Soul: Shake it, Mr. Phillips

Details zum Song:

• Tempo 100 bpm

• Die Schlagzeugstimme beginnt mit einer dreitaktigen Mehrtaktpause. Im vierten Takt beginnst du dann zu spielen.

• Die HiHat kann geschlossen oder auch halb offen gespielt werden.

• In den Takten 45 bis 55 (Solo) wird die Glocke des Ride Beckens gespielt.

Formteil	Basis-Pattern	Taktanzahl
Intro	Pause	4
Strophe	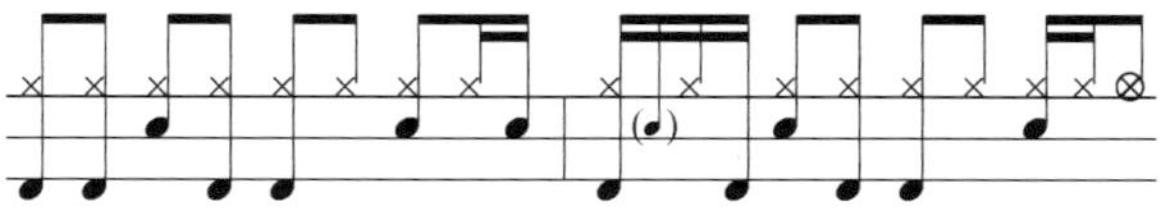	12
Refrain	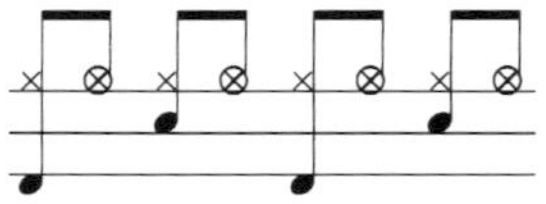	8
Strophe		12
Refrain	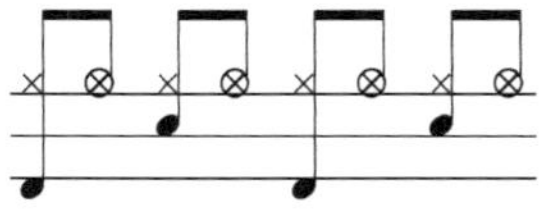	8
Solo	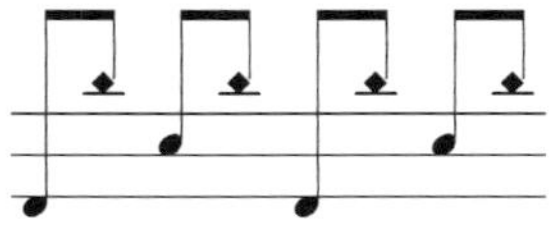	12
Refrain	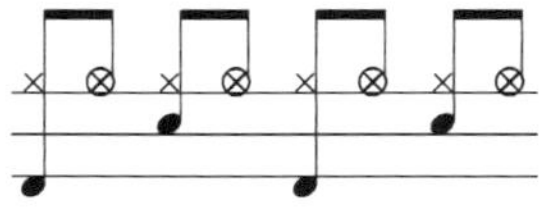	6
Schluss		3

VOLLPLAYBACK
FUNK & SOUL
Play-along
CD 2
57
711

HALBPLAYBACK
FUNK & SOUL
Play-along
CD 2
58

Shake it, Mr. Phillips

♩= 100

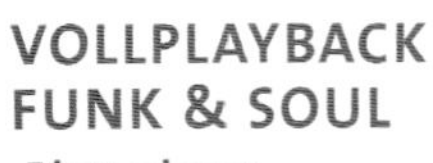

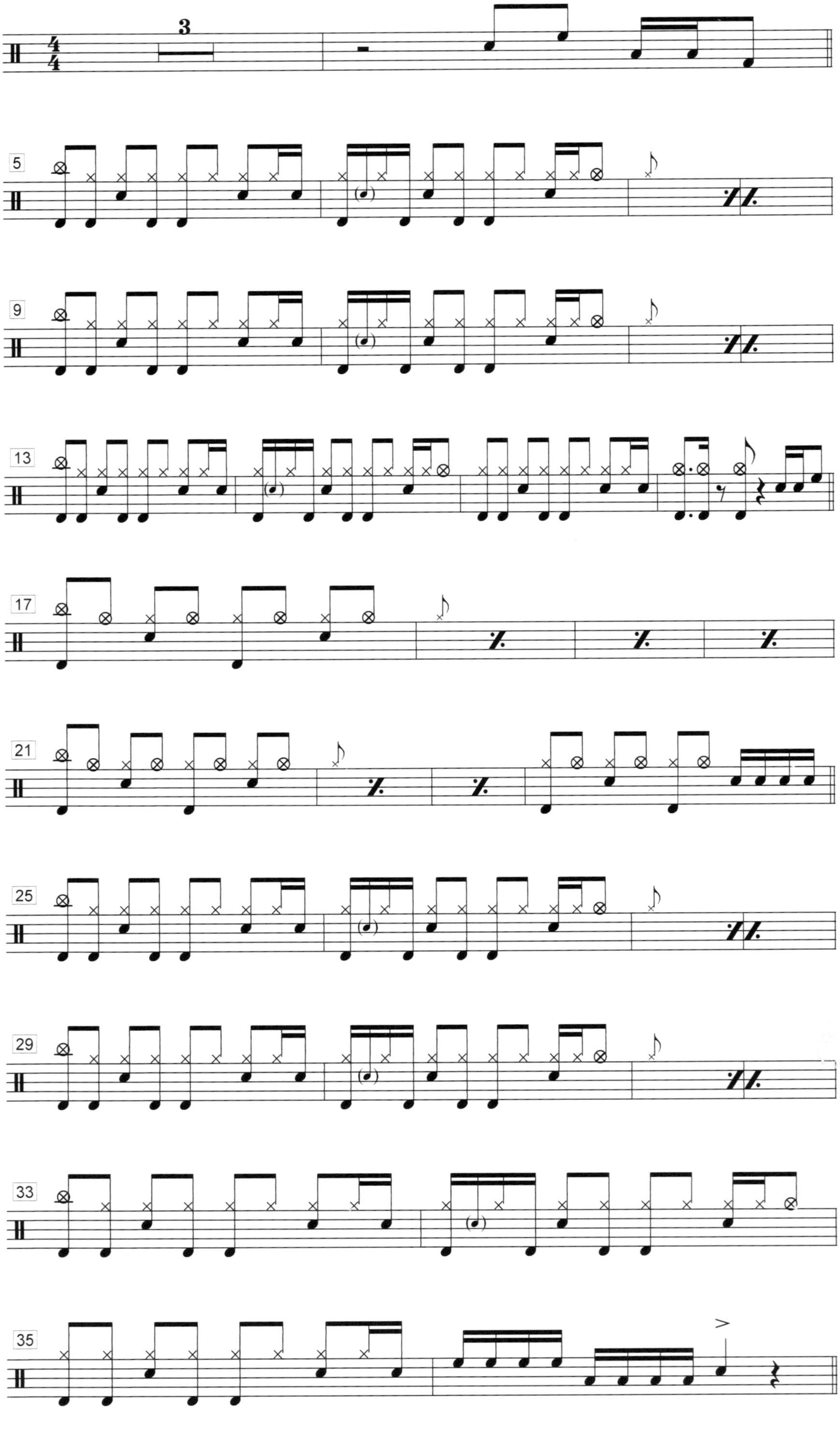

Play-along Reggae: Chilly Baggersee

Details zum Song:

- Tempo 80 bpm
- Der Song wird komplett mit Rim Click gespielt

Formteil	Basis-Pattern	Taktanzahl
Intro		4
Strophe		8
Refrain		8
Strophe		8
Refrain		8
Zwischenteil		8
Solo		8
Schluss		8

Chilly Baggersee

Play-along Blues:

Have You Ever Been to Downtown Fishtown

Details zum Song:

- Tempo 90 bpm

- Die HiHat kann geschlossen oder auch halb offen gespielt werden, im Gitarrensolo jedoch durchgehend halb offen.

Formteil	Basis-Pattern	Taktanzahl
Intro		8
Strophe		12
Refrain		8
Strophe		12
Solo		12
Refrain		8
Schluss		2

VOLLPLAYBACK BLUES
Play-along CD 2 61
713

HALBPLAYBACK BLUES
Play-along CD 2 62

♩= 90

Have You Ever Been to Downtown Fishtown

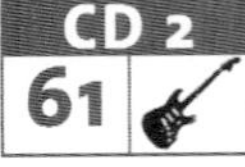

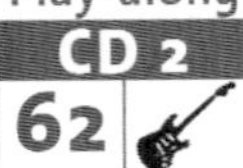

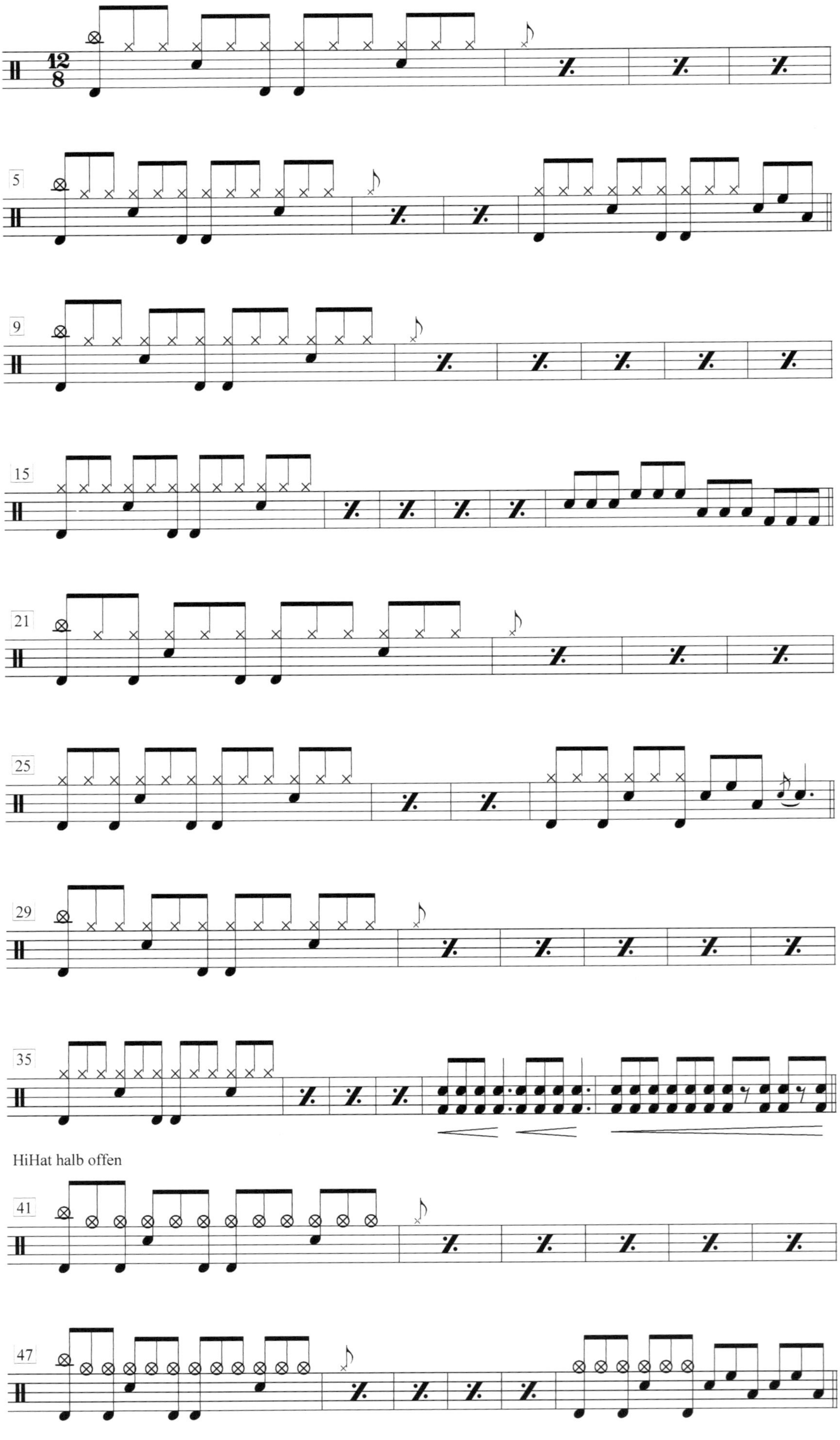
HiHat halb offen

Play-along Jazz: Prenzlauer Berg, Sunday, 9a.m.

Details zum Song:

- Tempo 108 bpm
- Der Song wird durchgehend auf dem Ride Becken und mit getretener HiHat gespielt.

Formteil	Basis-Pattern	Taktanzahl
Intro		4
A-Teil I		8
A-Teil II		8
B-Teil		8
Solo I		16
Solo II		8
Schluss		2

Prenzlauer Berg, Sunday, 9a.m.

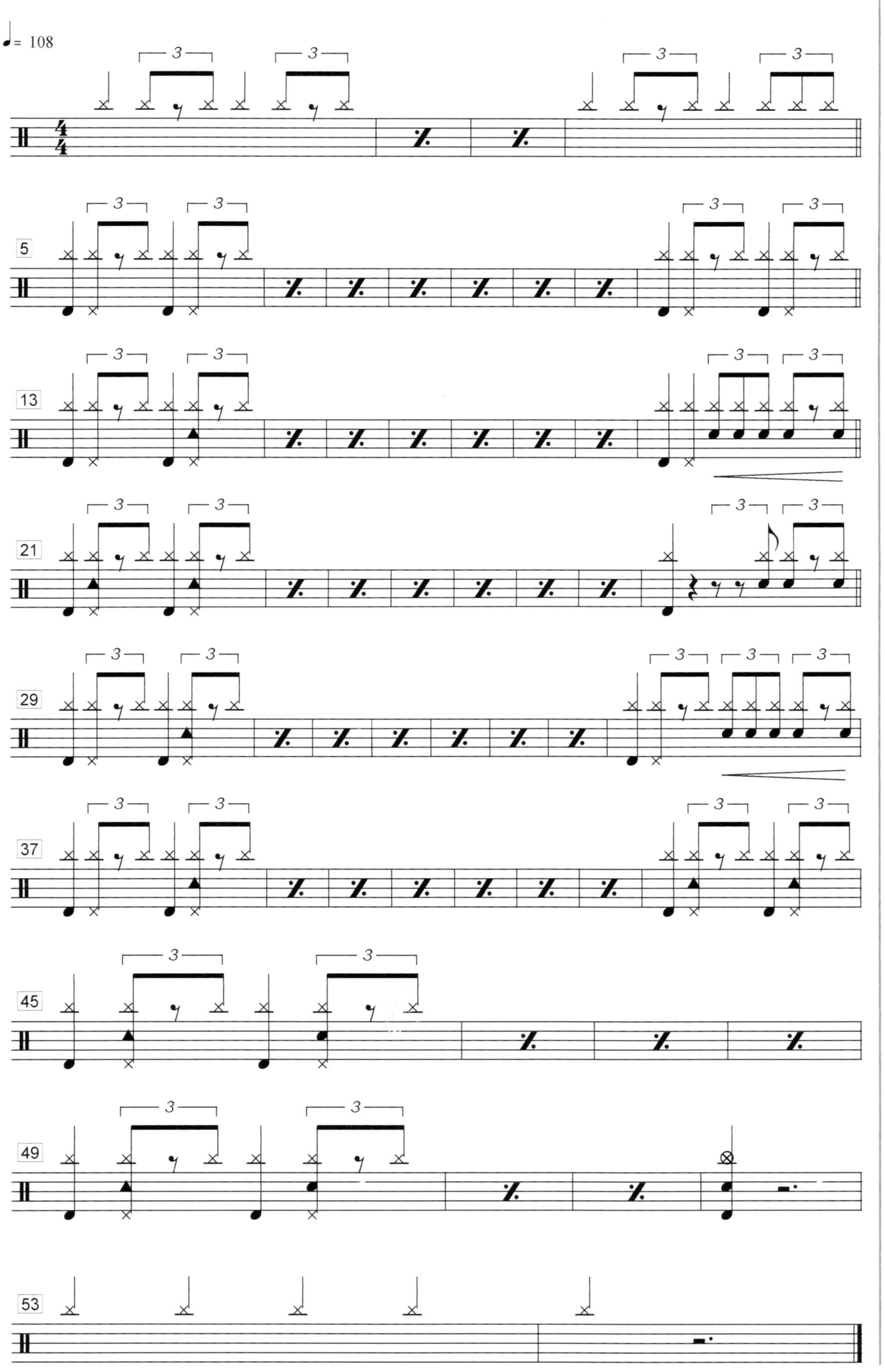

VOLLPLAYBACK
JAZZ
Play-along
CD 2
63   714

HALBPLAYBACK
JAZZ
Play-along
CD 2
64

Tipps zum Raushören der Schlagzeugstimme

DRUM-CHART

Als Schlagzeugstimme (engl.: „Drum-Chart") wird die schriftliche Aufzeichnung dessen bezeichnet, was das Schlagzeug in einem Song spielt.

Sämtliche Grooves und Fill-Ins werden in den Noten festgehalten und stellen somit die Schlagzeugstimme dar. Die Stimmen aller Instrumente zusammen bilden dann eine Partitur.

Unglücklicherweise sind im Fachhandel für die wenigsten populären Songs Schlagzeugstimmen erhältlich. Wenn du also mit deiner Band einen Song nachspielen möchtest, wirst du in der Regel darauf angewiesen sein, dir die Schlagzeugstimme selber rauszuhören und aufzuschreiben.

Das Raushören erfordert eine gewisse Übung, da man dabei ausnahmsweise nicht so sehr auf den Song als Ganzes achtet, sondern sich nur auf ein einzelnes Instrument konzentrieren muss. Oftmals ist der Soundmix eines Stückes so kompakt, dass es nicht einfach ist, sofort zu erkennen, was z.B. auf der HiHat oder dem Ride Becken gespielt wird. Je mehr Musik du jedoch bewusst hörst, insbesondere hinsichtlich der Schlagzeugstimme, desto besser wirst du das Raushören bewältigen können.

In den nachfolgenden Übungen lernst du Schritt für Schritt und mit zunächst sehr einfachen Beispielen, die Schlagzeugstimme aus der Musik „herauszufiltern".

Möchtest du später ein Drum-Chart für einen ganzen Song erstellen, solltest du schrittweise vorgehen:

• Höre dir zunächst das Stück als Ganzes an, um es kennen zu lernen. Achte auf die **Grundauffassung** (z.B. rockig oder ruhig), das **Tempo** (der Viertelpuls) und das **Taktmaß** (z.B. 4/4 Takt). Falls du ein Metronom mit einer „Tap in" – Funktion (dabei kann man durch Drücken einer Taste im Vierteltempo des Songs dessen Tempo ermitteln) besitzt, solltest du das Tempo notieren. Dazu schreibt man oben an den Anfang des Drum-Charts eine kleine Viertelnote, ein Gleichheitszeichen und dann die Tempoangabe.

• Erstelle dir dann einen **Ablauf**. Wie ist die Reihenfolge der Formteile, wie Strophen, Refrains oder Soli?

• Gehe dann chronologisch vor. Widme deine Aufmerksamkeit also zunächst dem **Intro**. Am besten nimmst du dir ein Blatt Notenpapier und schreibst vor das erste System „Intro".

• Gibt es einen Fill-In als Auftakt oder fangen alle Instrumente gleichzeitig an zu spielen? Ist das Drumset von Beginn an dabei oder gibt es eventuell zunächst ein paar Takte Pause für das Drumset? Notiere dies gegebenenfalls.

• Dann hörst du dir den **Groove** des Intros genau an und notierst ihn. Achte dabei auch darauf, ob es sich um ein eintaktiges oder mehrtaktiges Pattern (Rhythmus) handelt.

• Anschließend solltest du die Takte des Intros zählen. Zähle die Zählzeiten 1, 2, 3 und 4 laut mit. Will man die Anzahl der Takte ermitteln, stellt man beim Mitzählen an die Stelle der „1" die laufende Nummer des jeweiligen Taktes.

• Zähle also folgendermaßen: **1**, 2, 3, 4 – **2**, 2, 3, 4 – **3**, 2, 3, 4 – **4**, 2, 3, 4 – **5**, 2, 3, 4 usw.

• Beim Lesen und bei Absprachen mit den anderen Musikern ist es später hilfreich, wenn du an den Anfang jedes Systems die Taktnummer des ersten Taktes im System notierst.

• Um dir Schreibarbeit zu ersparen, solltest du sich wiederholende Takte mit Hilfe des Faulenzers notieren. Takte, in denen ein Fill-In gespielt wird, solltest du hingegen ausschreiben. Denke auch beim Notieren an die „Vier-Takt-Form" und schreibe nach Möglichkeit in ein System immer jeweils vier, acht, zwölf oder sechzehn Takte bzw. Faulenzer.

• Verfahre auf die gleiche Weise bei allen folgenden Formteilen, wie z.B. **Strophe** oder **Refrain**. Bearbeite immer nur einen Formteil zur gleichen Zeit. Das macht das Raushören einfacher und übersichtlicher. Günstig ist dafür ein CD Player mit A-B-Funktion, mit der du den jeweiligen Teil in einer „Schleife" laufen lassen kannst.

• Notiere später außerdem eventuelle Dynamikunterschiede zwischen den Formteilen. Die Refrains könnten z.B. lauter sein, als die Strophen.

Wenn du fertig bist, könnte dein Drum-Chart beispielsweise so aussehen (handschriftlich geht es natürlich auch!):

Übung zum Raushören der Schlagzeugstimme

Hier kannst du nun dein erstes selbstrausgehörtes Drum-Chart notieren.

Auf der beiliegenden 2. Audio-CD findest du den Song, dessen Schlagzeugstimme du raushören kannst. Notiere das, was du hörst, in die weiter unten stehenden leeren Notensysteme.

Hier ein paar Infos über den Song, den du raushören sollst.

- Es handelt sich um einen 4/4 Takt.
- Alle Instrumente beginnen gleichzeitig auf der Zählzeit „1" des ersten Taktes.
- Das Tempo des Songs ist 90 bpm.
- Der Ablauf des Songs ist:
    - o Intro (4 Takte)
    - o Strophe 1 (8 Takte)
    - o Refrain (8 Takte)
    - o Strophe 2 (8 Takte)
    - o Gitarrensolo (8 Takte)
    - o Refrain (8 Takte)

Höre dir also nun das **Intro** des Songs mehrmals genau an und notiere später (vorsichtshalber mit Bleistift), was das Schlagzeug spielt. Zähle dabei auch immer die Takte der jeweiligen Formteile mit:

1, 2, 3, 4; **2**, 2, 3, 4; **3**, 2, 3, 4... usw.

(Die Zählzeit „1" jedes Taktes wird dabei
durch die laufende Nummer dieses Taktes ersetzt).

VOLLPLAYBACK ZUM RAUSHÖREN

715

HALBPLAYBACK ZUM MITSPIELEN

LÖSUNG AUF:
www.garantiert-drums.de

INTRO

Nun die erste Strophe:

STROPHE 1

Nun der erste Refrain:

REFRAIN 1

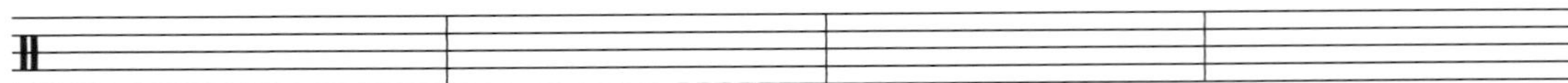

Die zweite Strophe:

STROPHE 2

Das Gitarrensolo:

SOLO

Der zweite Refrain:

REFRAIN 2

Die Standardrhythmen

Neben den Rhythmen, die du bisher kennen gelernt hast (Rock, Hip Hop, Reggae, Funk & Soul, Blues und Jazz) gibt es noch viele weitere Standardrhythmen, die vor allem auch in der internationalen **Tanzmusik** gespielt werden. Dazu gehört beispielweise auch der Bossanova, der bereits im Abschnitt „Rim Click" vorgestellt wurde. Die folgenden Rhythmen gehören ebenfalls zu diesen internationalen Standardgrooves.

*Hinweis: In den **Übungen 715 und 716** werden zwei **Walzerrhythmen** vorgestellt, denen ein **3/4-Takt** zugrunde liegt. Das bedeutet, dass du dabei drei, anstatt wie bisher vier Viertelzählzeiten mitzählen musst. In der **Übung 718 (Marsch)** handelt es sich um einen **2/4-Takt**. Dementsprechend werden zwei Viertelzählzeiten gezählt.*

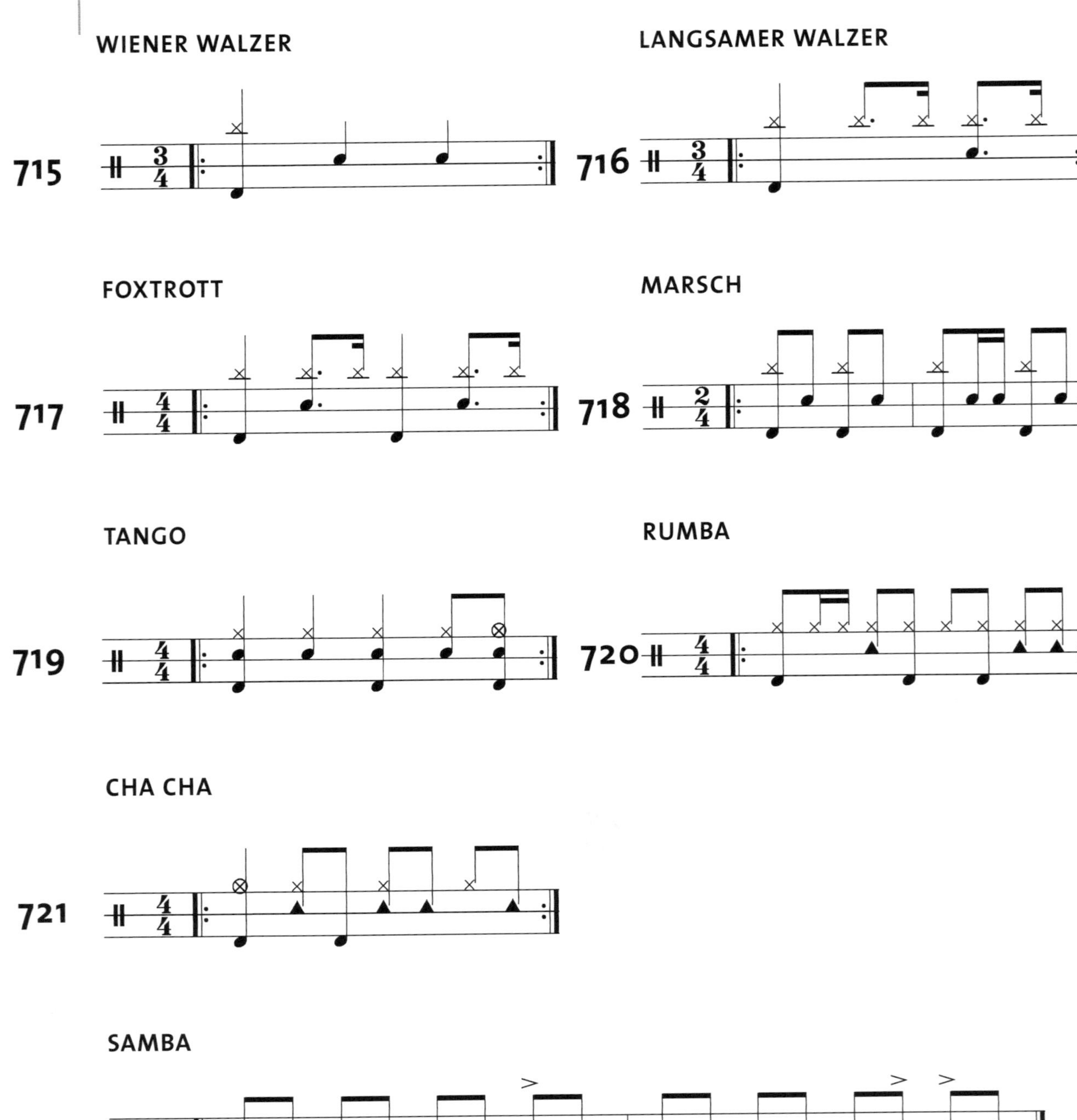

Grundlagen der Notation

Die Notenlinien und Notensysteme

Notenlinien

Perkussionsschlüssel
(Notenschlüssel für Schlaginstrumente)

Taktmaß

Taktstrich (trennt zwei Takte voneinander)

Doppelstrich (Ende eines Formteils)

Schlussstrich
(Ende der Übung oder des Musikstückes)

Wiederholungszeichen

Faulenzer

Zweitaktiger Faulenzer

Punktierte Noten
Der Punkt hinter einer Note verlängert diese um die Hälfte ihres ursprünglichen Wertes.

Beispiel: Eine punktierte Halbe Note entspricht dem Notenwert einer Halben plus einer Viertelnote.

Punktierte Halbe Note:

Ausführung:

Dynamik

piano (leise) *p*

mezzoforte (halblaut, mittellaut) *mf*

forte (laut) *f*

Akzent >

Crescendo (gleichmäßig lauter werden)

Decrescendo (gleichmäßig leiser werden)

Tempoangabe
Das Tempo, in dem ein Stück gespielt werden soll, wird in der Regel durch eine Viertelnote, einem Gleichheitszeichen und einer Zahl angegeben.

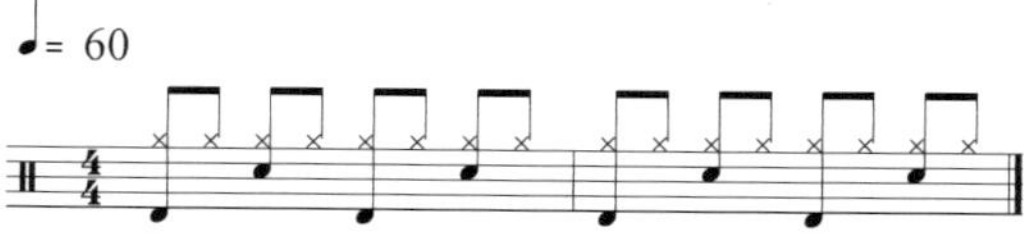

In diesem Beispiel soll also im Tempo 60 gespielt werden. Das bedeutet, dass 60 Viertelschläge pro Minute (bpm – beats per minute) zu spielen sind.

Ritardando
Die Bezeichnung **Ritardando**, im Notenbild mit den Buchstaben *„rit."* abgekürzt, bedeutet, dass das Tempo von dieser Stelle an gleichmäßig verringert wird.

In diesem Beispiel also ab der Zählzeit „1" im zweiten Takt. Wie stark das Tempo verringert werden soll, wird in der Regel vorher im Einzelfall durch Absprache mit den anderen Musikern festgelegt.

Noten- und Pausenpyramide

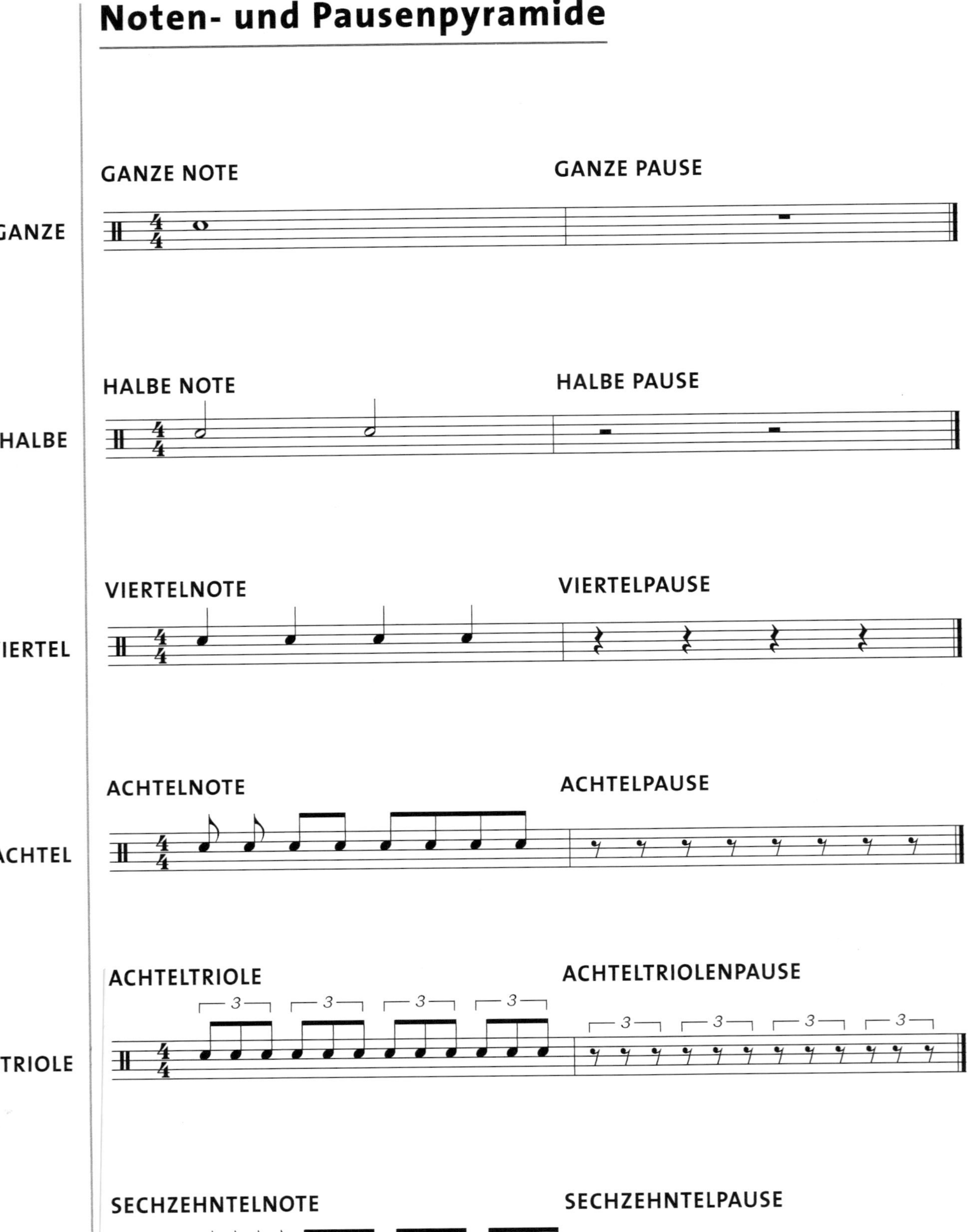